MATTHIAS SCHÖNBERGER

Unterschiede und Gemeinsamkeiten des zivilprozessualen und des strafprozessualen Arrestes

Schriften zum Prozessrecht

Band 207

Unterschiede und Gemeinsamkeiten des zivilprozessualen und des strafprozessualen Arrestes

Von

Matthias Schönberger

Duncker & Humblot · Berlin

Die Juristische Fakultät der Universität Regensburg
hat diese Arbeit im Sommersemester 2004
als Dissertation angenommen.

Bibliografische Information der Deutschen Nationalbibliothek

Die Deutsche Nationalbibliothek verzeichnet diese Publikation in
der Deutschen Nationalbibliografie; detaillierte bibliografische Daten
sind im Internet über http://dnb.d-nb.de abrufbar.

Fremddatenübernahme: Klaus-Dieter Voigt, Berlin
Druck: Berliner Buchdruckerei Union GmbH, Berlin
Printed in Germany

ISSN 0582-0219
ISBN 978-3-428-12270-7

Gedruckt auf alterungsbeständigem (säurefreiem) Papier
entsprechend ISO 9706 ♾

Internet: http://www.duncker-humblot.de

Für meine Eltern

Vorwort

Die vorliegende Arbeit wurde der Juristischen Fakultät der Universität Regensburg im Sommersemester 2004 als Dissertation vorgelegt. Da die Arbeit vor der Veröffentlichung aktualisiert wurde, sind Rechtsprechung und Literatur bis einschließlich April 2006 berücksichtigt.

Mein besonderer Dank gilt Herrn Professor Dr. Dr. h. c. Ekkehard Schumann, der das Thema der Arbeit angeregt und ihre Fertigstellung mit viel Verständnis, Geduld und Umsicht gefördert hat. Danken möchte ich ihm auch dafür, dass er mir die Gelegenheit gab, die Arbeit in einem Seminar vorzustellen und so die Diskussion in einer größeren Runde ermöglichte.

Zu tiefem Dank bin ich meinen Eltern Franz und Maria Schönberger verpflichtet, denen ich diese Arbeit widmen möchte. Meine Eltern haben mir während meiner gesamten Ausbildung mit Rat und Tat zur Seite gestanden. Ohne sie wäre es nicht zu der vorliegenden Bearbeitung gekommen.

Regensburg, im Dezember 2006 *Matthias Schönberger*

Inhaltsverzeichnis

Kapitel 2

Die Anordnung der Arreste im Vergleich 73

Abkürzungsverzeichnis

a. a. O.	am angegebenen Ort
a. F.	alte Fassung
AG	Amtsgericht
Anm.	Annahme
Art.	Artikel
Bd.	Band
Beschl.	Beschluss
BGB	Bürgerliches Gesetzbuch
BGBl.	Bundesgesetzblatt
BGH	Bundesgerichtshof
BGHSt	Entscheidungen des Bundesgerichtshofs in Strafsachen
BGHZ	Entscheidungen des Bundesgerichtshofs in Zivilsachen
BR	Bundesrat
BT	Bundestag
BtMG	Betäubungsmittelgesetz
BVerfG	Bundesverfassungsgericht
BVerfGE	Entscheidungen des Bundesverfassungsgerichts
bzw.	beziehungsweise
DGVZ	Deutsche Gerichtsvollzieher-Zeitung
DRiZ	Deutsche Richterzeitung
Drucks.	Drucksache
EBAO	Einforderungs- und Beitreibungsanordnung
EFTA	European Free Trade Association
etc.	et cetera
EU	Europäische Union
EWiR	Entscheidungen zum Wirtschaftsrecht
f.	folgende (Seite)
ff.	folgende (Seiten)
Fußn.	Fußnote
GA	Goltdammer's Archiv für Strafrecht
GBO	Grundbuchordnung
GebrMG	Gebrauchsmustergesetz
gem.	gemäß
GG	Grundgesetz
GVGA	Geschäftsanweisung für Gerichtsvollzieher
GvKostG	Gesetz über Kosten der Gerichtsvollzieher

h. M.	herrschende Meinung
HS	Halbsatz
i. a. R.	in aller Regel
i. Br.	im Breisgau
i. d. R.	in der Regel
i. S. d.	im Sinne des
i. V. m.	in Verbindung mit
i. w. S.	im weiteren Sinne
JBeitrO	Justizbeitreibungsordnung
JR	Juristische Rundschau
Jura	Juristische Ausbildung
JuS	Juristische Schulung
JZ	Juristenzeitung
KG	Kommanditgesellschaft
LG	Landgericht
m.	mit
MDR	Monatsschrift des deutschen Rechts
MRK	Konvention zum Schutze der Menschenrechte und Grundfreiheiten
MschrKrim	Monatsschrift für Kriminologie und Strafrechtsreform
n. F.	neue Fassung
NJW	Neue Juristische Wochenschrift
NJW-RR	NJW-Rechtsprechungsreport
Nr.	Nummer
NStZ	Neue Zeitschrift für Strafrecht
NStZ-RR	NStZ-Rechtsprechungsreport Strafrecht
OHG	Offene Handelsgesellschaft
OLG	Oberlandesgericht
OrgKG	Gesetz zur Bekämpfung des illegalen Rauschgifthandels und anderer Erscheinungsformen der Organisierten Kriminalität
PatG	Patentgesetz
Rdnr.	Randnummer
RGSt	Entscheidungen des Reichsgerichts in Strafsachen
RGZ	Entscheidungen des Reichsgerichts in Zivilsachen
Rpfleger	Rechtspfleger
RPflG	Rechtspflegergesetz
S.	Seite
StGB	Strafgesetzbuch
StPO	Strafprozessordnung
StraFo	Strafverteidiger Forum
StrEG	Gesetz über die Entschädigung für Strafverfolgungsmaßnahmen
StrVollstrO	Strafvollstreckungsordnung
StV	Strafverteidiger

StVG	Straßenverkehrsgesetz
StVollstrO	Strafvollstreckungsordnung
StVollzG	Strafvollzugsgesetz
UWG	Gesetz über den unlauteren Wettbewerb
v.	von
Var.	Variante
vgl.	vergleiche
Vorbem	Vorbemerkung
VVG	Gesetz über den Versicherungsvertrag
WaffG	Waffengesetz
WistG	Wirtschaftsstrafgesetz
wistra	Zeitschrift für Wirtschafts- und Steuerstrafrecht
WM	Wertpapiermitteilungen
WRP	Wettbewerb in Recht und Praxis
ZIP	Zeitschrift für Wirtschaftsrecht
zit.	zitiert
ZPO	Zivilprozessordnung
ZRP	Zeitschrift für Rechtspolitik
ZZP	Zeitschrift für Zivilprozess

Einleitung

Aus Goethes Faust II stammt der Satz: „Ein großer Aufwand, schmählich! ist vertan". In der Szene der Grablegung im fünften Akt muss Mephisto erkennen, dass all seine Anstrengung, Fausts Seele zu gewinnen, umsonst war, dass er seine Wette mit Gott verloren hat, nachdem die Engel Fausts unsterbliche Seele entführt haben.

Dass aller Aufwand umsonst war, wird auch so mancher Gläubiger bereits bedauert haben. Denn dieser braucht auf seinem Weg zum Vollstreckungstitel einen langen Atem. Daran sind nicht allein der schwerfällige Justizapparat und die chronische Arbeitsüberlastung der Gerichte schuld, vielmehr braucht es einfach Zeit, die Wahrheit zu finden. Recht und Gerechtigkeit verbieten es, kurzen Prozess zu machen[1]. Hält der Gläubiger den Vollstreckungstitel nach langer Verfahrensdauer endlich in den Händen, so ist dieser seine Kosten oft nicht mehr wert, weil der Schuldner inzwischen nichts mehr hat. Deshalb besteht immer dann, wenn eine Gefährdung der künftigen Vollstreckung vorliegt, das dringende Bedürfnis nach einstweiligem, schnellem Rechtsschutz, der den Gläubiger sichert. Es müssen Maßnahmen getroffen werden können, die verhindern, dass der titulierte Anspruch praktisch wertlos ist, weil der Schuldner beispielsweise Vermögen verschwendet oder beiseite geschafft hat. Das Instrument, mit dem diese Aufgabe des einstweiligen Rechtsschutzes erfüllt werden kann, stellt im Zivilprozess neben der einstweiligen Verfügung gem. §§ 935 ff. ZPO der Arrest gem. §§ 916 ff. ZPO dar, der die Zwangsvollstreckung wegen einer Geldforderung sichert oder wegen eines Anspruchs, der in eine solche übergehen kann (§ 916 ZPO).

Ein ganz ähnliches Bedürfnis nach Sicherung von Forderungen besteht im Strafverfahren, zumal hier ebenfalls die im Mittelpunkt stehende Wahrheitsfindung Zeit kostet und die Gefahr bestehen kann, dass ohne Sicherungsmaßnahme die Vollstreckung vereitelt oder wesentlich erschwert würde. Im Strafverfahren steht als Instrument für die Sicherung der Vollstreckung neben der Beschlagnahme (§§ 111b I, V, 111c StPO) der Arrest (§§ 111b II, V, 111d StPO) zur Verfügung, weshalb sich ein Vergleich der Arreste in den verschiedenen Verfahrensordnungen, wie er in der folgenden Untersuchung stattfindet, anbietet. Beim strafprozessualen Arrest sind es häufig Zahlungsansprüche der Staatskasse gegen den Beschuldigten, die gesichert werden, vor allem der als Wertersatz für

[1] *Schellhammer,* S. 897, Rdnr. 1896.

den Verfall bzw. für den erweiterten Verfall bestimmte Geldbetrag (§§ 73a, 73d II StGB) und der als Wertersatz für die Einziehung eines Gegenstandes bestimmte Geldbetrag (§ 74c StGB). Durch frühzeitigen Zugriff auf das Vermögen des Beschuldigten im Wege des dinglichen Arrestes gem. § 111b II StPO kann gewährleistet werden, dass die erst mit der Rechtskraft eines späteren Urteils vollstreckbaren Entscheidungen über den Wertersatz nicht leer laufen. Doch beschränkt § 111d StPO den Anwendungsbereich dieser Form der Forderungssicherung nicht auf den Wertersatz, sondern lässt sie ebenso „wegen einer Geldstrafe oder der voraussichtlich entstehenden Kosten des Strafverfahrens" zu, die in einem noch nicht rechtskräftigen Urteil dem Verurteilten auferlegt worden sind (§ 111d I 1 u. 2 StPO). Über die Sicherung im staatlichen Interesse hinaus besteht gem. § 111b V StPO die Möglichkeit, Ansprüche zu sichern, die dem Verletzten aus der vermuteten Tat des Beschuldigten wahrscheinlich erwachsen sind (Fall der sog. Zurückgewinnungshilfe). Die Strafprozessordnung bezweckt damit die Schadloshaltung des Verletzten und akzeptiert es in § 111b V StPO[2] als staatliche Aufgabe, dem Opfer einer Straftat bei seinem Bemühen um Ausgleich des Vermögensschadens helfend zur Seite zu treten.

Die Bedeutung des zivilprozessualen einstweiligen Rechtsschutzes in der gerichtlichen Praxis, auch in der Form des Arrestes, wird seit langem zu Recht betont[3]. Da das normale Erkenntnisverfahren lange dauert, die Parteien aber eine schnelle Entscheidung wünschen, nehmen sie es in Kauf, dass die Richtigkeitsgarantien des Erkenntnisverfahrens nicht voll ausgeschöpft werden und begnügen sich oftmals mit dem einstweiligen Rechtsschutz[4]. Aber auch dann, wenn das Hauptverfahren entsprechend der Konzeption der Zivilprozessordnung später durchgeführt wird, spielt der einstweilige Rechtsschutz in der Praxis eine erhebliche Rolle[5].

Ein anderes Bild ergibt sich für die vorläufigen strafprozessualen Maßnahmen nach §§ 111b ff. StPO, zu denen der Arrest gehört. Die §§ 111b ff. StPO sind durch das Einführungsgesetz zum Strafgesetzbuch vom 2.3.1974 in die Strafprozessordnung aufgenommen worden[6]. § 111b StPO erfuhr Änderungen mit Wirkung vom 7.3.1992 in der Folge der Einführung des Bruttoprinzips bei § 73 StGB[7]; weiter erfolgte mit Wirkung vom 9.5.1998 eine Absenkung des für die Maßnahmen nach § 111b StPO erforderlichen Wahrscheinlichkeits-

---

[2] § 111b V StPO entspricht dem § 111b III a.F. StPO.

[3] *Blomeyer,* ZZP 65 (1952), 52 (52 ff.); *Walker* in Schuschke/Walker, Vorbem § 916 Rdnr. 5.

[4] *Grunsky* in Stein/Jonas, Vorbem § 916 Rdnr. 3.

[5] *Grunsky* in Stein/Jonas, a.a.O., Rdnr. 4.

[6] BGBl. I, 1974, 469 (504 ff.).

[7] Art. 4 Nr. 2 Gesetz zur Änderungen des AWG, des StGB und anderer Gesetze vom 28.2.1992, BGBl. I, 1992, 372.

grads[8]. Mit Wirkung vom 14.8.2002 wurde zudem die Vorschrift des § 111f III 1 StPO geändert, die sich mit der Zuständigkeit für die Durchführung des strafprozessualen Arrestes befasst[9]. Obwohl die verfahrensrechtlichen Vorschriften der §§ 111b ff. StPO also bereits seit 1974 gelten, werden sie mit großer Zurückhaltung angewendet, und es gibt zu diesem Thema relativ wenig Veröffentlichungen und gerichtliche Entscheidungen. Erst seit ein paar Jahren erfreut sich der strafprozessuale Arrest zunehmender Beliebtheit. Kommt es zur Anwendung des Arrestes, so hat das für den Beschuldigten nicht selten beträchtliche Auswirkungen. Denn die wirtschaftlichen Folgen eines Arrestes, im Rahmen dessen auf das gesamte pfändbare Vermögen des Beschuldigten zugegriffen werden kann, sind für den Beschuldigten mitunter erheblich, häufig sogar existenzbedrohend. Es ist keine Seltenheit, dass strafprozessuale Arreste in Millionenhöhe in das Vermögen des Beschuldigten angeordnet und vollzogen werden, und zwar in aller Regel bereits zu Beginn des Ermittlungsverfahrens, also zu einem Zeitpunkt, in dem noch die Unschuldsvermutung zugunsten des Beschuldigten gilt.

Dass sich diese Regeln der §§ 111b ff. StPO kaum auf dem „Prüfstand“ der Praxis zu bewähren hatten, liegt unter anderem sicherlich daran, dass die materiell-rechtlichen Vorschriften der §§ 73 ff. StGB, die hinter den verfahrensrechtlichen Bestimmungen der §§ 111b ff. StPO stehen und Teil der strafrechtlichen Gewinnabschöpfung sind, lange Zeit nur ein „Papierdasein“ führten und bis heute deren Anwendung teilweise als viel zu gering eingestuft wird. Kaum ein rechtliches Instrument – ausgenommen vielleicht das Adhäsionsverfahren – wurde von der Justiz so stiefmütterlich behandelt wie die Gewinnabschöpfung in Strafsachen[10]. Dementsprechend sind die mit den materiell-rechtlichen Vorschriften korrespondierenden verfahrensrechtlichen Regelungen gem. §§ 111b ff. StPO vernachlässigt worden. Abgesehen von den materiell-rechtlichen Vorschriften der §§ 73 ff. StGB gelten die verfahrensrechtlichen Vorschriften gem. §§ 111b ff. StPO selbst als „legislatorisches Monstrum“[11], da sie vom Gesetzgeber relativ kompliziert bzw. unübersichtlich geregelt wurden[12]. *Kaiser* spricht nicht grundlos davon, dass die Justiz gegenüber den Schwierigkeiten und Belastungen der §§ 111b ff. StPO ebenso wie der §§ 73 ff. StGB „in einer weitgehenden Verweigerungshaltung zu verharren“ scheint[13].

---

[8] Art. 2 Nr. 6 Gesetz zur Verbesserung der Bekämpfung der Organisierten Kriminalität vom 4.5.1998, BGBl. I, 1998, 845.

[9] Zu beachten ist auch, dass die Vorschriften der §§ 111o, 111p StPO gegenstandslos sind, weil § 43a StGB (Vermögensstrafe) mit Art. 103 II GG unvereinbar und nichtig ist, vgl. *BVerfG*, StV 2002, 247 = NJW 2002, 1779.

[10] *Brettschneider*, NStZ 2000, 180 (180).

[11] Vgl. *Achenbach*, Blau-Festschrift, S. 11.

[12] *Hilger*, NStZ 1982, 374 (375).

[13] *Kaiser*, wistra 2000, 121 (124).

Die Untersuchung soll einen Beitrag leisten, den strafprozessualen Arrest nicht nur ins Blickfeld der Ermittler, sondern auch der übrigen Jurisprudenz zu rücken, und zur Diskussion über die Anwendung und Auswirkungen des Arrestes inspirieren. Der in der Arbeit erfolgende Vergleich mit dem zivilprozessualen Arrest liegt deswegen nahe, weil § 111d II StPO für den Arrest in der Strafprozessordnung zahlreiche Vorschriften der Zivilprozessordnung für anwendbar erklärt, die für den zivilprozessualen Arrest gelten. Obwohl über § 111d II StPO eine Verbindung des strafprozessualen zum zivilprozessualen Arrest besteht und damit parallele Regelungen vorhanden sind, ist die gesetzliche Gestaltung der Arreste zugleich geprägt von den spezifischen Prozessordnungen und ihren Besonderheiten, was im Einzelnen zu teilweise sehr unterschiedlichen Regelungen geführt hat. Das Ziel der Arbeit liegt daher vor allem darin, die wesentlichen Unterschiede und Gemeinsamkeiten der Arreste in den verschiedenen Verfahrensordnungen herauszuarbeiten und zu diskutieren. Dieser Vergleich der Arreste kann gleichzeitig der Anschauung dienen, wie verschiedene Verfahrensordnungen eine ähnliche Problematik nach ihren Funktionen verschieden regeln. Darüber hinaus scheint hauptsächlich im Rahmen der von der Theorie und Praxis vernachlässigten Vorschriften der §§ 111b ff. StPO eine Reihe von Fragen klärungsbedürftig. So besteht beispielsweise noch bei so grundlegenden Fragen wie der nach den Ansprüchen, die durch den Arrest im Interesse des durch die Straftat Verletzten gesichert werden können, Uneinigkeit und selbst bei der wichtigen Frage nach dem Rechtschutz gegen eine Arrestvollziehung gibt es große Unsicherheiten. Mit der vorliegenden Arbeit soll ein Beitrag zur Klärung dieser und zahlreicher sonstiger praxisrelevanten Fragen geleistet werden.

Der genaue Gang der Untersuchung lässt sich wie folgt vorzeichnen:

Im ersten Kapitel werden die Arreste gem. §§ 916 ff. ZPO und §§ 111b ff. StPO im System ihrer jeweiligen Verfahrensordnung näher betrachtet. Da der zivilprozessuale Arrest zum einstweiligen Rechtsschutz gehört, wird zunächst dieser kurz behandelt. Sodann wird auf die Sicherstellungsverfahren in der Strafprozessordnung eingegangen: die Beweismittelsicherstellung (§§ 94 ff. StPO) und die vollstreckungssichernde Sicherstellung, der der strafprozessuale Arrest zugeordnet werden kann. Zwischen den beiden Sicherstellungsverfahren werden die wesentlichen Unterschiede herausgearbeitet. Da es in der Verfahrenswirklichkeit häufig zu Fällen kommt, in denen ein Gegenstand sowohl Objekt der vollstreckungssichernden als auch der Beweismittelsicherstellung sein kann, wird im Rahmen der Untersuchung die Frage beantwortet, in welchem Verhältnis die §§ 94 ff. zu den §§ 111b ff. StPO stehen. Für das Verständnis der verfahrensrechtlichen Vorschriften der §§ 111b ff. StPO und der weiteren Untersuchung ist der sichere Umgang mit den materiell-rechtlichen Verfalls- und Einziehungsvorschriften gem. §§ 73 ff. StGB unverzichtbar. Einen Schwerpunkt im ersten Kapitel der Arbeit bildet daher die grundlegende Analyse und Abgrenzung der einzelnen Vorschriften. Die §§ 73 ff. StGB sind daneben bedeutsam für die wichtige Abgrenzung zwischen strafprozessualem Arrest und der Beschlagnahme, dem weiteren Mittel der vollstreckungssichernden Sicherstellung. Damit die Fälle, in denen ein strafprozessualer Arrest angeordnet werden kann, klar umrissen sind, erfolgt eine sorgfältige Unterscheidung zwischen Arrest und Beschlagnahme. Das erste Kapitel der Untersuchung soll ferner als Überblick über die beiden Arreste in den verschiedenen Verfahrensordnungen dienen und dabei vor allem die Voraussetzungen für die Arrestanordnung kurz aufzeigen sowie die Unterscheidung zwischen Anordnung und Vollziehung des jeweiligen Arrestes verdeutlichen.

Im weiteren Verlauf der Untersuchung sollen die Arreste in der Zivil- und Strafprozessordnung detailliert miteinander verglichen werden. Entsprechend der zeitlichen Abfolge der Arrestierung widmet sich das zweite Kapitel der Arrestanordnung, während sich das dritte Kapitel mit der darauf folgenden Arrestvollziehung befasst. Nach einem Blick auf Arrestdauer, Rechtsbehelfe und Ersatzansprüche bei den beiden Arresten im vierten Kapitel setzt das fünfte Kapitel dann bei einem bereits angeordneten und vollzogenen Arrest an. Denn dort soll es um Fragen des zwangsvollstreckungsrechtlichen Zugriffs auf arrestiertes Vermögen gehen.

Das sich mit der Arrestanordnung befassende zweite Kapitel orientiert sich vor allem an den wesentlichen Voraussetzungen der zivil- und strafprozessualen Anordnung des Arrestes sowie an sonstigen wichtigen Fragen. Vergleichspunkte bilden neben dem Arrestanspruch und -grund unter anderem Anordnungskompetenz, Arrestantrag, Anhörung und das Ermessen bei der Arrestanordnung. Hierbei werden zahlreiche Einzelprobleme behandelt. Es wird unter anderem der umstrittenen Frage nachgegangen, wie das Ermessen beim dinglichen Arrest in Form der Zurückgewinnungshilfe auszuüben ist. Zudem wird etwa die Frage beantwortet, ob der Arrestanspruch gem. § 73 I 2 StGB nur Rückgewähransprüche umfasst oder darüber hinaus Schmerzensgeldansprüche und sonstige Ansprüche, die nicht auf Rückgewähr des Erlangten gerichtet sind. Überhaupt erfolgt eine kritische Betrachtung der Vorschrift des § 73 I 2 StGB, die nicht nur Grundlage für einen Arrestanspruch bildet, sondern überdies den staatlichen Verfall in bedenklicher Weise ausschließt.

Es wurde bereits erwähnt, dass im dritten Kapitel die Arrestdurchführung behandelt wird. Die Vollziehung des strafprozessualen Arrestes folgt im Wesentlichen der des zivilprozessualen Arrestes, weil § 111d II StPO auf zahlreiche Bestimmungen der Zivilprozessordnung verweist. Allerdings müssen einige Besonderheiten beachtet werden, die es herauszuarbeiten gilt. Heftig umstritten ist die Zuständigkeit für die Vollziehung des strafprozessualen Arrestes in bewegliche Sachen; die Untersuchung wendet sich daher verstärkt diesem Einzelproblem zu.

Das vierte Kapitel soll vor allem zeigen, über welchen Zeitraum der Arrest aufrechterhalten werden und was der Arrestbetroffene gegen die Arrestanordnung und -durchführung rechtlich unternehmen kann. Im Mittelpunkt der Untersuchung stehen daher neben der Arrestdauer die Rechtsbehelfe, die gegen die Arreste in den verschiedenen Verfahrensordnungen zur Verfügung stehen. Schwerpunktmäßig befasst sich die Untersuchung dabei mit dem Problem, welche Rechtsbehelfe gegen die strafprozessuale Arrestvollziehung eingelegt werden können, zumal diese bedeutsame Frage noch weitgehend ungeklärt ist. Weiter wird im Zusammenhang mit der Dauer des Arrestes die spezielle Problematik behandelt, ob gem. § 111i StPO die Aufrechterhaltung des strafprozessualen Arrestes bis zu drei Monaten über den Urteilserlass hinaus erreicht werden kann. Da durch den Arrestvollzug hohe Schäden entstehen können, werden die Ersatzansprüche näher untersucht, die dem Arrestbetroffenen bei ungerechtfertigtem bzw. rechtswidrigem Arrest zustehen.

Das fünfte Kapitel behandelt Fragen des zwangsvollstreckungsrechtlichen Zugriffs auf arrestiertes Vermögen. Das Hauptaugenmerk der Untersuchung richtet sich auf die §§ 111g, 111h StPO, die dem Verletzten die Befriedigung seiner aus der Tat erwachsenen Ansprüche ermöglichen wollen. Es wird untersucht, welche gesetzliche Bevorrechtigungen dem Verletzten aufgrund der §§ 111g, 111h StPO zu Gute kommen und ob die Vorschriften eventuell darüber hinaus auf bestimmte Fälle analog anzuwenden sind.

Im sechsten Kapitel werden schließlich die wesentlichen Ergebnisse der Untersuchung zusammengefasst.

Kapitel 1

Die Arreste im System der verschiedenen Verfahrensordnungen

Während der zivilprozessuale Arrest systematisch dem einstweiligen Rechtsschutz zuzuordnen ist, stellt der strafprozessuale Arrest nach der Systematik der Strafprozessordnung eine Zwangsmaßnahme in Form der Sicherstellung dar. Es ist daher von grundlegender Bedeutung, die beiden Arreste im jeweiligen System ihrer Verfahrensordnung näher zu betrachten.

§ 1 Der Arrest im System der Zivilprozessordnung

Der einstweilige Rechtsschutz[1] ist zwar im Rahmen der Zwangsvollstreckung geregelt, er stellt jedoch eine besondere Form des summarischen Erkenntnisverfahrens dar[2]. Der Gläubiger kann in diesem Verfahren eine Entscheidung schneller als im ordentlichen Verfahren erstreiten: Er muss seine materielle Berechtigung weniger eingehend darlegen als im ordentlichen Verfahren; Ladungs- und Einlassungsfristen sind verkürzt; das Gericht kann sogar ohne Anhörung des Gegners entscheiden[3].

A. Die Arten des einstweiligen Rechtsschutzes

Beim einstweiligen Rechtsschutz nach der Zivilprozessordnung gibt es im Wesentlichen zwei unterschiedliche Verfahren: einerseits den Arrest, andererseits die einstweilige Verfügung[4]. Der Arrest findet zur Sicherung der Zwangsvollstreckung in das bewegliche oder unbewegliche Vermögen wegen einer Geldforderung oder wegen eines Anspruchs statt, der in eine Geldforderung übergehen kann (§ 916 I ZPO). Andere Ansprüche werden durch einstweilige Verfügung gesichert (§ 935 ZPO). Im familiengerichtlichen Verfahren kommt

---

[1] Zur ausführlichen Abgrenzung zwischen einstweiligem und vorläufigem Rechtsschutz, vgl. *Heinze* in Münchener Kommentar, Vorbem § 916, Rdnr. 15 ff.

[2] So auch *Teplitzky*, JuS 1980, 882 (883); *Lüke*, S. 579, Rdnr. 715.

[3] Zur Anhörung unten Kapitel 2 § 12.

[4] Vgl. bereits oben Einleitung, S. 1.

als weiteres zulässiges Mittel des einstweiligen Rechtsschutzes die einstweilige Anordnung in Betracht[5].

B. Der Arrest, §§ 916 ff. ZPO

I. Arten

Der Arrest gliedert sich auf in den dinglichen Arrest (§ 917 ZPO) und den persönlichen Arrest (§ 918 ZPO). Der dingliche Arrest sichert die Vollstreckung durch Pfändung der Sache (§§ 928, 930 I 1 und 2, 808 ff., 811 ff. ZPO), durch Pfändung von Geldforderungen (§§ 928, 930 I 3, 829 ff. ZPO), Herausgabeansprüchen (§§ 928, 847 ff. ZPO) oder anderen Vermögenswerten (§§ 928, 857 ff. ZPO). Demgegenüber sucht der persönliche Arrest durch die Einschränkung der persönlichen Freiheit des Schuldners die Sicherung der Ansprüche zu erreichen, wenn der dingliche Arrest nicht zur Sicherung führt (§§ 928 ff. 933, 901, 904 bis 913 ZPO). Der persönliche Arrest ist dabei gegenüber dem dinglichen subsidiär und Ultima Ratio.

II. Voraussetzungen für die Anordnung des Arrestes

Der Klage entspricht im Arrestverfahren das Arrestgesuch. Genauso wie bei der Klage ist beim Arrest zwischen Zulässigkeit und Begründetheit des Arrestgesuchs zu unterscheiden[6].

1. Zulässigkeit des Arrestgesuchs

a) Die Zulässigkeitsvoraussetzungen im Überblick

Zur Zulässigkeit des Arrestgesuchs müssen im Allgemeinen dieselben Prozessvoraussetzungen gegeben sein wie im normalen Klageverfahren[7]. Hinzu

---

[5] Im familiengerichtlichen Verfahren dient die einstweilige Anordnung der Durchsetzung zivilrechtlicher Ansprüche; durch einstweilige Anordnung können unter anderem Getrenntleben, Unterhalt, Personensorge und Prozesskostenvorschüsse geregelt werden (§ 620 ZPO). In ZPO-Familiensachen ist zwar stets ein Arrest, eine an sich statthafte einstweilige Verfügung aber nur zulässig, soweit keine einstweilige Anordnung erwirkt werden kann (Subsidiarität der einstweiligen Verfügung gegenüber der einstweiligen Anordnung). In FGG-Familiensachen ist nur die einstweilige Anordnung gegeben; Arrest und einstweilige Verfügung sind wegen der Unterschiedlichkeit der Verfahrensarten unzulässig, vgl. *von Heintschel-Heinegg* in Familienrecht-Handbuch, S. 71 f., Rdnr. 221, 223. Im Folgenden wird nur auf den Arrest und die einstweilige Verfügung ausführlich eingegangen.

[6] *Dunkl* in Rechtsschutz-Handbuch, S. 36, Rdnr. 121; *Hartmann* in Baumbach/Lauterbach/Albers/Hartmann, § 916 Rdnr. 1; *Walker,* S. 119 f., Rdnr. 167.

kommt noch die besondere Voraussetzung, dass der Antragsteller – so wird der „Kläger" im einstweiligen Rechtsschutz genannt – einen Arrestanspruch und einen Arrestgrund schlüssig behaupten muss, § 920 I ZPO[8]. Besonderheiten bestehen bei der Zuständigkeit des Gerichts sowie bei Form und Inhalt des Arrestgesuchs.

b) Zuständigkeit

Für die Anordnung des Arrestes ist ausschließlich (§ 802 ZPO) sowohl das Gericht der Hauptsache als auch das Amtsgericht zuständig, in dessen Bezirk der mit Arrest zu belegene Gegenstand oder die in ihrer persönlichen Freiheit zu beschränkende Person sich befindet (§ 919 ZPO).

c) Form und Inhalt des Arrestgesuchs

Form und Inhalt des Arrestgesuchs, mit dessen Einreichung das Arrestverfahren beginnt, sind in § 920 ZPO geregelt. Es kann schriftlich eingereicht oder vor der Geschäftsstelle zu Protokoll erklärt werden (§ 920 III ZPO). Für die Anbringung des Arrestgesuchs besteht kein Anwaltszwang (§§ 920 III, 78 III ZPO). Im Gesuch muss gem. § 920 I ZPO der zu sichernde Anspruch (Arrestanspruch) sowie der Geldbetrag oder Geldwert enthalten sein. Zur Schlüssigkeit ist der Vortrag der Tatsachen erforderlich, aus denen sich der zu sichernde Anspruch ergibt[9]. Im Gesuch ist auch der Arrestgrund zu bezeichnen; hier sind die Tatsachen vorzutragen, aus denen sich die Gefährdung der späteren Zwangsvollstreckung ergibt. Gem. § 253 II Nr. 1 ZPO muss der Schuldner bzw. Antragsgegner im Antragsrubrum bezeichnet werden. Der Arrestgegenstand muss nur beim persönlichen Sicherheitsarrest und beim dinglichen Arrest nur für die Begründung der Zuständigkeit des Arrestgerichts (§ 919 ZPO) angegeben werden, denn der dingliche Arrest wird in das „Vermögen des Schuldners" angeordnet[10].

2. Begründetheit des Arrestgesuchs

Das Arrestgesuch ist begründet, wenn Arrestanspruch und -grund schlüssig dargelegt[11] und glaubhaft gemacht sind[12]. Gem. § 921 II 1 ZPO besteht aber

[7] *Reichold* in Thomas/Putzo, § 916 Rdnr. 2; *Walker* in Schuschke/Walker, Vorbem § 916 Rdnr. 16.

[8] *Paulus,* S. 316, Rdnr. 702.

[9] *Dunkl* in Rechtsschutz-Handbuch, S. 41, Rdnr. 141.

[10] *Dunkl* in Rechtsschutz-Handbuch, a. a. O., Rdnr. 142.

[11] Umstritten ist, ob der Antragsteller nur die Tatsachen, aus denen sich der zu sichernde Anspruch ergibt, darzulegen und glaubhaft zu machen hat (so *OLG Celle,*

die Möglichkeit, den Arrest trotz fehlender Glaubhaftmachung anzuordnen, sofern wegen der dem Gegner drohenden Nachteile Sicherheit geleistet wird[13].

a) Arrestanspruch

Arrestanspruch ist der materiell-rechtliche Anspruch, der auch im ordentlichen Verfahren bei der Leistungsklage zu prüfen wäre. In Betracht kommen nur Geldforderungen oder Ansprüche, die in solche übergehen können (§ 916 ZPO).

b) Arrestgrund

Arrestgrund[14] ist die Tatsache, die ein schnelles Handeln des Gerichts erforderlich macht[15]. Das Gesetz unterscheidet in den § 917 und § 918 ZPO zwischen dem dinglichen und dem persönlichen Arrest.

Arrestgrund beim dinglichen Arrest ist die Besorgnis, dass ohne die Verhängung des Arrestes die Vollstreckung eines Urteils vereitelt oder wesentlich erschwert würde. Eine solche Besorgnis ist etwa begründet, wenn der Schuldner

---

WRP 1977, 718 (720); *OLG Karlsruhe,* WRP 1983, 170 (171); *OLG Stuttgart,* WRP 1978, 316 (317) oder auch das Fehlen der tatsächlichen Voraussetzungen für Einwendungen und Einreden (so *OLG Celle,* WRP 1974, 277 (279); *Hartmann* in Baumbach/Lauterbach/Albers/Hartmann, § 920, Rdnr. 8; *Hirtz,* NJW 1986, 110 (112 f.). Nach vermittelnder Meinung soll es grundsätzlich bei den allgemeinen Regeln der Darlegungs- und Beweislast auch im summarischen Verfahren bleiben; wenn jedoch ohne Gelegenheit der Stellungnahme durch den Antragsgegner entschieden wird, habe die Darlegungs- und Beweislast in vollem Umfange – also auch für das Fehlen von Einwendungen und Einreden – der Antragsteller, sofern sich aus dem Vortrag des Antragstellers Hinweise ergeben, dass dem Antragsgegner möglicherweise Einwendungen oder Einreden zustehen, *Grunsky* in Stein/Jonas, § 920 Rdnr. 10, 11; *Vollkommer* in Zöller, § 922 Rdnr. 5; *Heinze* in Münchener Kommentar ZPO, § 920 Rdnr. 21. Die vermittelnde Meinung ist vorzugswürdig: Grundsätzlich hat es im einstweiligen Rechtsschutzverfahren bei den allgemeinen Beweislast-Grundsätzen wie im Hauptsacheverfahren zu bleiben, zumal Beweislastregeln materielles Recht sind, an das die ZPO nicht rührt, vgl. *Schellhammer,* S. 903, Rdnr. 1909. Ausnahmsweise muss aus dem Gesichtspunkt des rechtsstaatlichen Gebots der Ausgewogenheit des Rechtsschutzes und der davon umfassten Notwendigkeit der prozessualen Waffengleichheit der Antragsteller die Darlegungs- und Beweislast tragen, *Walker* in Schuschke/Walker, § 920 Rdnr. 22.

[12] Vgl. *Reichold* in Thomas/Putzo, § 916 Rdnr. 3; *Dunkl* in Rechtsschutz-Handbuch, S. 43, Rdnr. 149.

[13] Zur Sicherheitsleistung unten Kapitel 2 § 6.

[14] Nach strittiger, aber wohl richtiger Ansicht, gehört der Arrestgrund nicht zur Zulässigkeit, sondern zur Begründetheit des Arrestgesuchs (so *Reichold* in Thomas/Putzo, § 916, Rdnr. 3; *Vollkommer* in Zöller, § 917 Rdnr. 3; *Walker* (Fußn. 6), Rdnr. 210; andere Ansicht *Heinze* in Münchener Kommentar ZPO, § 916, Rdnr. 2; *Teplitzky,* DRiZ 1982, 41 (43).

[15] *Schumann,* ZPO-Klausur, S. 82, Rdnr. 115.

sein Vermögen verschwendet, seine Geschäfte leichtfertig führt oder in erheblichen Umfang Vermögensgegenstände verschiebt[16].

Auch die Variante des persönlichen Arrestes verlangt eine Vollstreckungsgefährdung. Sie muss jedoch von einer solchen Art sein, dass ihr nur mit einem persönlichen Arrest begegnet werden kann. Ein derart massiver Eingriff ist nur als letzte Möglichkeit zuzulassen – etwa wenn sich der Schuldner durch Flucht zu entziehen droht oder wenn der begründete Verdacht besteht, dass er an unbekanntem Ort vorhandenes Vermögen beiseite schafft[17].

III. Vollziehung des Arrestes

Ist das Arrestgesuch zulässig und begründet, wird der Arrest durch das Gericht angeordnet (Erlass eines Arrestbefehls). Mit dem Erlass des Arrestbefehls ist der Gläubiger aber noch nicht gesichert. Dazu ist die Vollziehung des Arrestbefehls nötig. Sie richtet sich nach den Vorschriften über die Zwangsvollstreckung, soweit die §§ 929 ff. ZPO keine Besonderheiten vorsehen (§ 928 ZPO). Wichtigste Abweichung ist dabei, dass der Vollzug – entsprechend der Zweckrichtung des Arrestes – nicht zur Befriedigung, sondern nur zur Sicherung führt. Es findet also nur eine Pfändung und keine Verwertung des Sicherungsguts statt. Erlangt der Kläger im Hauptsacheverfahren einen Vollstreckungstitel, verwandelt sich das Arrestpfandrecht zu einem Vollstreckungspfandrecht[18].

C. Die einstweilige Verfügung

I. Arten

Man unterscheidet heute im Anschluss an *Jauernig*[19]: Sicherungsverfügung, Regelungsverfügung und Befriedigungs- bzw. Leistungsverfügung.

II. Voraussetzungen für die Anordnung der einstweiligen Verfügung

Auf alle Arten der einstweiligen Verfügung sind für die Anordnung – von einigen Sonderbestimmungen in §§ 937 ff. ZPO abgesehen – die Vorschriften über den Arrest entsprechend anwendbar (§ 936 ZPO). Deshalb reicht hier der Hinweis auf die Besonderheiten der einstweiligen Verfügung aus.

---

[16] *von Craushaar,* S. 281, Rdnr. 412.
[17] *Paulus* (Fußn. 8), S. 317, Rdnr. 706.
[18] *BGHZ* 66, 394 (397).
[19] *Jauernig,* ZZP 79 (1966), 321 (323).

Das Verfügungsgesuch ist grundsätzlich beim Hauptsachegericht einzureichen, weil im Verfahren der einstweiligen Verfügung gem. § 937 I ZPO zunächst nur dieses zuständig ist. Allerdings eröffnet § 942 ZPO in dringenden Fällen wie beim Arrest eine Zuständigkeit des Amtsgerichts der belegenen Sache, wenn dieses auch in Abweichung zum Arrest nur für die in § 942 ZPO genannten Maßnahmen berufen ist.

1. Sicherungsverfügung

Rechtsgrundlage der Sicherungsverfügung ist § 935 ZPO. Diese Art der einstweiligen Verfügung dient der Sicherung von Individualansprüchen – Paradebeispiel ist etwa ein Herausgabe- oder Verschaffungsanspruch. Als Verfügungsgrund ist wie beim Arrest die Gefährdung des Erfüllungserfolgs notwendig, § 935 ZPO. Ebenso darf die Verfügung über eine Sicherung des Gläubigers nicht hinausgehen, beim Herausgabeanspruch also beispielsweise nur ein Veräußerungsverbot oder die Herausgabe der geschuldeten Sache an einen Sequester anordnen, nicht aber ihre Herausgabe an den Gläubiger (vgl. § 938 ZPO).

2. Regelungsverfügung

Rechtsgrundlage der Regelungsverfügung ist § 940 ZPO. An die Stelle des Individualanspruchs (Verfügungsanspruchs) tritt bei ihr ein „streitiges Rechtsverhältnis“[20]. Der Verfügungsgrund ist die Notwendigkeit einer einstweiligen Regelung. Beispiele der Regelungsverfügung bilden die einstweilige Regelung gesellschaftsrechtlicher Vertretungs- und Geschäftsführungsbefugnisse oder der Modalitäten bei miet- oder nachbarrechtlichen Beziehungen oder eines Arbeitsverhältnisses[21].

3. Leistungsverfügung

Die gesetzlich nicht geregelte Leistungsverfügung ist in Rechtsfortbildung und Analogie zu verschiedenen gesetzlichen Vorschriften (z.B. § 1615 o BGB, § 620 Nr. 4 und 6, § 641d ZPO, § 85 PatG, § 20 GebrMG, § 25 UWG) entwickelt worden[22]. In bestimmten Fällen besonderer Bedürftigkeit ist dem Gläubiger mit der Sicherung seines Anspruchs durch Sicherungsverfügung nicht geholfen, sondern eine schnelle Befriedigung erforderlich. Prototyp ist der Unterhaltsanspruch, der nunmehr in §§ 641d, 644 ZPO eine spezialgesetzliche Regelung der einstweiligen Durchsetzbarkeit gefunden hat. Da Verfügungen dieser Art beson-

---

[20] *Paulus* (Fußn. 8), S. 320, Rdnr. 715.

[21] *Schumann* (Fußn. 15), S. 84, Rdnr. 120.

[22] *Schumann,* a.a.O.

ders gefährlich sind, zumal der Gläubiger schon Zahlung, also Erfüllung seines Anspruchs verlangt, müssen hohe Anforderungen an den Nachweis von Verfügungsgrund und -anspruch gestellt werden[23].

III. Vollzug der einstweiligen Verfügung

Gibt das Gericht dem Verfügungsgesuch statt, so erlässt es die einstweilige Verfügung. Auf deren Vollzug sind gem. § 936 ZPO grundsätzlich die Vorschriften über den Arrest gem. §§ 926, 929 ZPO anzuwenden.

§ 2 Der Arrest im System der Strafprozessordnung

Es wurde bereits erwähnt, dass der dingliche Arrest eine Zwangsmaßnahme in Form der Sicherstellung darstellt. Sicherstellung bedeutet die Begründung eines öffentlich-rechtlichen Herrschaftsverhältnisses über einen Gegenstand[24]. Es handelt sich um ein Rechtsinstitut, das es hoheitlich handelnden Subjekten öffentlicher Verwaltung erlaubt, das Recht des Menschen, über „seine" Sachen nach Belieben zu verfügen, einzuschränken[25]. Das Gesetz verwendet den Begriff „sicherstellen" als Oberbegriff[26] (vgl. § 111k StPO: „beschlagnahmt oder sonst sichergestellt") und unterscheidet verschiedene Arten bzw. Mittel der Sicherstellung, zu denen auch Beschlagnahme und dinglicher Arrest zählen. Die Bezeichnung der Überschrift des achten Abschnitts im ersten Buch der Strafprozessordnung, in der nur von Beschlagnahme die Rede ist, ist daher zu eng[27], da der Begriff der Beschlagnahme in Wahrheit nur eine Unterart der Sicherstellung bezeichnet[28].

A. Die verschiedenen Verfahren der Sicherstellung in der Strafprozessordnung

Seit dem 1.1.1975 kennt die Strafprozessordnung zwei voneinander abweichende Verfahren der amtlichen Sicherstellung von Gegenständen[29]: das allein der Verfahrenssicherung dienende Verfahren zur Sicherstellung von Beweismitteln gem. §§ 94-100, 101, 111k StPO sowie das vollstreckungssichernde Sicher-

---

23 *Lüke* (Fußn. 2), S. 586, Rdnr. 725; *Paulus* (Fußn. 8), S. 321, Rdnr. 716.

24 *Ranft,* S. 185.

25 *Benfer,* S. 92, Rdnr. 465.

26 *Nack* in Karlsruher Kommentar, § 94 Rdnr. 1; *Schäfer* in Löwe/Rosenberg, § 94 Rdnr. 3; vgl. auch *Kramer,* Strafverfahrensrecht, S. 172, Rdnr. 188.

27 *Kühne,* S. 260, Rdnr. 509.

28 *Ranft* (Fußn. 24), a. a. O.

29 *Roxin,* Strafprozessrecht, 1994, S. 88; *Lesch,* S. 196, Rdnr. 92 f.

stellungsverfahren gem. §§ 111 b bis 111n StPO, das mehr auf die Verhinderung rechtsgeschäftlicher Verfügungen abzielt und auch der Schadloshaltung des Verletzten dienen kann. Eine bemerkenswerte Sonderregelung macht die Strafprozessordnung bei der Sicherstellung deutscher Führerscheine[30]: Obwohl sie gem. § 69 III 2 StGB der Einziehung unterliegen, werden sie in § 94 III StPO dem Verfahren nach §§ 94 ff. StPO unterworfen[31]. Dabei erfolgt die Sicherstellung des Führerscheins[32] nicht als Beweismittel, sondern aus präventiven Gründen[33].

B. Sicherstellung von Beweismittelgegenständen

I. Mittel der Sicherstellung und ihre Unterscheidung

Die Sicherstellung von „Gegenständen, die als Beweismittel für die Untersuchung von Bedeutung sein können" (Beweismittelgegenstände), kann auf drei verschiedene Arten geschehen: durch einfache Sicherstellung (§ 94 I StPO), durch formelle Beschlagnahme (§ 94 II StPO) oder durch Erzwingung der Herausgabe (§ 95 II StPO)[34].

Die *einfache Sicherstellung,* zu der es keiner formellen Anordnung irgendeiner Art bedarf, geschieht gegenüber Gegenständen, die sich nicht im Gewahrsam einer Person befinden oder die vom Gewahrsamsinhaber freiwillig herausgegeben werden[35].

Befinden sich die Gegenstände dagegen in dem Gewahrsam einer Person und werden sie nicht freiwillig herausgegeben (§ 94 II StPO) bedarf es einer *formellen Beschlagnahme,* wobei die Beschlagnahmeanordnung durch einen Richter, bei Gefahr im Verzug auch durch die Staatsanwaltschaft oder ihre Ermittlungspersonen erfolgt (§ 98 I StPO) und mit dem Vollzug der Beschlagnahme zusammenfallen kann[36]. Strafprozessualrechtliche Beschlagnahme und einfache Sicherstellung unterscheiden sich also nur durch den förmlichen Charakter der

---

30 *Malek/Wohlers,* S. 59, Rdnr. 131; *Kühne* (Fußn. 27), S. 260, Rdnr. 508.

31 *Roxin* (Fußn. 29), S. 88 f.

32 Im Gegensatz zum Führerschein (Urkunde, Papier) ist die Fahrerlaubnis die Berechtigung, das Fahrzeug führen zu dürfen. Die Fahrerlaubnis wird gem. § 111a StPO vorläufig entzogen, endgültig erst gem. § 69 I, III 1 StGB mit rechtskräftigem Strafurteil.

33 *Volk,* S. 57, Rdnr. 32.

34 Zum Teil wird die Erzwingung der Herausgabe gem. § 95 II StPO nicht als eigenständige Form der Sicherstellung angesehen, sondern nur als Mittel zur Durchsetzung der formellen Beschlagnahme, vgl. *Park,* S. 205, Rdnr. 429; ähnlich *Ranft* (Fußn. 24), S. 187; wie hier allerdings *Ciolek-Krepold,* S. 109, Rdnr. 223; *Schlüchter,* Strafverfahren, S. 299, Rdnr. 316.1; *Achenbach,* NJW 1976, 1068 (1068); *Kühne* (Fußn. 27), a. a. O.; *Roxin* (Fußn. 29), S. 89; *Fezer,* Strafprozessrecht, S. 74, Rdnr. 2.

35 *Kühne* (Fußn. 27), a. a. O.

Ersteren; in der Art der praktischen Durchführung gibt es keine Verschiedenheiten[37]. Beide können dadurch vollzogen werden, dass die Strafverfolgungsbehörden den Gegenstand in Besitz nehmen (amtliche Verwahrung) oder aber in anderer Weise erkennbar zum Ausdruck bringen, dass die Sache der freien Verfügung des Inhabers entzogen ist[38]. In Betracht kommen hier die Absperrung und Versiegelung von Räumen oder der Erlass von Betretungsverboten[39], die Wegnahme von Schlüsseln[40] sowie der Erlass von Veränderungs- oder Verfügungsverboten[41].

Die *Erzwingung der Herausgabe* nach § 95 StPO findet bei Gegenständen statt, von denen die Behörden genau wissen, dass der Betroffene sie in Gewahrsam hat, die sie aber – auch mittels Durchsuchung (§§ 102 ff. StPO) – nicht finden können, sodass eine Beschlagnahme nicht möglich ist[42]. Die Herausgabe wird in diesem Falle durch die Ordnungs- und Zwangsmittel des § 70 StPO (Ordnungsgeld, Ordnungshaft § 70 I StPO; Beugehaft § 70 II StPO) erzwungen. Die Anordnung kann nur der Richter treffen. Der Unterschied zwischen Erzwingung der Herausgabe (§ 95 StPO) und der Beschlagnahme (§ 94 II StPO) besteht darin, dass bei der Beschlagnahme der Betroffene nur rein passiv die Wegnahme erdulden muss, während bei § 95 StPO ein aktives Tun – die Herausgabe (z.B. versteckter Sachen) – erzwungen wird. Deshalb kommt der Weg über § 95 StPO dann nicht infrage, wenn der Betroffene zu einer aktiven Mitwirkung nicht verpflichtet ist, also nicht gegenüber Zeugen, die ein Zeugnisverweigerungsrecht haben (§ 95 II 2 StPO), und auch nicht gegenüber dem Beschuldigten[43].

---

36 Zum möglichen Zusammentreffen von Anordnung und Vollzug der Beschlagnahme, wenn der Beamte, der sie anordnet, sie sogleich vollzieht, *Bockemühl/Haizmann* in Bockemühl, S. 312, Rdnr. 68.

37 *Kramer* (Fußn. 26), a.a.O.

38 *Malek/Wohlers* (Fußn. 30), S. 103 f., Rdnr. 228.

39 *Lemke* in Heidelberger Kommentar, § 94 Rdnr. 14; *Amelung* in Alternativkommentar StPO, § 94 Rdnr. 23.

40 Vgl. *BGH*, JZ 1962, 609 (610) m. Anm. *Baumann*; *Nack* in Karlsruher Kommentar, § 94 Rdnr. 17.

41 *Meyer-Goßner*, § 94 Rdnr. 16; *Schäfer* in Löwe/Rosenberg, § 94 Rdnr. 33; *Malek/Wohlers* (Fußn. 30), S. 103, Rdnr. 228.

42 *Roxin* (Fußn. 29), S. 89.

43 *Roxin*, Strafverfahrensrecht, § 34, Rdnr. 7.

II. Voraussetzungen der Sicherstellung von Beweismitteln

1. Objekt der Sicherstellung

a) Gegenstände, die als Beweismittel für die Untersuchung von Bedeutung sein können

Nach § 94 StPO sicherstellungsfähig sind „Gegenstände, die als Beweismittel für die Untersuchung von Bedeutung sein können".

Das Strafverfahren kennt als Beweismittel Zeugen, Sachverständige, Urkunden und Objekte des Augenscheins[44]. *Gegenstände* als Beweismittel können allein Urkunden und die meisten Objekte des Augenscheins sein[45]. Es sind entsprechend dem beabsichtigten Verwendungszweck als Beweismittel ferner nur körperliche Gegenstände (d.h. Sachen) gemeint, weil unkörperliche Gegenstände wie Forderungen und andere Rechte von vornherein als Beweismittel ausscheiden[46]. Es kann sich aber nicht nur um bewegliche, sondern auch um unbewegliche Gegenstände, wie etwa Grundstücke, Gebäude oder Räume, handeln[47]. Als Beweismittel kommen insbesondere Tatwaffe, Kleidung und Schriftstücke in Betracht[48]. Auf Eigentum, Besitz oder Gewahrsam an den Gegenständen kommt es dabei grundsätzlich nicht an[49].

Der Gegenstand muss *als Beweismittel von Bedeutung sein können*, was der Fall ist, wenn ihm so genannte potenzielle Beweisbedeutung zukommt[50]. Diese ist gegeben, wenn die Möglichkeit besteht, dass er zu Untersuchungszwecken verwendet werden kann[51]; für welche Beweisführung er im Einzelnen in Betracht kommt, braucht noch nicht festzustehen[52]. Da das Beweisergebnis ungewiss und die Entwicklung des Verfahrens nicht vorhersehbar ist, kommt es auch nicht darauf an, ob der Gegenstand später Beweismittel wird und ob er dann beweiserheblich ist[53]. An der Beweisbedeutung fehlt es, wenn vorherzusehen

---

[44] *Schroeder*, S. 63, Rdnr. 102; *Schäfer* in Löwe/Rosenberg, § 94 Rdnr. 4.

[45] *Schäfer* in Löwe/Rosenberg, § 94 Rdnr. 7.

[46] *Lemke* in Heidelberger Kommentar, § 94 Rdnr. 4; *Nack* in Karlsruher Kommentar, § 94 Rdnr. 3; *Schäfer* in Löwe/Rosenberg, § 94 Rdnr. 7; *Park* (Fußn. 34), S. 208, Rdnr. 435; *Kramer* (Fußn. 26), S. 172, Rdnr. 189.

[47] *Meyer-Goßner*, § 94 Rdnr. 4.

[48] *Haller/Conzen*, S. 436, Rdnr. 912.

[49] *Schmidt*, S. 16 f.; *Nack* in Karlsruher Kommentar, § 94 Rdnr. 6; *Schäfer* in Löwe/Rosenberg, § 94 Rdnr. 10. Ausnahmsweise ist der Gewahrsam für Fälle des § 97 StPO von Bedeutung, vgl. § 97 II StPO.

[50] *BVerfG*, NJW 1995, 2838 (2839); *Nack* in Karlsruher Kommentar, § 94 Rdnr. 7; *Lemke* in Heidelberger Kommentar, § 94 Rdnr. 8; *Ranft* (Fußn. 24), S. 188.

[51] *Meyer-Goßner*, § 94 Rdnr. 6; *Lemke* in Heidelberger Kommentar, § 94 Rdnr. 8; *Schäfer* in Löwe/ Rosenberg § 94 Rdnr. 20.

[52] *BGH*, NStZ 1981, 93 (94).

ist, dass es zu keinem Gerichtsverfahren kommt[54], insbesondere, wenn von vornherein ein nicht behebbares Verfahrenshindernis erkennbar ist[55].

Der Beweisgegenstand muss ferner *für die Untersuchung von Bedeutung* sein. Der Begriff der „Untersuchung" bezieht sich dabei auf die ganze Dauer des Strafverfahrens vom Beginn des Ermittlungsverfahrens an bis zum rechtskräftigen Abschluss des Strafverfahrens[56].

b) Gegenstände, die nicht beschlagnahmt und herausgefordert werden dürfen, §§ 96, 97 StPO

Für Beweisgegenstände, die der Beschlagnahme oder der Herausgabepflicht unterliegen, führen §§ 96, 97 StPO Gegenstände auf, die weder nach § 94 II StPO beschlagnahmt noch nach § 95 StPO herausgefordert werden dürfen. Etwas anderes gilt für die einfache Sicherstellung: Da diese von der freiwilligen Übergabe durch den Gewahrsamsinhaber abhängt, gibt es keinen Beweisgegenstand, der in diesem Sinne nicht sicherstellungsfähig wäre[57].

Nach der Regelung des § 96 StPO dürfen in amtlicher Verwahrung befindliche Akten und Schriftstücke nicht herausverlangt oder beschlagnahmt werden, wenn die oberste Dienstbehörde eine verbindliche Sperrerklärung abgegeben hat[58].

Zur Sicherung von Zeugnisverweigerungsrechten verhängt § 97 StPO ein Verbot der Beschlagnahme und Herausgabeforderung über solche Beweisgegenstände, die derselben Vertrauenssphäre wie das Zeugnisverweigerungsrecht entstammen[59]. Damit soll die Umgehung und Aushöhlung des Zeugnisverweigerungsrechts der in §§ 52 f. StPO genannten Personen verhindert werden; denn ansonsten wären Strafverfolgungsorgane bestrebt, das, was die zeugnisverweigerungsberechtigten Personen verschweigen dürfen, aus ihren Unterlagen herauszuholen[60]. Zu beachten ist aber, dass das Verbot des § 97 StPO nur für Beweismittel besteht. Verfalls- und Einziehungsgegenstände können nach §§ 111b ff.

---

[53] *OLG Düsseldorf,* StV 83, 407 (407) mit Anm. *Steffen*; *Meyer-Goßner,* § 94 Rdnr. 6.

[54] *BGH* 9, 351 (355).

[55] *Malek/Wohlers* (Fußn. 30), S. 66, Rdnr. 148; *Park* (Fußn. 34), S. 210, Rdnr. 442; *Meyer-Goßner,* § 94 Rdnr. 7.

[56] *Ranft* (Fußn. 24), S. 188.

[57] *Kühne* (Fußn. 27), S. 261, Rdnr. 510.

[58] *Park* (Fußn. 34), S. 278, Rdnr. 589.

[59] Ausführlich zu den Beschlagnahmeverboten gem. § 97 StPO: *Schmidt* (Fußn. 49), S. 19 ff.; *Burhoff,* S. 127 ff., Rdnr. 158 ff.

[60] *Benfer* (Fußn. 25), S. 105, Rdnr. 533.

StPO auch bei Zeugnisverweigerungsberechtigten sichergestellt werden, selbst wenn sie zugleich Beweismittel sind[61].

Über den Wortlaut des § 97 StPO hinaus ergibt sich aus dem Grundsatz des *nemo tenetur se ipse accusare* die Beschlagnahmefreiheit von Verteidigungsunterlagen des Beschuldigten[62]. Ein Beschlagnahmeverbot kann sich zudem auch aus Grundrechten ergeben. Tagebücher oder die Intimsphäre berührende Briefe, deren Verwertung zu Beweiszwecken die Menschenwürde oder das Persönlichkeitsrecht (Art. 1, 2 GG) tangieren würde, sind grundsätzlich unverwertbar, es sei denn, dass unter Abwägung aller Umstände das staatliche Verfolgungsinteresse weit überwiegt[63]. Gemäß § 97 StPO dürfen bestimmte Gegenstände, soweit sie sich im allgemeinen Gewahrsam des Zeugnisverweigerungsberechtigten befinden, nicht beschlagnahmt werden[64].

2. Sonstige Voraussetzungen der Sicherstellung gem. §§ 94 ff. StPO

Neben einem sicherstellungsfähigen Gegenstand setzt die Sicherstellung gem. §§ 94 ff. StPO ferner einen *Anfangsverdacht* gem. § 152 II StPO voraus[65].

Zudem muss die Sicherstellung *verhältnismäßig* sein[66], d. h. die Maßnahme muss zur Sicherung der notwendigen Beweisgegenstände geeignet, erforderlich und angemessen sein[67]. Mithin ist bei der Sicherstellung zu prüfen, ob nicht ein milderes Mittel zur Verfügung steht. So kann beispielsweise ein Auskunftsverlangen ausreichend sein[68], bei Urkunden die Anfertigung von Fotokopien[69].

Besonderheiten bestehen nach §§ 99, 100, 101 StPO für die Sicherstellung von Postsendungen, die sich (noch) im Gewahrsam der Post befinden[70], da die Beschlagnahme das Grundrecht des Art. 10 I GG beschränkt. Für noch nicht aufgegebene oder bereits zugestellte Sendungen gilt die allgemeine Vorschrift des § 94 StPO[71]. Die Voraussetzungen für die Beschlagnahme von Postsendun-

---

[61] *Creifelds,* GA 107 (1960), 65 (74); *Burhoff* (Fußn. 59), S. 120, Rdnr. 151; *Göbel,* S. 22, Rdnr. 21.

[62] *BGH,* NStZ 1998, 309 (310); *Kühne* (Fußn. 27), S. 262, Rdnr. 512.

[63] *BGH,* NJW 1988, 1037 (1038); *Anmelung,* NJW 1990, 1753 (1755).

[64] *Schmehl/Vollmer,* S. 60.

[65] *Benfer* (Fußn. 25), S. 100, Rdnr. 506.

[66] *Amelung* in Alternativkommentar StPO, § 94 Rdnr. 25; *Haller/Conzen* (Fußn. 48), S. 436, Rdnr. 913; *Dahs,* Strafverteidiger-Handbuch, S. 261, Rdnr. 357.

[67] *Malek/Wohlers* (Fußn. 30), S. 67, Rdnr. 149.

[68] *Nack* in Karlsruher Kommentar, § 94 Rdnr. 13.

[69] *Schmidt,* MDR 1990, 102 (105); *Krekeler,* wistra 1983, 43 (45).

[70] *Schlüchter,* Strafprozessrecht, S. 105, vgl. *Park,* (Fußn. 34), S. 299 f., Rdnr. 650.

[71] *Ranft* (Fußn. 24), S. 208.

gen sind gegenüber § 94 StPO teils erweitert, teils eingeschränkt. Erweitert sind sie insoweit, als an den Beschuldigten gerichtete Sendungen auch beschlagnahmt werden dürfen, ohne dass ihre Bedeutung als Beweismittel für die Untersuchung aus konkreten Anhaltspunkten zu vermuten ist (bei Sendungen des Beschuldigten müssen hingegen konkrete Anhaltspunkte vorhanden sein, dass der Inhalt für die Untersuchung Bedeutung hat). Einschränkungen betreffen die Zuständigkeit: Da in das Grundrecht des Art. 10 GG eingegriffen wird, ist grundsätzlich nur der Richter zuständig, nur ausnahmsweise – bei Gefahr im Verzug – die Staatsanwaltschaft, nicht aber deren Ermittlungspersonen, § 100 StPO.

III. Rechtsfolge, Wirkungen und Rückgabe

1. Rechtsfolge

Steht fest, dass ein Gegenstand als Beweismittel für die Untersuchung von Bedeutung sein kann, besteht wegen des auch bei der Beweismittelsicherstellung geltenden Legalitätsprinzips[72] die Verpflichtung, einen Gegenstand sicherzustellen[73], jedenfalls dann, wenn der Verlust des Beweises zu befürchten wäre[74]. Ist der drohende Beweisverlust zu bejahen, gilt die Sicherstellungsverpflichtung grundsätzlich auch für diejenigen Fälle, in denen der Opportunitätsgrundsatz Anwendung finden kann[75]. Eine Ausnahme gilt allerdings dann, wenn von vornherein eine Einstellung nach §§ 153 ff. StPO zu erwarten ist[76].

2. Wirkung der Beweismittelsicherstellung

Die Sicherstellung von Beweisgegenständen vermag nur die tatsächliche Sicherung zu bewirken, nicht ein Veräußerungsverbot i. S. d. § 136 BGB, da die Rechtsverhältnisse an der Sache deren Beweisbedeutung nicht berühren[77]. Wird

---

[72] Dazu, dass das Legalitätsprinzip auch bei der Beweismittelsicherstellung gilt, vgl. etwa *Rudolphi* in Systematischer Kommentar StPO, § 94 Rdnr. 20; *Lemke* in Heidelberger Kommentar, § 94 Rdnr. 9.

[73] So die h. M., vgl. statt vieler: *Nack* in Karlsruher Kommentar, § 94 Rdnr. 12; *Meyer-Goßner,* § 94 Rdnr. 6; *Schäfer* in Löwe/Rosenberg, § 94 Rdnr. 34; *Rudolphi* in Systematischer Kommentar StPO, § 94 Rdnr. 20; *Achenbach,* NJW 1976, 1068 (1068).

[74] Mit dieser Einschränkung *Park* (Fußn. 34), S. 213, Rdnr. 448, der sich zu Recht auf die Vorschrift des § 160 II StPO als einschränkende Konkretisierung des Legalitätsprinzips beruft (§ 160 II StPO besagt, dass „die Staatsanwaltschaft ... für die Erhebung der Beweise Sorge zu tragen [hat], deren Verlust zu besorgen ist.").

[75] *Nack* in Karlsruher Kommentar, § 94 Rdnr. 12; *Schäfer* in Löwe/Rosenberg, § 94 Rdnr. 34.

[76] *Park* (Fußn. 34), S. 214, Rdnr. 449; *Rudolphi* in Systematischer Kommentar StPO, § 94 Rdnr. 20.

[77] *Mayer* in Vordermayer/Heintschel-Heinegg, S. 508, Rdnr. 48.

bei der Beweismittelsicherstellung nach §§ 94 ff. StPO der Gegenstand in amtliche Verwahrung genommen[78], entsteht ein öffentlich-rechtliches Verwahrungsverhältnis, das dem strafrechtlichen Schutz des § 133 StGB (Verwahrungsbruch) unterfällt[79]. Die Sicherstellung von Beweismitteln in Form der Beschlagnahme gem. § 94 II StPO begründet zudem den strafrechtlichen Schutz gem. § 136 StGB (Verstrickungsbruch, Siegelbruch)[80].

3. Rückgabe

Nach Aufhebung der Beschlagnahme, dem Wegfall der Beschlagnahmevoraussetzungen oder rechtskräftigem Abschluss des Verfahrens sind die beschlagnahmten Gegenstände zurückzugeben[81]: im Regelfall an denjenigen, der sie freiwillig herausgegeben hatte, oder allgemein den letzten Gewahrsamsinhaber, im Falle des § 111k StPO jedoch an den Verletzten, dem die Sache rechtswidrig entzogen war[82]. Inwieweit bei der Herausgabe eventuell bestehende Ansprüche Dritter zu berücksichtigen sind, ist weitgehend ungeklärt[83]. Gleiches gilt für die Frage, was zu geschehen hat, wenn die Rückgabe nicht möglich ist, weil der Berechtigte nicht zu erreichen ist oder auf das Rückgabeangebot nicht reagiert[84].

C. Die vollstreckungssichernde Sicherstellung

Die §§ 111b ff. StPO gewähren den vorläufigen Zugriff der Strafverfolgungsorgane auf Vermögensgegenstände eines Betroffenen (Beschuldigten oder Dritten) aus verschiedenen Rechtsgründen. Erstens ermöglichen sie die Sicherung der künftigen Vollstreckung *materieller Rechtsfolgen* einer rechtswidrigen Tat, und zwar einer zu erwartenden Anordnung des Verfalls oder der Einziehung eines Gegenstandes (§ 111b I StPO) bzw. von Wertersatz (§ 111b II StPO), desgleichen einer voraussichtlichen Verurteilung zu Geldstrafe (§ 111d I StPO). Zweitens eröffnen die §§ 111b ff. StPO die künftige Vollstreckung der einer Verurteilung *prozessual* folgenden Pflicht, die Verfahrenskosten zu tragen

---

[78] Wird ein Gegenstand nicht in amtliche Verwahrung genommen, sondern stattdessen dem Gewahrsamsinhaber nur bestimmte Verbote auferlegt, dann scheidet eine Anwendung des § 133 StGB stets aus, *Malek/Wohlers* (Fußn. 30), S. 60, Rdnr. 133.

[79] *Beulke,* Rdnr. 247.

[80] *Park* (Fußn. 34), S. 204, Rdnr. 427.

[81] *Peters,* S. 446.

[82] *Malek/Rüping,* S. 86, Rdnr. 146.

[83] Vgl. hierzu im Einzelnen *Löffler,* NJW 1991, 1705 (1706 ff.); *Hoffmann/Knierim,* NStZ 2000, 461 (463).

[84] Vgl. hierzu *Cremsers,* wistra 2000, 130 ff.; *Dörn,* wistra 1999, 175 ff.; *Schäfer,* wistra 1984, 136 ff.

(§ 111d I StPO). Drittens können die Strafverfolgungsbehörden mit dem prozessualen Instrumentarium der §§ 111b ff. StPO auch (zivilrechtliche) Ansprüche des Verletzten gegen den (mutmaßlichen) Täter sichern (sog. Zurückgewinnungshilfe, §§ 111b V, 111g, 111h, 111k StPO)[85].

I. Mittel der Sicherstellung und ihre Unterscheidung

Die §§ 111b ff. StPO enthalten zwei Mittel der Sicherstellung[86]: Beschlagnahme (§§ 111b I, 111c StPO) und dinglichen[87] Arrest (§§ 111b II, V, 111d StPO). Die Wahl des Mittels richtet sich dabei nach dem Inhalt der dem Betroffenen im materiellen bzw. im Prozessrecht auferlegten Rechtsfolge[88]. Ist dem Betroffenen ein bestimmter Gegenstand zu entziehen, wie dies beim Verfall (§ 73 StGB), Erweiterten Verfall (73d I StGB), der Einziehung (§ 74 StGB) und bei der Erweiterten Einziehung (§ 74a StGB) der Fall ist, erfolgt die Sicherstellung durch Beschlagnahme. Ist der Betroffene dagegen zu einer Geldzahlung verpflichtet, wie dies beim Wertersatzverfall (§ 73a StGB), dem erweiterten Wertersatzverfall (§ 73d II StGB), der Wertersatzeinziehung (§ 74c StGB), der Geldstrafe (§ 40 StGB) und der Auferlegung der Kosten (§ 464 StPO) der Fall ist[89], so findet die Sicherstellung durch dinglichen Arrest statt[90]. Wenn dem Betroffenen ein bestimmter, zumeist tatbezogener[91] Gegenstand zu entziehen ist, erfolgt die *Sicherung gegen zwischenzeitliche Verfügungen des*

---

[85] Vgl. zu den unterschiedlichen Rechtsgründen insgesamt *Mayer* in KMR, Vorbem § 111b Rdnr. 1.

[86] *Rudolphi* in Systematischer Kommentar StPO, § 111b Rdnr. 12; *Schlüchter* (Fußn. 34), a.a.O.; *Podolsky/Brenner,* S. 94, 97 f.; vgl. auch *Ciolek-Krepold* (Fußn. 34), S. 109, Rdnr. 223.

[87] Im Strafverfahren gibt es anders als im Zivilverfahren nur einen dinglichen, aber keinen persönlichen Arrest.

[88] *Mayer* in KMR, Vorbem § 111b Rdnr. 5.

[89] Vgl. *Mayer* in KMR, a.a.O. Rdnr. 7.

[90] Ähnlich *Podolsky* und *Brenner,* nach denen sich die Wahl zwischen Beschlagnahme und dinglichem Arrest *je nach materiellem Anspruch, je nach Anspruchsgrundlage* richte (vgl. *Podolsky* in Wabnitz/ Janovsky, S. 1785, Rdnr. 81; *Podolsky/Brenner* (Fußn. 86), S. 93 f., 97). Lägen materiell die Anspruchsgrundlagen nach §§ 73 I-IV (Verfall), 73d I (erweiterter Verfall), 74 (Einziehung) und 74a StGB (Erweiterte Einziehung) vor, erfolge die Sicherstellung durch Beschlagnahme. Lägen materiell die Anspruchsgrundlagen der §§ 73a (Wertersatzverfall), 73d II (Erweiterter Wertersatzverfall) und 74c StGB (Wertersatzeinziehung) vor, fände die Sicherstellung durch dinglichen Arrest statt. Zudem könne die Sicherstellung durch dinglichen Arrest gem. § 111d StPO auch zur Sicherung der Geldstrafe (§ 40 StGB) und der voraussichtlich entstehenden Kosten des Strafverfahrens (§ 464 StPO) erfolgen. Entgegen *Poldolsky* und *Brenner* wird die hier vorgeschlagene *Abgrenzung nach der dem Betroffenen auferlegten Rechtsfolge* bevorzugt. Denn das Strafgesetzbuch spricht im dritten Abschnitt des allgemeinen Teils (§§ 38-76a StGB) von „Rechtsfolgen der Tat“, zu denen auch die §§ 73 ff. StGB gehören. Zudem ist der Begriff der „Anspruchsgrundlage“ charakteristisch für das Zivilrecht und eher untypisch für das Strafrecht.

Betroffenen über diesen Gegenstand nach §§ 111b I, 111c StPO durch Beschlagnahme des *konkreten* Gegenstandes. Wenn der Betroffene zu einer Geldzahlung verpflichtet ist, die er nach seinem Belieben aus jedem Teil seines Vermögens erbringen kann, erfolgt die *Sicherung gegen Verfügungen des Betroffenen über sein Vermögen* dagegen nach §§ 111b II, 111d StPO durch (sodann in *einen* pfändbaren Vermögensgegenstand zu vollziehenden) dinglichen Arrest[92]. Die Vollziehung des Arrestes ist dem Verfahren zur Vollstreckung einer Geldforderung in der Zivilprozessordnung nachgebildet[93], weswegen der Gesetzgeber zur Bezeichnung der Sicherstellung wegen Geldforderungen wohl auch den der Strafprozessordnung bisher fremden und aus der Zivilprozessordnung entlehnten Begriff des dinglichen Arrestes benutzt hat. Das Besondere der Sicherstellung durch dinglichen Arrest ist damit einerseits, dass das Grundmodell der traditionellen Beschlagnahme, der isolierte Zugriff auf die bemakelte Sache, aufgegeben wird; an seine Stelle tritt die Möglichkeit des Zugriffs auf beliebige Teile des dem Betroffenen gehörenden pfändbaren Vermögens (§ 111d II StPO i.V.m. §§ 930 I 2, 803 ff. 811 ff. 850 ff. ZPO), soweit er zur Sicherung einer bestimmten Geldforderung notwendig ist[94]. In den Fällen der §§ 111b I, 111d StPO handelt es sich dabei immer um legale Vermögenswerte des Beschuldigten, auf die in Vollziehung des dinglichen Arrestes zugegriffen werden kann[95]. Während die Sicherstellung in Form der Beschlagnahme als Maßnahme gegen *einzelne, „aussonderbare" Gegenstände*[96] bezeichnet werden kann, stellt die Sicherstellung in Form des dinglichen Arrestes eine Maßnahme *ohne Beschränkung auf bestimmte Gegenstände* dar; das sicherzustellende Objekt ist vielmehr in diesem Fall ein sonstiger Vermögensvorteil[97].

II. Die verschiedenen Vorschriften der §§ 73 ff. StGB

Die Ausführungen haben ergeben, dass das zu ergreifende Mittel der Sicherstellung entscheidend von den materiell-rechtlichen Vorschriften der §§ 73 ff. StGB abhängt. Der genauen Differenzierung der einzelnen Maßnahmen der §§ 73 ff. StGB kommt deshalb eine wichtige Rolle zu. In der Praxis erfolgt sie nicht immer: Hier werden vor allem in vielen Fällen des Verfalls von Wert-

---

91 Nicht tatbezogene Gegenstände, die beschlagnahmt werden können, sind Surrogate, die an die Stelle des ursprünglich erlangten Vermögensvorteils getreten sind (§ 73 II 2 StGB).

92 Vgl. *Mayer* in KMR, Vorbem § 111b Rdnr. 6 f. Zum unterschiedlichen Sicherungszweck von Beschlagnahme und dinglichem Arrest auch *Schlüchter* (Fußn. 34), a.a.O.

93 *BT-Drucks.* 7/550, S. 497.

94 *Achenbach* in Alternativkommentar StPO, Vorbem §§ 111b-111n Rdnr. 8.

95 *Hees*, Zurückgewinnungshilfe, S. 32.

96 Von aussonderbaren Gegenständen ist die Rede in *BT-Drucks.* 7/550, S. 293.

97 *Rudolphi* in Systematischer Kommentar StPO, § 111b Rdnr. 12.

ersatz fälschlicherweise die Voraussetzungen des Verfalls angenommen[98] und dementsprechend zum falschen Sicherungsmittel gegriffen. Um eine sichere Abgrenzung von Beschlagnahme und dinglichen Arrest zu gewährleisten, werden im Folgenden daher zunächst die einzelnen Anspruchsgrundlagen der §§ 73 ff. StPO mit ihren unterschiedlichen Voraussetzungen ausführlich dargestellt. Erst danach wird im Einzelnen auf die Voraussetzungen der Beschlagnahme und des dinglichen Arrestes eingegangen[99].

1. Verfall, § 73 StGB

a) Bestimmte rechtswidrige Tat (Anknüpfungstat)

Die Verfallsanordnung setzt das Vorliegen einer bestimmten rechtswidrigen[100] Tat[101] voraus (vgl. § 11 I Nr. 5 StGB). Im Unterschied zur Einziehung, die nach § 74 I StGB nur bei Vorliegen einer vorsätzlichen Straftat angeordnet werden kann, erstreckt sich der Verfall auch auf Tatbestände, die fahrlässiges Handeln unter Strafe stellen[102].

b) Verfallsgegenstände

Welche Gegenstände für verfallen erklärt werden können, richtet sich nach § 73 StGB: Neben dem unmittelbar für die Tat oder aus ihr Erlangten gem. § 73 I StGB erstreckt sich der Verfall gem. § 73 II StGB auch auf mittelbar Erlangtes, unter den zusätzlichen Voraussetzungen des § 73 III StGB auf Dritterlangtes sowie unter den Voraussetzungen des § 73 IV StGB auf Gewährtes.

aa) Unmittelbar Erlangtes

Nach § 73 I 1 StGB ordnet das Gericht den Verfall an, wenn der Täter oder Teilnehmer für die Begehung einer rechtswidrigen Tat oder aus ihr etwas erlangt hat.

---

[98] *Malitz*, NStZ 2002, 337 (337).

[99] Vgl. unten Kapitel 1 § 2 C. III. und IV.

[100] Schuld muss also nicht vorliegen.

[101] Die Tat muss bereits begangen sein, *Malitz* (Fußn. 98), NStZ 2002, 337 (337), Fußn. 5. Für zukünftige Straftaten bestimmte Tatmittel – z.B. Geld für den Erwerb weiterer Betäubungsmittel – können nur eingezogen werden, BGH Urt. v. 2.9.1998 – 2 StR 185/98, zit. nach *Detter*, NStZ 1999, 120, (124); Beschl. v. 20.10.1999 – 3 StR 324/99, zit. nach *Detter*, NStZ 2000, 184 (191).

[102] *Wolters*, S. 34; *Eser* in Schönke/Schröder, § 73 Rdnr. 4.

Mit „etwas" ist kein immaterieller[103], sondern nur ein wirtschaftlicher Wert[104], also ein Vermögensvorteil gemeint. Gegenstand des Verfalls können daher bewegliche Sachen aller Art sowie Grundstücke, sonstige dingliche und obligatorische Rechte, insbesondere Forderungen, sein[105]. Kein Gegenstand des Verfalls ist aber der bloße Sachbesitz[106].

Unter „erlangen" ist zu verstehen, dass der Tatbeteiligte (bzw. im Fall des § 73 III StGB der andere) mindestens die faktische Verfügungsgewalt für sich über eine Sache oder ein Recht erlangt hat oder dass ihm die unsubstanziellen Vermögensteile zugeflossen sind[107].

Das Etwas muss „für die Tat oder aus ihr" erlangt worden sein. Aus der Tat erlangt sind alle Vermögenswerte, die dem Täter unmittelbar aus der Verwirklichung des Tatbestandes selbst in irgendeiner Phase des Tatablaufs zufließen. Um Vorteile für die Tat handelt es sich demgegenüber, wenn Vermögenswerte dem Täter als Gegenleistung für sein rechtswidriges Handeln gewährt werden, die nicht auf der Tatbestandsverwirklichung selbst beruhen[108]. Aus der Tat hat der Beteiligte etwa die Beute sowie den Erlös aus illegalem Glückspiel oder Rauschgifthandel erlangt; für die Tat z.B. das Entgelt für einen Auftragsmord oder den Bestechungslohn für eine vorzunehmende dienstliche Handlung[109].

Der Vermögensvorteil muss grundsätzlich unmittelbar aus der oder für die von der Anklage umfasste und vom Tatrichter festgestellte Anknüpfungstat erlangt sein. Demnach scheidet ein mittelbarer Vermögenszuwachs, d.h. ein Vermögensvorteil, der durch entsprechende Verwendung des ursprünglich Erlangten dem Vermögen des Täters oder Teilnehmers zufließt, grundsätzlich als Verfallsobjekt aus[110]. Der *Bundesgerichtshof*[111] führt zum Unmittelbarkeitsprinzip aus, dass im Bereich der Wirtschaftskriminalität in aller Regel zwischen Tat und dem Erlangten mehrere Zwischenakte geschoben sein können, ohne dass damit das Unmittelbarkeitsprinzip verletzt ist.

---

[103] Immaterielle Werte wie etwa eine Zuneigung sind nicht erfasst, *Katholnigg*, JR 1994, 353 (356).

[104] *BGH*, NStZ 1994, 123 (124).

[105] *Malitz* (Fußn. 98), NStZ 2002, 337 (338); *Fischer* in Tröndle/Fischer, § 73 Rdnr. 8.

[106] *Mayer* in Vordermayer/Heintschel-Heinegg, S. 494, Rdnr. 5.

[107] *Fischer* in Tröndle/Fischer, § 73 Rdnr. 10.

[108] *BGH*, WM 2002, 2413 (2413).

[109] *Podolsky* in Wabnitz/Janovsky, S. 1769, Rdnr. 20.

[110] *Herzog* in Nomos Kommentar, § 73 Rdnr. 9.

[111] *BGH*, NJW 2000, 297 (299 f.).

bb) Mittelbar Erlangtes: Nutzungen und Surrogate

Ausnahmsweise erstreckt sich der Verfall aber auch auf bestimmte mittelbare Vermögensvorteile, nämlich gem. § 73 II 1 StGB auf die gezogenen Nutzungen und gem. § 73 II 2 StGB auf die Surrogate, die an die Stelle des vom Tatbeteiligten aus der oder für die Anknüpfungstat ursprünglich erlangten Vermögensvorteils getreten sind. Dem unmittelbar Erlangten sind nach § 73 II StGB also hieraus gezogene Nutzungen und die hierfür erworbenen Surrogate gleichgestellt[112].

cc) Dritterlangtes

Der Verfall gem. § 73 StGB wird angeordnet, wenn der Täter der Tat oder der daran Beteiligte etwas erlangt hat. Nach § 73 III StGB muss der Vermögensvorteil aber auch dann für verfallen erklärt werden, wenn er von einem an der Anknüpfungstat nicht beteiligten Dritten[113] erlangt worden ist (Dritterlangtes). Voraussetzung ist, dass der Täter oder Teilnehmer „für einen anderen", also den Dritten, gehandelt hat und der Dritte „dadurch" den Vermögensvorteil erlangt hat (sog. Vertreterklausel)[114].

Der *Bundesgerichtshof*[115] hat zur Prüfung der Voraussetzungen für die Anordnung des Verfalls gegen Drittbegünstigte in einem Grundsatzurteil wichtige Fallgruppen entwickelt und teilt in so genannte Vertreter-, Verschiebungs- und Erfüllungsfälle auf[116].

dd) Gewährtes

Vielfach wird der Übergang des Eigentums an der Sache oder der Inhaberschaft am Recht auf den Täter oder Teilnehmer daran scheitern, dass entweder nach §§ 134, 138 BGB auch das Verfügungsgeschäft nichtig ist oder eine verbotenen Eigenmacht des Täters vorliegt, sodass lediglich der Besitz erlangt ist und daher ein Verfall des unmittelbar Erlangten nach § 73 I StGB ausschei-

---

112 *Mayer* in KMR, § 111b Rdnr. 6.

113 Dritter kann jede natürliche oder juristische Person und auch eine Scheinfirma sein, *Schmid/Winter,* NStZ 2002, 8 (12).

114 § 73 III StGB ist insbesondere im Bereich der Wirtschaftskriminalität von Bedeutung, in dem aufgrund von Vertretungsverhältnissen der rechtswidrig erlangte Vermögensvorteil häufig einer juristischen Person zufließt. Für die Wirtschaftskriminalität ist § 73 III StGB eine im wahrsten Sinne des Wortes „durchschlagende Waffe", *Brenner,* DRiZ 1977, 203 (205).

115 *BGHSt* 45, 235 (236 ff.).

116 Zu den Fallgruppen im Einzelnen vgl. *Schmid/Winter* (Fußn. 113), NStZ 2002, a. a. O.; *Janovsky,* Kriminalistik 2000, 483 (484); *Podolsky/Brenner* (Fußn. 86), S. 53 ff.

det[117]. Hat sich der Dritte des Gegenstandes auf diese Weise ohne Rechtswirkung, aber willentlich und in Kenntnis der Tatumstände begeben, handelt es sich um Gewährtes, das nach § 73 IV StGB dem Drittverfall unterliegt[118]. Durch die Vorschrift soll also der Verfall auch dort ermöglicht werden, wo einerseits der tatbeteiligte Vorteilsempfänger an dem fraglichen Gegenstand kein Eigentum bzw. am Recht keine Inhaberschaft erlangt hat und daher ein Verfall nach § 73 I StGB ausscheidet, andererseits der Dritteigentümer schuldhaft in die Tat verwickelt ist[119]. Deshalb kann z. B. das beim Verkäufer von Betäubungsmitteln vorgefundene Kaufgeld nach dieser Vorschrift für verfallen erklärt werden[120]. Die Anordnung richtet sich im Fall des § 73 IV StGB nicht gegen den Dritten, sondern gegen den Tatbeteiligten, der den Gegenstand erlangt hat[121].

ee) Geltung des Bruttoprinzips

Mit der Neufassung des § 73 StGB ist der Begriff „Vermögensvorteil" in § 73 a.F. StGB durch das Wort „etwas" ersetzt worden[122] und damit der Übergang vom Netto- zum Bruttoprinzip zum Ausdruck gebracht worden, das nunmehr nach *allgemeiner* Meinung[123] gilt. Bruttoprinzip bedeutet, dass erlangt bzw. gewährt alles ist, was dem Täter, Teilnehmer oder Dritten in irgendeiner Phase des Tatgeschehens zugeflossen ist[124] und gewinnmindernde Unkosten, Aufwendungen und Gegenleistungen außer Betracht zu bleiben haben[125]. Hat also z. B. ein Drogendealer für 30.000 € Rauschgift eingekauft und es an einen Abnehmer für 50.000 € weiterverkauft, so unterliegt letztgenannter Betrag in voller Höhe dem Verfall[126].

Der Gesetzgeber weist damit das wirtschaftliche Risiko bei der Begehung einer Straftat dem Täter zu[127]. Nach seinem Willen[128] soll durch das Bruttoprinzip der Rechtsgedanke des § 817 Satz 2 BGB beim Verfall Anwendung fin-

---

[117] *Mayer* in Vordermayer/Heintschel-Heinegg, S. 494, Rdnr. 7.

[118] *Mayer* in KMR, § 111b Rdnr. 6.

[119] *Podolsky/Brenner* (Fußn. 86), S. 59.

[120] Vgl. *BGHSt* 31, 145 (145).

[121] *Podolsky/Brenner* (Fußn. 86), S. 59.

[122] Vgl. Gesetz zur Änderung des Außenwirtschaftsgesetzes und anderer Gesetze vom 28.2.1992.

[123] Vgl. statt vieler: *BGH,* NStZ 94, 124 (124); *Malitz* (Fußn. 98), NStZ 2002, 337 (337), Fußn. 6; *Eser* in Schönke/Schröder, § 73 Rdnr. 17; *Lackner* in Lackner/Kühl, § 73 Rdnr. 4.

[124] *Mayer* in Vordermayer/Heintschel-Heinegg, S. 494, Rdnr. 9.

[125] Vgl. *BGH,* NStZ 1994, 123 (123); *BGH,* NStZ 1995, 495 (495); *Odenthal,* wistra 2002, a. a. O.

[126] Beispiel nach *Podolsky* in Wabnitz/Janovsky, S. 1770, Rdnr. 21.

[127] *Kartholnigg* (Fußn. 103), JR 1994, a. a. O.

den, wonach bei einem bestandskräftigen Anspruch das in ein verbotenes Geschäft Investierte unwiederbringlich verloren ist[129]; auch im Rahmen der §§ 812 ff. BGB erstrecken sich die Ansprüche des Kondiktionsgläubigers lediglich auf die tatsächliche Bereicherung des Schuldners, vorbehaltlich der Regelungen im Rahmen der verschärften Haftung nach §§ 818 IV, 819, 820, 292, 987 ff. BGB[130].

Das zuvor geltende Nettoprinzip beim Verfall mit seinem Zwang zur Bilanz der Nettogewinne hat sich immer mehr zu einem Hindernis für einen konsequenten und praktisch wirksamen strafrechtlichen Zugriff auf die Erträge aus Straftaten entwickelt[131], zumal die Ermittlung des Reingewinns – trotz der Möglichkeit einer Schätzung – Praktikern enorme Schwierigkeiten bereitete[132], insbesondere in Verfahren gegen Beschuldigte, die von ihrem Recht Gebrauch machten, nicht zur Sache auszusagen, oder in Verfahren wegen Umweltstraftaten, bei denen Vermögensvorteile aus dem Unterlassen rechtlich gebotener Investitionen resultierten[133].

Außerdem wurde es von manchem Strafrichter als Zumutung empfunden, sich den Aufwand der „Halb- und Unterwelt" bei der Durchführung krimineller Geschäfte vorrechnen zu lassen und ihn noch gewinnbringend berücksichtigen zu müssen[134].

Die aufgeführten Gesichtspunkte für das Bruttoprinzip können nicht darüber hinwegtäuschen, dass das derzeit nach dem Willen des Gesetzgebers geltende Bruttoprinzip äußerst problematisch ist. Wie das obige Beispiel mit dem Drogendealer zeigt, kann dem Täter wegen der Geltung des Bruttoprinzips letzten Endes mit der Verfallsanordnung mehr genommen werden als er durch die Tat gewonnen hat. Im Einzelfall wird dem Täter über den Bereich einer lediglich gewinnabschöpfenden Ausgleichsmaßnahme hinaus (20.000 €) ein gegen ihn selbst gerichtetes und tatvergeltendes *Strafübel* (30.000 €) auferlegt[135]. Insoweit

---

128 Gesetzesentwurf der Bundesregierung, Entwurf eines Gesetzes zur Änderung des Außenwirtschaftsgesetzes, des Strafgesetzbuches und anderer Gesetze, *BT-Drucks.* 12/1134, S. 12.

129 Vgl. *Schäfer* in Löwe/Rosenberg, § 73 Rdnr. 18; *Podolsky/Brenner* (Fußn. 86), S. 19.

130 *Bohne,* Kriminalistik, 2002, 693 (694).

131 *Katholnigg* (Fußn. 103), JR 1994, 353 (354).

132 *Güntert,* S. 95; *Meyer/Hetzer,* Kriminalistik 1997, 31 (34).

133 *Dessecker,* S. 13.

134 *Dessecker,* a. a. O.

135 Unabhängig vom gewählten Beispielsfall mit dem Drogendealer vertritt der *Bundesgerichtshof* eine andere Ansicht, nach der Zweck und Rechtsnatur des der Gewinnabschöpfung und dem Ausgleich unrechtmäßiger Vermögensverschiebungen dienenden Verfalls nach Einführung des Bruttoprinzips keine Änderung erfahren haben, vgl. *BGH,* NJW 1995, 2235 (2235). Wie hier allerdings *Eser* in Schönke/Schröder, Vor-

müsste der Verfall eigentlich denselben verfassungsrechtlichen Anforderungen wie andere Strafsanktionen unterliegen[136].

Zudem ist der Staat ohne besondere Rechtsgrundlage nicht berechtigt, die von einem Täter erlangten Vorteile, die über die reine Gewinnabschöpfung hinausgehen, einfach auf sich überzuleiten. Soweit sich der Gesetzgeber zur Legitimation auf den Grundgedanken des § 817 Satz 2 BGB beruft, verkennt er, dass diese Vorschrift zwar *den Bürgern untereinander* staatliche Unterstützung bei der Rückabwicklung bestimmter Bereicherungen versagt, aber keine Anhaltspunkte dafür gibt, dass von der Rechtsordnung nicht geschützte Vermögenswerte ohne weiteres dem Staat zugeordnet werden dürfen[137]. Die Gesetzeslage, nach der das Bruttoprinzip gilt, ist damit rechtlich sehr bedenklich.

c) Kein Ausschluss des Verfalls gem. § 73 I 2 StGB

Der Verfall darf nicht ausgeschlossen sein. Ein Ausschluss des Verfalls findet gem. § 73 I 2 StGB statt, soweit dem Verletzten aus der Tat ein Anspruch erwachsen ist, dessen Erfüllung dem Täter oder Teilnehmer den Wert des aus der Tat Erlangten entziehen würde. Der Verfallssperre werden – mit kleineren Unterschieden in der Nuancierung – vor allem folgende Zwecke unterstellt. Die Befriedigung individueller Opferansprüche soll Vorrang vor einem Zugriff zugunsten des Staates genießen und der Täter oder Teilnehmer soll vor einem doppelten Zugriff des Opfers und des Staates auf den nur einmal bei ihm angefallenen Tatvorteil geschützt werden[138]. Grundgedanke ist es also, einerseits bei dem Straftäter die aus der Tat erlangten Vorteile abzuschöpfen, andererseits aber diese Abschöpfung nicht zu Lasten des durch die Tat Geschädigten vorzunehmen. Durch § 73 I 2 StGB soll dem Verletzten im Strafverfahren die Befriedigung der ihm aus der Straftat erwachsenen Ansprüche weitgehend ermöglicht werden[139]. Welche Anforderungen an den Anspruch des Verletzten i. S. d. § 73 I 2 StGB genau zu stellen sind, wird im Kapitel 2 der Untersuchung detailliert

---

bem § 73 Rdnr. 19, *Hellmann,* GA 97 (1997), 503 (521 f.); *Perron,* JZ 1993, 918 (919); vgl. auch *Jescheck/Weigend,* S. 793, die von „Zusatzstrafe" sprechen.

[136] Das hat zur Folge, dass Verfall nach dem Bruttoprinzip nur bei strafrechtlichem Verschulden des Betroffenen zulässig ist und zudem schuldangemessen sein muss (so auch *Eser* in Schöke/Schröder, § 73 Rdnr. 19). Die gegen das Bruttoprinzip mit Rücksicht auf das Schuldprinzip geltend gemachten Bedenken (vgl. *Weßlau,* StV 1991, 226 (231); *Eser,* Festschrift für Stree und Wessels, S. 845) haben sich nicht durchsetzen können.

[137] Zutreffend *Herzog* in Nomos Kommentar, § 73 Rdnr. 13; *Lackner* in Lackner/Kühl, § 73 Rdnr. 4b.

[138] Vgl. *BGH,* JR 2002, 296 (297); *Müller,* MschrKrim 2001, 244 (244).

[139] *BT Drucks.* 7/550, S. 294, 295, Anm. zu § 111g und § 111h StPO; *Meyer-Goßner,* § 111g Rdnr. 1.

behandelt[140]. In diesem Zusammenhang erfolgt auch die Kritik an der umstrittenen Vorschrift des § 73 I 2 StGB[141].

d) Verfallsanordnung und Wirkung

Die Verfallsanordnung ist grundsätzlich obligatorisch[142]. Allerdings steht die Erstreckung des Verfalls auf mittelbar Erlangtes in Form von Surrogaten gem. § 73 II 2 StGB im pflichtgemäßen Ermessen des Gerichts, das vor allem dann absehen wird, wenn der Verfall des Surrogats auf Schwierigkeiten stößt[143]. Die Verfallsanordnung muss sogar unterbleiben, wenn und soweit sie für den Betroffenen eine unbillige Härte wäre (§ 73c I 1 StGB). Ferner kann sie unterbleiben, wenn das ursprünglich Erlangte im Zeitpunkt der Anordnung im Vermögen des Betroffenen entweder nicht mehr vorhanden ist oder nur noch einen geringen Wert hat (§ 73 I 2 StGB).

Die Wirkungen des Verfalls sind in § 73e StGB geregelt. Nach § 73e I 1 StGB geht beim Verfall mit der Rechtskraft der Entscheidung das Eigentum an der verfallenen Sache oder das verfallene Recht auf den Staat über, allerdings nur dann, wenn der Gegenstand dem Betroffenen zur Zeit der letzten tatrichterlichen Entscheidung *gehört bzw. zusteht*[144]. Rechte Dritter bleiben bestehen, § 73e I 2 StGB.

2. *Verfall von Wertersatz, § 73a StGB*

Der Wertersatzverfall dient der Lückenschließung in Fällen, in denen ein an sich zulässiger Verfall des Erlangten aus bestimmten Gründen nicht möglich ist. Abgesehen von der Unmöglichkeit der Durchführung müssen alle Voraussetzungen eines Verfallstatbestandes gegeben sein. Deshalb kommt Wertersatzverfall überhaupt nur dort und auch nur insoweit in Betracht, als nach § 73 StGB an sich der Verfall des Originalobjekts bzw. der Nutzungen oder Surrogate zulässig wäre[145]. In der Praxis hat der Wertersatzverfall zentrale Bedeutung. Etwa 95 % aller Vermögensabschöpfungsverfahren gründen sich materiell auf § 73a StGB[146]. Die Anordnung des Wertersatzverfalls hat nicht die Wirkung des Verfalls gem. § 73e StGB, sondern richtet sich auf einen Geldanspruch des Staates

---

140 Unten Kapitel 2 § 3 A.

141 Unten Kapitel 2 § 3 B.

142 Vgl. *Janovsky* (Fußn. 116), Kriminalistik 2000, 483 (483); *Pfohl* in Müller-Gugenberger/Bieneck, S. 1515, Rdnr. 336.

143 *Fischer* in Tröndle/Fischer, § 73 Rdnr. 18.

144 *Fischer* in Tröndle/Fischer, § 73e Rdnr. 5; *Podolsky/Brenner* (Fußn. 86), S. 21.

145 *Eser* in Schönke/Schröder, § 73 Rdnr. 2.

146 *Podolsky/Brenner* (Fußn. 86), S. 62.

gegen den Betroffenen, der dem Wert des ursprünglich Erlangten entspricht[147]. Beim Wertersatzverfall sind vier Hauptfallgruppen möglich:

a) Unmöglichkeit des Verfalls eines bestimmten Gegenstandes wegen der Beschaffenheit des Erlangten

Gem. § 73a I 1 1. Var. StGB ordnet das Gericht den Wertersatzverfall zunächst dann an, wenn der Verfall bestimmter Gegenstände nach § 73 StGB wegen der Beschaffenheit des Erlangten nicht möglich ist. Das ist insbesondere der Fall, wenn das Erlangte nicht in einer Sache oder einem bestimmten Recht, sondern in geldwerten Vorteilen anderer Art besteht[148] wie etwa beim Ersparen von Aufwendungen. Der Täter erspart sich bei der illegalen Entsorgung von Sondermüll z.B. die an sich zu zahlenden Entsorgungskosten[149]. Wegen der Beschaffenheit des Erlangten ist der Verfall nach § 73 StGB zudem dann nicht möglich, sofern das Taterlangte mit einer anderen Sache verbunden, vermengt oder vermischt wird und dadurch eine neue Sache entsteht oder in der Hauptsache untergeht (§§ 946 ff. BGB)[150]. Beispielsweise können die konkret aus der Tat erlangten Geldscheine häufig nicht mehr sichergestellt werden, sondern das Geld ist mit anderem Geld vermischt worden und wegen § 948 BGB kann die Herausgabe konkreter Geldscheine nicht mehr verlangt werden.

b) Unmöglichkeit des Verfalls eines bestimmten Gegenstandes „aus einem anderen Grunde“

Aus einem anderen Grunde ist die Anordnung nicht möglich, wenn der Tatbeteiligte das Erlangte verbraucht, verloren, oder unauffindbar beiseite geschafft, vor allem aber, ohne dass § 73 III StGB vorliegt, den Gegenstand einem anderen übereignet oder rechtswirksam abgetreten hat, sei es durch Verkaufen, Verschenken oder in anderer Weise[151]. Aufgrund dieser „Fallgruppe“ kommt es in der Praxis recht häufig zum Wertersatzverfall, weil die vom Täter aus der Straftat erlangte Beute häufig bereits kurze Zeit nach der Tat oder spätestens bei Beginn der polizeilichen Ermittlungen verbraucht, verschwunden oder sonst unauffindbar beiseite geschafft ist[152].

---

[147] Vgl. *Bangert,* Kriminalistik 2001, 652 (653); *Schäfer,* Strafzumessung, S. 101, Rdnr. 256.

[148] *Schmidt* in Leipziger Kommentar, § 73a Rdnr. 5.

[149] Vgl. *Janovsky* (Fußn. 116), Kriminalistik 2000, a.a.O.; *Pfohl* in Müller-Gugenberger/Bieneck, S. 1518, Rdnr. 338.

[150] *Podolsky* in Wabnitz/Janvovsky, S. 1776, Rdnr. 46.

[151] *Fischer* in Tröndle/Fischer, § 73a Rdnr. 5.

[152] *Hees* (Fußn. 95), S. 236; *Hoffmann,* MDR 1984, 617 (617).

c) Abstandnahme von der Erstreckung des Verfalls auf Surrogate

Hat der Täter, Teilnehmer oder Drittempfänger statt des ursprünglich erlangten Beutegegenstandes hierfür ein Surrogat erhalten, ist es für die ermittelnden Beamten meist sehr schwer zu belegen, dass es sich um ein nach § 73 II 2 StGB dem Verfall unterliegendes und daher beschlagnahmbares Surrogat handelt. Diesen Schwierigkeiten bei der Feststellung eines Verfallsanspruchs auf das Surrogat trägt § 73a Satz 1 3. Var. StGB dadurch Rechnung, dass das Gericht in diesen Fällen vom Verfall des Surrogats absehen und stattdessen Wertersatzverfall anordnen kann[153]. Da der Wertersatzverfall durch dinglichen Arrest gesichert wird und die Praxis dazu neigt, den Verfallsanspruch auch wegen Surrogate gleich auf § 73a StGB zu stützen[154], wird auch über die Fallgruppe des § 73a Satz 1 3. Var. StGB der Anwendungsbereich des dinglichen Arrestes nicht unerheblich erweitert.

d) Anordnung des Wertersatzverfalls neben dem Verfall

Neben der auf konkrete Gegenstände bezogenen Verfallsanordnung sieht das Gesetz in § 73a Satz 2 StGB als Ausgleich zwischenzeitlich eingetretener Wertminderungen gleichzeitig Verfall von Wertersatz vor, sodass es dann neben dem Verfall eines Gegenstandes nach § 73 StGB zudem zum Wertersatzverfall kommt. Beispielsweise wäre zum Verfall des als Tatentgelt übereigneten Motorrads der Verfall von Wertersatz für den aufgrund eines selbstverschuldeten Unfalls eingetretenen und nicht durch die Versicherung gedeckten Wertverlusts anzuordnen.

3. Erweiterter Verfall, § 73d StGB

Der Erweiterte Verfall des § 73d StGB wurde durch Art. 1 Nr. 7 des Gesetzes zur Bekämpfung des illegalen Rauschgifthandels und anderer Erscheinungsformen der Organisierten Kriminalität (OrgKG) vom 15. 7. 1992, in Kraft getreten am 22. 9. 1992, in das Strafgesetzbuch eingefügt. Er schafft im Gegensatz zu den §§ 73, 73a StGB eine eigenständig ausgestaltete und eingriffsintensivere Befugnis[155]. Deshalb ist es schon aus dem Verhältnismäßigkeitsgrundsatz geboten, dass das Gericht vor der Anwendung des § 73d StGB unter Ausschöpfung aller Beweismittel prüft, ob die Voraussetzungen der §§ 73, 73a StGB vorliegen[156]. Der Erweiterte Verfall, der die Wirkung des § 73e StGB hat und vom

153 *Hees* (Fußn. 95), S. 237.

154 *Hees,* a. a. O.

155 *BGH* 41, 278 (284); *Hetzer,* Kriminalistik 2001, 489 (489).

156 *Fischer* in Tröndle/Fischer, § 73 Rdnr. 4.

Gericht grundsätzlich[157] zwingend anzuordnen ist, hat folgende Voraussetzungen:

a) Anwendbarkeit

Die Anwendung des § 73d StGB setzt voraus, dass eine bestimmte, nicht notwendigerweise schuldhaft begangene rechtswidrige Anknüpfungstat[158] verübt worden ist, die auf § 73d StGB verweist („Katalogtat"[159]). § 73d StGB enthält damit eine Blankettnorm[160]. Neben Vorschriften des Strafgesetzbuchs (§§ 150 I, 181c, 184 VII, § 244a III, 260 III, § 260a III; 261 VII 3, 286 I, 302, 338 StGB) existieren auch nebenstrafrechtliche Tatbestände, die auf § 73d StGB verweisen (z.B. § 33 I BtMG); es handelt sich um solche Taten, die für die Organisierte Kriminalität milieutypisch und wesensmäßig auf Gewinnerzielung gerichtet sind[161]. Insbesondere im Bereich der Rotlichtkriminalität kommt der Vorschrift des Erweiterten Verfalls eine zunehmende Bedeutung zu[162].

b) Gegenstand des Erweiterten Verfalls

Objekte des Erweiterten Verfalls sind – abweichend von § 73 I StGB – Gegenstände, d.h. Sachen oder Rechte. Praktisch bedeutet dies beispielsweise, dass ersparte Aufwendungen nicht Objekt des Erweiterten Verfalls sein können[163].

Die Gegenstände müssen – in Übereinstimmung mit § 73 I StGB – unmittelbar erlangt oder aufgrund der entsprechenden Anwendung des § 73 II StGB über § 73d I 3 StGB als Nutzungen oder Surrogate einbezogen sein[164]. Sie müssen ferner dem Täter oder Teilnehmer zur Zeit der Entscheidung gehören oder zustehen oder gem. § 73d I 2 StGB wegen eines zivilrechtlich unwirksamen Erwerbsakts nur deshalb nicht gehören oder zustehen, weil er sie für eine rechtswidrige Tat oder aus ihr erlangt hat[165].

---

[157] Zu beachten ist aber, dass über § 73d IV StGB die Härteregelung des § 73c StGB entsprechend anzuwenden ist, sodass danach der erweiterte Verfall ausnahmsweise unterbleiben muss.

[158] Unerheblich soll nach dem Willen des Gesetzgebers sein, ob die Tat verjährt ist oder aus „sonstigen rechtlichen Gründen" nicht verfolgt werden kann, *Herzog* in Nomos Kommentar, § 73d Rdnr. 6.

[159] Von Katalogtat spricht *BGH* 41, 278 (284).

[160] Vgl. *Dessecker* (Fußn. 133), S. 18.

[161] *Schmidt* in Leipziger Kommentar, § 73d Rdnr. 22.

[162] *Bangert* (Fußn. 147), Kriminalistik 2001, 652 (657).

[163] *Katholnigg* (Fußn. 103), JR 1994, 353 (354).

[164] Eine entsprechende Anwendung des § 73 III, IV StGB im Rahmen des Erweiterten Verfalls scheidet demgegenüber aus, weil § 73d I 3 StGB hierauf nicht verweist.

[165] *Fischer* in Tröndle/Fischer, § 73a Rdnr. 11.

Schließlich müssen die *Umstände die Annahme rechtfertigen, dass die Gegenstände für rechtswidrige Taten oder aus ihr erlangt worden sind.* Dabei reicht es, wenn der Gegenstand für „irgendeine" rechtswidrige Tat oder aus ihr erlangt ist. Beim Erweiterten Verfall bedeutet Erweiterung nämlich gerade, dass in dem Verfahren wegen der abzuurteilenden Katalogtat auch Gegenstände dem Verfall unterliegen, die der Täter oder Teilnehmer aus anderen Taten („Erwerbstaten") erlangt hat[166]. Die Erwerbstat muss daher nicht Gegenstand der Anklage sein[167]. Voraussetzung nach § 73d I 1 StGB ist zudem lediglich, dass die Umstände die Annahme rechtfertigen, Gegenstände des Täters oder Teilnehmers seien für rechtswidrige Taten oder aus ihnen erlangt. Die Herkunft des erlangten Gegenstandes aus einer rechtswidrigen Tat muss – anders als bei § 73 I StGB – somit nicht objektiv nachgewiesen werden[168].

Im Schrifttum ist der Erweiterte Verfall auf verfassungsrechtliche Bedenken gestoßen[169]. Neben einem Verstoß gegen das *Schuldprinzip*[170] und gegen das *Nemo-tenetur-Prinzip*[171] wurde insbesondere ein Verstoß gegen die *Unschuldsvermutung* und gegen die von der Verfassung gewährleistete *Eigentumsgarantie des Art. 14 GG* und angenommen: Da der Erweiterte Verfall Strafcharakter besitze, wäre dessen Anordnung ohne gesetzlichen Nachweis der Schuld, allein gestützt auf die Annahme rechtswidriger Herkunft des Vermögens, ein Verstoß gegen die Unschuldsvermutung[172].

Nach einer von *Eser*[173] begründeten – heute wohl h. M. – rechtfertigten sich strafrechtliche Eigentumssanktionen (Art. 14 GG) wie der Verfall zwar aus dem Gedanken der Grundrechtsverwirkung. Eine solche Verwirkung wird namentlich durch die Verwendung für kriminelle Zwecke und die Erlangung aus Straftaten begründet[174]. Doch fehle es für eine solche Grundrechtsverwirkung an einem konkreten und nachweisbaren kriminellen Zusammenhang[175].

---

166 *Mayer* in Vordermayer/Heintschel-Heinegg, S. 498, Rdnr. 20.

167 *Fischer* in Tröndle/Fischer, § 73d Rdnr. 11.

168 *Eser* in Schönke/Schröder, § 73d Rdnr. 159.

169 Vgl. *Hoyer,* GA 140 (1993), 406, (413 ff.); *Eser* (Fußn. 136), S. 846; *Kubink,* S. 644; *Köhler/Beck,* JZ 1991, 797 (799); *Möhrenschlager,* wistra 1992, 281 (285).

170 Erweiterter Verfall wird angeordnet, wenn die zugrunde liegenden „Taten" nicht nachgewiesen sind.

171 In den Fällen des Verfalls ist der Schuldige mehr oder weniger gezwungen, Angaben über das „Erworbene" zu machen, will er in dessen Besitz bleiben. Aus seinen Angaben können unter Umständen nachteilige Schlüsse gezogen werden.

172 *Weßlau* (Fußn. 136), StV 1991, 226 (232).

173 *Eser,* Strafrechtliche Sanktionen, S.170.

174 *Hassemer,* WM 1995, Sonderbeilage Nr. 3/1995 zu Nr. 14 vom 8.4.1995, 1 (13).

175 *Weßlau* (Fußn. 136), StV 1991, 226 (229); *Hassemer,* a. a. O.

Der *Bundesgerichtshof*[176] hat die Kritik dadurch ausgeräumt, dass er die Vorschrift des § 73d StGB verfassungskonform ausgelegt hat[177]. Danach genügt eine „ganz hohe Wahrscheinlichkeit“ der deliktischen Herkunft des Vermögens – wie vom Gesetzgeber intendiert[178] – nicht[179], vielmehr kommt die Anordnung des Erweiterten Verfalls nur in Betracht, wenn der Tatrichter nach erschöpfender Beweiserhebung und -würdigung die uneingeschränkte Überzeugung hat[180]. Begründete Zweifel an der deliktischen Herkunft stehen der Anordnung des Erweiterten Verfalls entgegen[181]. An die Überzeugungsbildung dürfen indes keine überspannten Anforderungen gestellt werden[182].

4. Erweiterter Verfall von Wertersatz, § 73d II i. V. m. § 73a StGB

Ist der Erweiterte Verfall eines bestimmten Gegenstandes nach der Anknüpfungstat ganz oder teilweise unmöglich geworden, so ist nach § 73d II i. V. m. § 73a StGB der Wertersatzverfall ebenfalls zwingend anzuordnen[183]. § 73 II StGB bezieht sich auf Gegenstände, die nach § 73d I StGB dem Erweiterten Verfall unterlegen hätten und bei Begehung der Anknüpfungstat beim Beteiligten noch vorhanden waren[184]. Vereitelt nun der Beteiligte beispielsweise den Zugriff auf den ursprünglichen Verfallsgegenstand, wird hierfür in entsprechender Anwendung von § 73a StGB der Wertersatzverfall angeordnet.

5. Einziehung nach §§ 74 ff. StGB

Die Einziehung gehört im Gegensatz zum Verfall mittlerweile zur Routine der Ermittlungen[185]. Sie stellt kein einheitliches Rechtsinstitut dar, sondern kann sowohl Straf- als auch strafähnlichen, aber auch Sicherungscharakter besit-

---

176 *BGH,* NStZ 1995, 125 (125).

177 *Thiele,* Kriminalistik 1999, 506 (506); *Hetzer* (Fußn. 155), Kriminalistik 2001, 489 (493).

178 *BT-Drucks.* 11/6623, S. 5.

179 *BGH* 40, 371 (372); *Fischer* in Tröndle/Fischer, § 73d Rdnr. 4d.

180 *BGH* 40, 371 (373); *BGH,* NStZ-RR 98, 297 (297); *BGH,* NStZ 2000, 137 (137); *Bangert* (Fußn. 147), Kriminalistik 2001, 652 (658), Fußn. 30.

181 *Hetzer* (Fußn. 155), Kriminalistik 2001, 489 (494).

182 Insgesamt: *Fischer* in Tröndle/Fischer, § 73d Rdnr. 4d.

183 Dies kann freilich nur „sinngemäß“ geschehen, weil eine vollinhaltliche Anwendung von § 73a StGB daran scheitert, dass dieser sich nur auf das nachgewiesenermaßen aus der Tat Erlangte bezieht, während § 73d StGB allgemein Gegenstände des Täters oder Teilnehmers erfasst, ohne dass es auf den Nachweis der konkreten Herkunft ankäme, *Eser* in Schönke/Schröder, § 73d Rdnr. 17; *Fischer* in Tröndle/Fischer, § 73d Rdnr. 10 und 5.

184 *Podolsky/Brenner* (Fußn. 86), S. 76.

185 *Janovsky* (Fußn. 116), Kriminalistik 2000, 483 (483).

zen[186]. Die Anordnung kann täterbezogen oder drittgerichtet erfolgen. § 74 StGB bildet den Grundtatbestand im Recht der Einziehung und regelt deren allgemeine Voraussetzungen.

a) Anknüpfungstat

Voraussetzung einer Einziehungsanordnung ist zunächst, dass eine vorsätzliche rechtswidrige Straftat[187] begangen wurde. Mit Ausnahme der Konstellation des § 74 II Nr. 2, III StGB muss die Tat auch schuldhaft begangen worden sein[188].

b) Einziehungsgegenstände

Im Gegensatz zum Verfall unterwirft § 74 StGB der Einziehungsanordnung Gegenstände (d.h. Sachen und Rechte[189]), die durch die Tat hervorgebracht worden sind (producta sceleris) oder zu deren Vorbereitung oder Begehung dienten (instrumenta sceleris)[190].

aa) Producta sceleris (Tatprodukte)

Producta sceleris fließen dem Täter oder Teilnehmer nicht wie Erlangtes aus dem Vermögen eines Dritten zu[191], sondern entstehen unmittelbar durch die mit Strafe bedrohte Handlung[192]. Demnach kann beispielsweise die gefälschte Urkunde bei § 267 StGB oder das hergestellte Falschgeld bei Falschgelddelikten eingezogen werden[193], nicht aber die Diebesbeute, der Glücksspielerlös oder das Auftragsgeld des gedungenen Mörders.

bb) Instrumenta sceleris (Tatmittel)

Instrumenta sceleris sind Gegenstände, die bei der Begehung der angeklagten und festgestellten Tat verwendet wurden oder verwendet werden sollten und die

---

[186] *Herzog* in Nomos Kommentar, § 74 Rdnr. 1.

[187] Im Ordnungswidrigkeitenrecht gelten die §§ 22 ff. OWiG.

[188] *Herzog* in Nomos Kommentar, § 74 Rdnr. 2; *Lackner* in Lackner/Kühl, § 74 Rdnr. 3.

[189] *Eser* in Schönke/Schröder, § 74 Rdnr. 6.

[190] Für die Einziehung von Schriften i.S.d. § 11 III StGB und zu ihrer Herstellung gebrauchten oder bestimmte Vorrichtungen ist die Sonderregelung des § 74d StGB zu beachten.

[191] *Mayer* in KMR, § 111b Rdnr. 5.

[192] *Schäfer* (Fußn. 147), S. 103, Rdnr. 262.

[193] *Gebert*, S. 11.

Tat fördern oder fördern sollten[194]. Der Gegenstand muss nach Vorstellung des Täters das eigentliche, in irgendeinem Stadium von der Vorbereitung bis zur Beendigung einzusetzende Mittel zur Tatbegehung sein[195]. Erfasst werden beispielsweise die zur Tötung benutzte Waffe, Geld zum Betäubungsmittelerwerb oder das zur Wegschaffung der Diebesbeute bereitgestellte Fahrzeug.

cc) Beziehungsgegenstände

Nicht unter § 74 StGB fallen so genannte Beziehungsgegenstände[196]. Diese sind nur einziehbar, soweit eine *Sondervorschrift* innerhalb oder außerhalb des Strafgesetzbuches vorhanden ist[197]. In Abgrenzung zu instrumenta sceleris sind Beziehungsgegenstände Sachen, die zwar in die Tat verstrickt waren, dessen ungeachtet aber keinen spezifischen Sachzusammenhang zur Tat aufweisen[198]. Beziehungsgegenstände sind zwar der notwendige Gegenstand der Tat selbst, bilden aber nicht deren Mittel[199]. Sie können auch nicht als Produkte angesehen werden[200], sondern sind vielmehr als eine Art passives Tatobjekt zu qualifizieren[201]. Als bloße Beziehungsobjekte gelten ein PKW, der ohne Fahrerlaubnis betrieben wird[202], die waffenscheinlos besessene Waffe[203] oder das unerlaubt hergestellte Betäubungsmittel[204].

c) Eigentumsverhältnisse am Einziehungsgegenstand

aa) § 74 II Nr. 1 StGB

Gem. § 74 II Nr. 1 StGB ist die Einziehung der producta oder instrumenta sceleris und – kraft besonderer Regelung – der Beziehungsgegenstände als Nebenstrafe nur zugelassen, wenn sie dem Täter oder Teilnehmer zur Zeit der Entscheidung gehören, sich also nach zivilrechtlichen Grundsätzen im Eigentum des Täters befinden oder aber ihm – soweit es sich um Rechte handelt – zustehen[205].

---

194 *BGHSt* 8, 205, (213); *Fischer* in Tröndle/Fischer, § 74 Rdnr. 6.

195 *Mayer* in Vordermayer/Heintschel-Heinegg, S. 495, Rdnr. 10.

196 *Schäfer* (Fußn. 147), S. 103, Rdnr. 262.

197 § 74 IV StGB unterwirft die Sondervorschriften, die eine Einziehung über § 74 I StGB vorschreiben oder zulassen, den Voraussetzungen des § 73 II, III StGB.

198 *Eser* in Schönke/Schröder, § 74 Rdnr. 12a.

199 *Herzog* in Nomos Kommentar, § 74 Rdnr. 11.

200 *Fischer* in Tröndle/Fischer, § 73 Rdnr. 10.

201 *Eser* in Schönke/Schröder, § 74 Rdnr. 12a.

202 *BGHSt* 10, 28 (29 ff.).

203 *RGSt* 57, 329, (331).

204 *BGH*, NStZ 1991, 496 (496).

bb) § 75 StGB

Gem. § 75 StGB ist bei entsprechend vorwerfbarem Handeln ihrer Organe und Vertreter der Zugriff auf im Eigentum von juristischen Personen und anderen wirtschaftlich selbständigen Personenvereinigungen stehende Einziehungsobjekte zulässig[206].

cc) § 74 II Nr. 2 StGB

Gem. § 74 II Nr. 2 StGB ist die Einziehung auch dann zulässig, soweit zwar die Gegenstände Dritten gehören, aber die Allgemeinheit gefährden (z.B. Sprengstoffe oder radioaktives Material) oder wenn die (konkrete) Gefahr besteht, dass sie der Begehung rechtswidriger Handlungen dienen werden[207]. Insoweit ist die Einziehung aber nicht Nebenstrafe, sondern hat Sicherungscharakter[208].

dd) § 74a StGB

Darüber hinaus können, wenn das Gesetz ausdrücklich auf § 74a StGB verweist, Dritten gehörende Einziehungsgegenstände nach dieser Vorschrift auch dann eingezogen werden, wenn diese zwar nicht Tatbeteiligte sind, aber zur Tatbegehung wenigstens leichtfertig beigetragen haben (§ 74a Nr. 1 StGB) oder die Gegenstände in Kenntnis der die Einziehung begründenden Umstände in verwerflicher Weise erworben haben (§ 74a Nr. 2 StGB)[209]. Die Einziehung hat dann strafähnlichen Charakter[210].

d) Beachtung des Verhältnismäßigkeitsprinzips

§ 74b StGB stellt eine gesetzliche Ausformulierung des verfassungsrechtlichen Grundsatzes der Verhältnismäßigkeit für den Bereich der Strafzumessung dar[211]. Die Vorschrift bestimmt, dass eine Einziehung nur erfolgen kann, wenn sie tatangemessen sowie (quasi) schuldangemessen ist (§ 74b I StGB)[212]. Da-

---

205 *Schäfer* (Fußn. 147), S. 104, Rdnr. 263.

206 *Herzog* in Nomos Kommentar, § 75 Rdnr. 1.

207 Vgl. *Gebert* (Fußn. 193), S. 16; *Schäfer* (Fußn. 147), S. 104, Rdnr. 264.

208 Vgl. *BGHSt* 6, 62 (63); 19, 158 (160); *Lackner* in Lackner/Kühl, § 74 Rdnr. 1.

209 *Schäfer* (Fußn. 147), S. 105, Rdnr. 264; *Gebert* (Fußn. 193), S. 17.

210 *Fischer* in Tröndle/Fischer, § 74 Rdnr. 2, § 74b Rdnr. 2.

211 *BVerfGE* 16, 194 (202).

212 *Herzog* in Nomos Kommentar, § 74b Rdnr. 1.

rüber hinaus wird in § 74b II, III StGB der Vorrang einziehungsmilderer Maßnahmen – wie etwa die Unbrauchbarmachung – normiert.

e) Einziehungsanordnung und Wirkung

Die Einziehung ist in einigen Fällen zwingend anzuordnen (so z.B. gem. §§ 150, 282 II 2, 286 II StGB, § 56 I WaffG), während sie nach § 74 I StGB und speziellen Einziehungsbestimmungen sowohl des Strafgesetzbuchs als auch anderer Gesetze (z.B. § 33 BtMG, § 56 II WaffG, § 21 III StVG) in das Ermessen des Gerichts gestellt ist.

Die Wirkung der Einziehung ist in § 74e StGB normiert: Erwächst ein Strafurteil, in welchem eine Einziehung ausgesprochen wurde, in Rechtskraft, geht das Eigentum an der Sache oder das eingezogene Recht gem. § 74e StGB kraft Gesetzes auf den Staat über[213]. Im Hinblick auf Art. 14 GG bleiben Rechte Dritter gem. § 74 II 1 StGB grundsätzlich bestehen[214], allerdings kann das Gericht unter bestimmten Voraussetzungen auch das Erlöschen der Rechte anordnen (§ 74e II, III StGB).

6. Einziehung des Wertersatzes (§ 74c StGB)

Die Anordnung der Einziehung von Wertersatz, die im pflichtgemäßen Ermessen des Gerichts steht[215], führt im Gegensatz zum sonstigen Einziehungsrecht nicht zum Eigentumserwerb des Staates kraft Gesetzes (vgl. § 74e I StGB), vielmehr erhält der Staat lediglich einen gegen den Tatbeteiligten gerichteten schuldrechtlichen Zahlungsanspruch[216].

Die Einziehung des Wertersatzes ist auf alle strafrechtlichen Einziehungsfälle anwendbar[217], allerdings immer nur gegenüber dem Täter oder Teilnehmer, nicht gegenüber dem Dritten nach § 74a StGB[218].

Die Einziehung des Wertersatzes nach § 74c StGB setzt einen Einziehungsgegenstand i.S.d. § 74 StGB voraus, der dem Täter oder Teilnehmer zur Zeit der Tat gehörte oder zustand[219].

Dem Täter oder Teilnehmer gegenüber – was bei Vorliegen der Voraussetzungen der §§ 74 II Nr. 2, 74a StGB nicht zutrifft – muss die Einziehung zur

---

213 *Herzog* in Nomos Kommentar, § 74e Rdnr. 1.
214 *Meier*, S. 342.
215 *Lackner* in Lacker/Kühl, § 74d Rdnr. 5.
216 *Herzog* in Nomos Kommentar, § 74c Rdnr. 10.
217 *BGHSt* 28, 369 (370).
218 *Lackner* in Lackner/Kühl, § 74d Rdnr. 1.
219 *Mayer* in Vordermayer/Heintschel-Heinegg, S. 506, Rdnr. 43.

Zeit der Tat zulässig gewesen sein, d.h. es müssen auch die übrigen Voraussetzungen der Einziehung vorgelegen haben[220].

Des Weiteren ist erforderlich, dass die Einziehung zur Zeit der Entscheidung deshalb ausgeschlossen ist, weil der Tatbeteiligte die Einziehung unmöglich gemacht hat[221], wobei hier das Gesetz ausdrücklich die Veräußerung, den Verbrauch und allgemein die Vereitelung nennt. Auch die Belastung des Einziehungsobjekts mit dem Recht eines Dritten gilt nach § 74c II StGB als besondere Form der Einziehungsvereitelung, vorausgesetzt, dass das Recht im Falle einer Einziehung des belasteten Gegenstandes entweder überhaupt nicht oder nur gegen Entschädigung des Drittberechtigten zum Erlöschen gebracht werden könnte[222]. Bei einer solchen Belastung des Einziehungsobjekts mit einem Recht Dritter hat das Gericht gem. § 74c II StGB zwei Alternativen: Entweder wird neben der Einziehung zugleich auf Wertersatz in Höhe der Belastung erkannt oder nur die Einziehung von Wertersatz angeordnet. Letzteres kommt vor allem dort in Betracht, wo das Drittrecht oder der belastete Gegenstand wirtschaftlich praktisch entwertet ist[223].

7. Geldstrafe, §§ 40 ff. StGB

Geldstrafe gem. §§ 40 ff. StGB erhalten seit Anfang der Siebzigerjahre, infolge der Wirkungen des 1. StrRG, ungefähr 80 % aller nach allgemeinen Strafrecht Verurteilten[224]. Es handelt sich also um die quantitativ weitaus bedeutsamste Strafe und Sanktion insgesamt.

Der Anwendungsbereich der Geldstrafe wird von unten begrenzt durch den Bereich der wegen „geringer Schuld" bzw. „nicht entgegenstehender Schwere der Schuld" erfolgenden gerichtlichen Einstellungen gem. §§ 153 II, 153a II StPO und den Bereich der Verwarnung mit Strafvorbehalt gem. § 59 StGB. Oben grenzt die Geldstrafe an den Anwendungsbereich der Freiheitsstrafe mit Bewährung[225]. Eine Geldstrafe kann dann verhängt werden, soweit der Besondere Teil des Strafgesetzbuches für eine Straftat die Geldstrafe ausdrücklich vorsieht oder – wenn dies nicht der Fall ist, wie z.B. in § 243 StGB – soweit nach § 47 II StGB eine Freiheitsstrafe bis sechs Monaten in Betracht kommt[226]. Die Bemessung der Geldstrafe erfolgt durch Festlegung der Anzahl der Tages-

---

220 Vgl. *Lackner* in Lackner/Kühl, § 74d Rdnr. 2; *Schäfer* (Fußn. 147), S. 106, Rdnr. 268.

221 *Herzog* in Nomos Kommentar, § 74c Rdnr. 4.

222 *Eser* in Schönke/Schröder, § 74c Rdnr. 7.

223 *Eser* in Schönke/Schröder, § 74c Rdnr. 11.

224 *Streng,* S. 59, Rdnr. 104.

225 *Streng,* a.a.O., Rdnr. 106.

226 *Schäfer* (Fußn. 147), S. 28, Rdnr. 76.

sätze (§ 40 I StGB), Bestimmung der Tagessatzhöhe (§ 40 II StGB) und gegebenenfalls der Bewilligung von Zahlungserleichterungen (§ 42 StGB)[227]. Das auf Geldstrafe lautende Urteil begründet für den Verurteilten die öffentlich-rechtliche Pflicht zur Zahlung des festgesetzten Geldbetrags an die Staatskasse (Zahlungsanspruch)[228]. Die Vollstreckung der Geldstrafe, die sich nach §§ 459 ff. StPO, der Justizbeitreibungsordnung, der Strafvollstreckungsordnung (StVollstrO) und den Vorschriften der Einforderungs- und Beitreibungsanordnung (EBAO) richtet, setzt gem. § 449 StPO die Rechtskraft des Urteils voraus. Zur Sicherstellung der Vollstreckung kann der dingliche Arrest gem. § 111d I StPO angeordnet werden, wenn das Urteil bereits ergangen, aber noch nicht rechtskräftig geworden ist.

8. Verfahrenskosten (§ 464 StPO)

Auch durch die Verfahrenskosten kann ein Zahlungsanspruch des Staates begründet werden, der ebenfalls durch das Mittel des dinglichen Arrestes gem. § 111d I StPO gesichert werden kann.

Dabei ist der dingliche Arrest zulässig, wenn ein Urteil vorliegt, in dem dem Angeklagten ganz oder teilweise die Verfahrenskosten i.S.d. § 464a I StPO (Gebühren und Auslagen der Staatskasse) auferlegt worden sind. Über die zur Zeit des Urteilserlasses bereits angefallenen Kosten[229] hinaus werden auch die des Arrestes und die durch eingelegte oder zu erwartende Rechtmittel voraussichtlich noch entstehenden Kosten gesichert[230]. Kosten der Vollstreckung der Rechtsfolge (§ 464a I 2 StPO) bleiben gem. § 111b I 3 StPO außer Betracht.

III. Die Beschlagnahme

Die Ausführungen unter § 2 C. I. und II. ermöglichen die wichtige Abgrenzung zwischen Beschlagnahme und dinglichem Arrest. Zudem schaffen sie die Grundlage für das bessere Verständnis der verfahrensrechtlichen Vorschriften der §§ 111b ff. StPO über den dinglichen Arrest. Denn hinter den §§ 111b ff. StPO stehen die Vorschriften der §§ 73 ff., 40 ff. StGB, §§ 464 ff. StPO. Nun wird im Einzelnen auf Beschlagnahme und dinglichen Arrest eingegangen, wobei zunächst die Beschlagnahme Gegenstand der Untersuchung sein soll.

---

[227] *Meier* (Fußn. 214), S. 58.

[228] *Maurach/Gössel/Zipf*, S. 505, Rdnr. 28.

[229] Dazu gehören auch die Kosten des Ermittlungsverfahrens, § 464a I 2 StGB.

[230] *Mayer* in KMR, § 111d Rdnr. 9.

1. Voraussetzungen für die Anordnung der Beschlagnahme

Gem. § 111b I StPO können Gegenstände durch Beschlagnahme nach § 111c StPO sichergestellt werden, wenn Gründe für die Annahme vorhanden sind, dass die Voraussetzungen für Verfall oder Einziehung dieser Gegenstände vorliegen.

Gefordert ist für die vorläufige Beschlagnahmemaßnahme damit Doppeltes: Der einfache Tatverdacht i. S. d. § 152 I StPO bezüglich einer Straftat wie sie die Anordnung von Verfall oder Einziehung voraussetzt und die auf dem Tatverdacht begründete Annahme, dass im späteren Urteil der Verfall oder die Einziehung[231] angeordnet wird[232]. Der Tatverdacht muss sich dabei nicht zwingend gegen eine bestimmte Person richten[233].

Zusätzlich wird als ungeschriebenes Tatbestandsmerkmal ein Sicherstellungsbedürfnis verlangt, wonach die Beschlagnahme nur bei einer tatsächlichen Gefährdung der Vollstreckung der endgültigen Verfalls- oder Einziehungsanordnung zulässig ist[234].

Kann der Verfall oder die Einziehung lediglich aufgrund der Ausschlussklausel des § 73 I 2 StGB nicht angeordnet werden, lässt § 111b V StPO – die so genannte Zurückgewinnungshilfe – gleichwohl die Anordnung der Beschlagnahme nach § 111c StPO zu.

Die Beschlagnahme hat des Weiteren den Grundsatz der Verhältnismäßigkeit zu beachten[235].

Sind die vorgenannten Voraussetzungen erfüllt, erfolgt vor der eigentlichen Durchführung der Beschlagnahme zunächst deren Anordnung. Die Zuständigkeit für die Anordnung ergibt sich aus § 111e StPO. Gem. § 111e I StPO ist nur der Richter, bei Gefahr im Verzug auch die Staatsanwaltschaft befugt. Bei

---

[231] Erfasst von § 111b I StPO sind neben Verfall und Einziehung auch der Erweiterte Verfall und die Erweiterte Einziehung (vgl. auch schon vorne § 2 C. I.). Der Einziehung stehen die Unbrauchbarmachung nach § 74d I 2 StGB und die Vernichtung nach § 43 Kunsturhebergesetz (Gesetz betreffend das Urheberrecht an Werken der bildenden Künste und der Fotografie) gleich, *Meyer-Goßner,* § 111b Rdnr. 4.

[232] Die Ermittlungsorgane haben also nicht nur zu prüfen, ob die Anordnungsvoraussetzungen für den (Erweiterten) Verfall oder für die (Erweiterte) Einziehung vorliegen, sondern müssen auch eine Prognose treffen, ob das Gericht den Verfall oder die Einziehung aussprechen wird. Bei dieser Prognose muss berücksichtigt werden, dass – wie unter § 2 ausgeführt – der Verfall grundsätzlich obligatorisch ist, die Einziehung dagegen in einigen Fällen in das Ermessen des Gerichts gestellt ist. Ausreichende Gründe dafür, dass die Einziehung angeordnet wird, wird man ohne Prüfung des Einzelfalls nur in den Fällen der zwingenden Einziehung annehmen können.

[233] *Mayer* in KMR, § 111b Rdnr. 15.

[234] *Kracht,* wistra 2000, 326 (332).

[235] *Mayer* in Vordermayer/Heintschel-Heinegg, S. 509, Rdnr. 50.

beweglichen Sachen und Gefahr im Verzug wird die Anordnungskompetenz gem. § 111e I 2 StPO auf die Ermittlungspersonen der Staatsanwaltschaft erweitert.

2. *Durchführung der Beschlagnahme*

Die *Art und Weise* der Durchführung der Beschlagnahme regelt § 111c StPO. Sie ist von der jeweiligen Art des zu beschlagnahmenden Gegenstandes abhängig. Handelt es sich um eine bewegliche Sache, so wird ihre Beschlagnahme gem. § 111c I StPO dadurch bewirkt, dass die Sache in Gewahrsam genommen oder die Beschlagnahme durch Siegel oder in anderer Weise kenntlich gemacht wird. Bei Grundstücken und grundstücksgleichen Rechten wird gem. § 111c II StPO zur Beschlagnahme ein entsprechender Vermerk in das Grundbuch eingetragen. Bei einer Forderung oder anderem Vermögensrecht erfolgt die Beschlagnahme gem. § 111c III StPO, wobei die Vorschriften der Zivilprozessordnung über die Zwangsvollstreckung in Forderungen und andere Vermögensrechte sinngemäß Anwendung finden (§§ 829 bis 834, 846 ff., 857 bis 859 ZPO). Die Beschlagnahme bei Schiffen, Schiffsbauwerken und Luftfahrzeugen wird wie bei beweglichen Sachen bewirkt (§ 111c IV 1 StPO). Sofern diese bereits in entsprechenden Registern eingetragen sind, sieht § 111c IV 2 StGB zusätzlich die Eintragung der Beschlagnahme in dieses Register vor. Nach § 111c IV 3 StPO können nicht eingetragenen Schiffsbauwerke und Luftfahrzeuge zu diesem Zweck zur Eintragung angemeldet worden.

Zuständig für die Durchführung der Beschlagnahme ist nach § 111f I StPO die Staatsanwaltschaft, bei beweglichen Sachen auch deren Ermittlungspersonen. Auf Ersuchen der Staatsanwaltschaft oder des die Beschlagnahme anordnenden Gerichts werden die vorgenannten Eintragungen und Anmeldungen in das Grundbuch oder Register bewirkt, § 111f II StPO.

3. *Wirkung der Beschlagnahme*

Die Beschlagnahme eines Gegenstandes hat nicht nur die Entstehung eines unter § 136 StGB fallenden öffentlich-rechtlichen Verwahrungsverhältnisses zur Folge, sondern gem. § 111c V StPO auch ein relatives Veräußerungsverbot nach § 136 BGB, wobei das Verbot auch andere Verfügungen als Veräußerungen umfasst. Verfügungen über den beschlagnahmten Gegenstand, die nach Eintritt des Veräußerungsverbots vorgenommen werden, sind unwirksam, wenn sie die Wahrnehmung der staatlichen Rechte an dem Verfalls- oder Einziehungsgegenstand hindern würden[236].

---

[236] *Benfer* (Fußn. 25), S. 121, Rdnr. 614.

IV. Der dingliche Arrest

1. Voraussetzungen für die Anordnung des dinglichen Arrestes

Im Fall der Sicherstellung wegen Wertersatzverfall, erweitertem Wertersatzverfall, Wertersatzeinziehung und der entsprechenden Zurückgewinnungshilfe setzt der dingliche Arrest ebenso wie die Beschlagnahmeanordnung einen einfachen *Tatverdacht i. S. d. § 152 I StPO* voraus. Aus § 111b III StPO ergibt sich allerdings, dass der dingliche Arrest länger als sechs Monate – bzw. bei Vorliegen eines wichtigen Grundes länger als neun Monate – nur andauern darf, wenn ein dringender Tatverdacht gegeben ist[237].

In allen Fällen des dinglichen Arrestes, also auch beim dinglichen Arrest wegen einer Geldstrafe oder der Verfahrenskosten, muss zudem ein *Arrestanspruch* vorliegen. Ein solcher ist strafprozessual zu bejahen, wenn Gründe für die Annahme bestehen, dass in der zukünftigen Hauptverhandlung auf Wertersatzverfall oder Wertersatzeinziehung erkannt werden wird oder – im Fall der Zurückgewinnungshilfe – die entsprechende Anordnung lediglich aufgrund von Ersatzansprüchen Geschädigter unterbleiben wird[238].

Hinsichtlich der durch § 111d I 2 StPO eingeräumten Möglichkeit, wegen einer Geldstrafe oder der voraussichtlich entstehenden Kosten einen Arrest anzuordnen, ist ein Arrestanspruch zu bejahen, wenn gegen den Beschuldigten ein auf Geldstrafe lautendes Urteil[239] ergangen ist. Wegen der Vollstreckungskosten und wegen geringfügiger Beträge[240] ergeht gem. § 111d I 3 StPO dagegen kein Arrest.

---

[237] § 111b III StPO und damit das Erfordernis des dringenden Tatverdachts gilt bei Anordnung des dinglichen Arrestes entsprechend, wenn wegen derselben Taten bereits früher ein Arrest angeordnet worden und sechs Monate lang in Kraft war, *ThürOLG*, StV 2005, 90 (92) = wistra, 2005, 114 (116).

[238] *Park* (Fußn. 34), S. 347, Rdnr. 781. Entsprechend zur Beschlagnahme müssen die Ermittlungsorgane auch beim dinglichen Arrest nicht nur prüfen, ob die Voraussetzungen des Wertersatzverfalls, des Erweiterten Wertersatzverfalls, der Wertersatzeinziehung oder der Zurückgewinnungshilfe vorliegen, sondern auch der wesentlich schwieriger zu beantwortenden Frage nachgehen, ob das Gericht eine der genannten Maßnahmen aussprechen wird. Hierbei ist es von Bedeutung, dass die Einziehung von Wertersatz im Gegensatz zu den anderen Maßnahmen in das pflichtgemäße Ermessen des Gerichts gestellt ist. Deshalb müssen die Ermittlungsbeamten bei Vorliegen der Voraussetzungen für die Einziehung von Wertersatzverfall prüfen, ob diese tatsächlich mit einer gewissen Wahrscheinlichkeit ausgesprochen wird. Bei dieser Prognose wird neben den Grundsätzen der Tat- und Schuldangemessenheit auch zu berücksichtigen sein, in welchem Grade dem Täter die Vereitelung der Originaleinziehung vorwerfbar ist.

[239] Der Strafbefehl steht dem Urteil nicht gleich, denn die Wirkung des Urteils gewinnt der Strafbefehl erst dann, wenn kein rechtzeitiger Einspruch eingelegt ist, *Nack* in Karlsruher Kommentar, § 111d Rdnr. 5.

[240] Zu denken ist an Beträge bis 150 €, *Nack* in Karlsruher Kommentar, a. a. O.

Des Weiteren ist in allen Fällen des dinglichen Arrestes für dessen Anordnung ein Arrestgrund erforderlich, was sich aus dem Verweis des § 111d II StPO auf § 917 ZPO ergibt. Danach setzt der Arrest die Besorgnis voraus, dass ohne seine Anordnung die künftige Vollstreckung vereitelt oder wesentlich erschwert werden würde. Gem. § 917 II 1 ZPO genügt es, wenn die zu sichernde Forderung im Ausland vollstreckt werden müsste.

Für den Arrest wegen einer Geldstrafe oder der voraussichtlich anfallenden Kosten ist außerdem § 111d III StPO zu beachten. Der Arrest darf nicht angeordnet werden, wenn er auf Antrag des Betroffenen sofort wieder aufgehoben werden müsste[241].

Beim strafprozessualen Arrest muss ferner – wie bei anderen Eingriffsmaßnahmen in die Rechte des Beschuldigten auch – der Grundsatz der Verhältnismäßigkeit gewahrt sein[242].

Zuständig für die Anordnung des dinglichen Arrestes ist gem. § 111e I StPO grundsätzlich der Richter. Nur bei Gefahr im Verzug ist auch die Staatsanwaltschaft zum Erlass der Arrestanordnung befugt.

Die Arrestanordnung ist bei Vorliegen der genannten Voraussetzungen nach § 111b I StPO nicht zwingend vorgeschrieben. Doch verpflichtet das Legalitätsprinzip (§ 152 II StPO) grundsätzlich[243] dazu, die Sicherstellung zu bewirken, sofern die Gefahr gegeben ist, dass ohne die Sicherstellung die Vollstreckung der zu erwartenden Anordnung des Verfalls oder der Einziehung unmöglich sein wird[244].

2. *Durchführung des dinglichen Arrestes*

Bei der Durchführung des dinglichen Arrestes werden die Gemeinsamkeiten mit dem zivilprozessualen Arrest deutlich sichtbar. § 111d II StPO sieht hier nämlich die sinngemäße Geltung der §§ 928, 930 bis 932 ZPO vor. Der Arrest in bewegliches Vermögen wird danach durch Pfändung bewirkt (§ 930 ZPO); bei Grundstücken ist die Eintragung einer Arresthypothek vorgesehen (§ 932 ZPO). Für Schiffe und Schiffsbauwerke gilt § 931 ZPO. Eine entscheidende Abweichung von der Zivilprozessordnung liegt für die Durchführung des strafprozessualen Arrestes darin, dass die Zuständigkeiten durch § 111f III StPO

---

241 *Nack* in Karlsruher Kommentar, § 111d Rdnr. 6.

242 *Mayer* in Vordermayer/Heintschel-Heinegg, S. 511, Rdnr. 62.

243 Eine Ausnahme gilt im selbständigen Einziehungsverfahren nach den §§ 440, 442 StPO, da für dieses das Legalitätsprinzip nicht gilt, *BGHSt* 7, 357 (357 f.); 20, 253 (257).

244 *Rudolphi* in Systematischer Kommentar StPO, § 111b Rdnr. 8; *Meyer-Goßner,* § 111b Rdnr. 13; *Nack* in Karlsruher Kommentar, § 111b Rdnr. 13; *Achenbach* in Alternativkommentar StPO, §§ 111b-111d Rdnr. 6.

eine besondere Regelung erfahren. Aber auch ansonsten sind einige Besonderheiten zu beachten. Mit den Unterschieden und Gemeinsamkeiten zwischen dem zivil- und strafprozessualen Arrest hinsichtlich der Durchführung befasst sich das Kapitel 4 der Untersuchung.

3. Wirkung des dinglichen Arrestes

Die Arrestvollziehung in bewegliche Sachen, Forderungen und Vermögensrechte erfolgt gem. § 111d II StPO, §§ 930 I ZPO durch Pfändung, für die dieselben Grundsätze gelten wie für jede andere Pfändung: Die Arrestpfändung bewirkt die Verstrickung des gepfändeten Gegenstandes und das Entstehen eines Pfändungspfandrechts an dem Arrestgegenstand (§ 804 ZPO); die Verstrickung hat ein relatives Veräußerungsverbot i. S. d. §§ 136, 135 BGB zur Folge[245].

Die Vollziehung des Arrestes in ein Grundstück oder grundstücksgleiches Recht erfolgt dagegen gemäß § 932 ZPO durch Eintragung einer Sicherungshypothek. Damit erlangt der Justizfiskus eine Sicherheit im Rang vor späteren Rechten am Grundstück nach § 879 BGB und vor Gläubigern noch nicht gesicherter Vollstreckungsforderungen[246].

D. Wesentliche Unterschiede zwischen der vollstreckungssichernden Sicherstellung und der Beweismittelsicherstellung

Die bisherigen Ausführungen über die Beweismittelsicherstellung und die vollstreckungssichernde Sicherstellung lassen bereits erkennen, dass sich die beiden Verfahren in vielen Punkten unterscheiden. Die wesentlichen Unterschiede werden nun im Folgenden dargestellt.

Ein bestimmender Unterschied zwischen der Sicherstellung von Beweismitteln nach §§ 94 ff. StPO und der Sicherstellung nach §§ 111b ff. StPO ist die *Zielrichtung* des jeweiligen Verfahrensinstituts: Die Sicherstellung von Beweismitteln dient der Verfahrenssicherung durch Verhinderung des Verlusts und Erhaltung der Integrität der Beweismittel, während die Vorschriften nach §§ 111b ff. StPO die Vollstreckung durch Einschränkung der rechtsgeschäftlichen Verfügungsmöglichkeiten des Betroffenen sichern sollen[247]. Im Einzelnen

---

245 *Gottwald,* Vorbem §§ 803-863 Rdnr. 11.

246 *Stöber* in Zöller, § 866 Rdnr. 3.

247 Zurecht weist *Achenbach* deshalb darauf hin, dass das in den §§ 111b ff. StPO geregelte Institut als „Vollstreckungssicherung durch Beschlagnahme und dinglichen Arrest“ bezeichnet werden kann, vgl. *Achenbach,* Blau-Festschrift, S. 22.

ist nach §§ 111b ff. StPO die Sicherung der künftigen Vollstreckung einer zu erwartenden Anordnung des Verfalls oder der Einziehung eines Gegenstands bzw. von Wertersatz möglich; zudem können auch die künftige Vollstreckung einer voraussichtlichen Verurteilung zu Geldstrafe oder zur Tragung der Verfahrenskosten sowie schließlich (zivilrechtliche) Ansprüche von Verletzten gesichert werden.

Mit der verschiedenen Zielrichtung verbunden ist eine stärkere *Wirkung* der Sicherstellung nach §§ 111b ff. StPO: Hat die Beweismittelbeschlagnahme nach §§ 94 ff. StPO nur die öffentlich-rechtliche Verstrickung mit Sanktion nach § 136 StGB zur Folge, entsteht mit der Sicherstellung des Vermögensgegenstandes nach §§ 111b ff. StPO außerdem ein Veräußerungsverbot nach § 136 BGB[248]. Für die Beschlagnahme nach § 111b I StPO ist dies ausdrücklich in § 111c V StPO normiert. Die gleiche Wirkung hat aber auch die Sicherstellung durch dinglichen Arrest. Dass nur bei der vollstreckungssichernden Sicherstellung und nicht bei der Beweismittelsicherstellung ein Veräußerungsverbot entsteht, lässt sich wie folgt erklären: Dient eine Sache nur dem Beweis, genügt ihre tatsächliche Sicherung gegen Beseitigung, Verlust oder Verschlechterung. Unterliegt ein Gegenstand dagegen dem Verfall oder der Einziehung, bedarf es (gegebenenfalls darüber hinaus) eines Veräußerungsverbotes zur rechtlichen Sicherung vor Verfügungen, welche die in §§ 73e I, 74e I StGB bestimmten künftigen Fiskalrechte bzw. – im Fall der Zurückgewinnungshilfe nach § 111b V StPO – die Verletztenrechte beeinträchtigen[249]. Dagegen enthält § 94 StPO deshalb kein Veräußerungsverbot, weil die Rechtsverhältnisse an der Sache deren Beweistauglichkeit nicht berühren[250]. Deshalb kann z.B. der Berechtigte eine nur nach § 94 StPO sichergestellte bewegliche Sache als mittelbarer Besitzer gem. § 931 BGB veräußern[251].

Auch die Schwere des Eingriffs bei den verschiedenen Sicherstellungsverfahren ist unterschiedlich. Die Beweismittelsicherstellung führt nie zur endgültigen Entziehung des Gegenstandes, sondern muss spätestens bei rechtskräftigem Abschluss des Verfahrens zurückgegeben werden; die vollstreckungssichernde Sicherstellung zielt dagegen auf die Entziehung bzw. Verwertung des Gegenstandes ab[252].

Mittel der Sicherstellung nach § 94 StPO sind die einfache Sicherstellung (§ 94 I StPO), die Beschlagnahme (§ 94 II StPO) und die Erzwingung der Herausgabe (§ 95 StPO); für §§ 111b ff. StGB ist dagegen alternativ allein die Beschlagnahme (§§ 111b I, 111c StPO) oder der dingliche Arrest (§§ 111b II,

---

248 *Schlüchter* (Fußn. 34), S. 297, Rdnr. 312.

249 *Mayer* in KMR, § 111b Rdnr. 1.

250 *Meyer-Goßner,* § 94 Rdnr. 17.

251 Vgl. *BGH,* NJW 1993, 935 (936); *Mayer* in KMR, § 111b Rdnr. 1.

252 *Achenbach* (Fußn. 34), NJW 1976, 1068 (1070).

111d StPO) vorgesehen. Während für die Beweissicherung bei freiwilliger Herausgabe formlose Inverwahrnahme ausreicht, ist die Verfalls- und Einziehungssicherung bestimmter Gegenstände stets durch förmliche Beschlagnahme zu vollziehen[253].

Wie für die *Vollziehung* der Sicherstellung die Mittel der Beschlagnahme und des dinglichen Arrestes einzusetzen sind, regelt im Bereich der §§ 111b ff. StPO das Gesetz in §§ 111c, 111f-111l StPO, § 31 I RPflG sehr detailliert, während es in § 94 I StPO für das Sichern der Beweismittel nur eine allgemeine Regel aufstellt[254]. Die Kompliziertheit der Regelungen für die Vollziehung der Sicherstellung nach §§ 111b ff. StPO erklärt sich namentlich aus dem Ziel, die Rechte des Verletzten prozedural abzusichern[255].

Auch die Voraussetzungen sind unterschiedlich. Insbesondere genügt für die Beweismittelbeschlagnahme der *einfache Tatverdacht* i.S.d. § 152 II StPO, was zunächst auch für die Sicherstellung nach den §§ 111b ff. StPO gilt. Bei Letzterer muss sich der Tatverdacht aber nicht zwingend gegen eine bestimmte Person richten und sie darf gem. § 111b III StPO länger als sechs Monate – bzw. bei Vorliegen eines wichtigen Grundes länger als neun Monate – nur andauern, wenn ein dringender Tatverdacht gegeben ist[256]. Das *Sicherstellungsobjekt* braucht bei der Sicherstellung nach den §§ 111b ff. StPO nicht notwendig eine körperliche Sache zu sein, ihr unterliegen vielmehr auch Rechte[257]. Nur bei der Beweismittelbeschlagnahme gem. §§ 94 ff. StPO gibt es das Beschlagnahmeverbot gem. § 97 StPO. Bei der Sicherstellung nach den §§ 111b ff. StPO sollen nämlich dem Beschuldigten die Vermögensvorteile nicht allein deshalb erhalten bleiben, weil sie sich im Gewahrsam einer zeugnisverweigerungsberechtigten Person befinden[258]. Die *Anordnungskompetenz* ist bei der Sicherstellung nach §§ 111b ff. StPO weiter als bei der Beweismittelbeschlagnahme von den Ermittlungspersonen der Staatsanwaltschaft weg und hin zum Richter verlagert: Die Notzuständigkeit bei Gefahr im Verzug ist nach § 98 I StPO ohne Beschränkung der Staatsanwaltschaft und ihren Ermittlungspersonen gegeben, nach § 111e I StPO dagegen für den dinglichen Arrest, aber auch für die Beschlagnahme von Immobilien der Staatsanwaltschaft alleine vorbehalten[259]. Bei Beweismittelbeschlagnahme soll nach § 98 II 1 StPO unter bestimmten Voraussetzungen binnen drei Tagen die richterliche Bestätigung herbeigeführt werden, bei der Beschlagnahme beweglicher Sachen zur Sicherung von Verfall oder Ein-

---

[253] *Ranft* (Fußn. 24), S. 206.

[254] *Schlüchter* (Fußn. 34), a.a.O.

[255] *Achenbach* (Fußn. 34), NJW 1976, 1068 (1069); vgl. auch *BT-Drucks.* 7/750, S. 291 ff.

[256] *Park* (Fußn. 34), S. 338 f., Rdnr. 752; *Mayer* in KMR, § 111b Rdnr. 16.

[257] *Fezer* (Fußn. 34), S. 74, Rdnr. 3.

[258] *Schlüchter* (Fußn. 34), S. 298 f., Rdnr. 314.

[259] *Achenbach* (Fußn. 34), NJW 1976, 1068 (1069).

ziehung ist dies nach § 111e II 2 StPO nicht erforderlich[260]. Bezüglich des *rechtlichen Verpflichtungsgrades* ist die Beweismittelbeschlagnahme nach § 94 StPO im Rahmen der Beweisbedeutung obligatorisch, die Sicherstellung nach §§ 111b ff. StPO prinzipiell nur fakultativ[261].

Aufgrund der hier geschilderten Unterschiede der beiden Verfahren der Sicherstellung bildet die Sicherstellung gem. §§ 111b ff. StPO gegenüber der Sicherstellung von Beweismitteln ein selbständiges Rechtsinstitut[262].

E. Konkurrenz zwischen §§ 94 ff. und §§ 111b ff. StPO

In der Verfahrenswirklichkeit gibt es häufig Fälle, in denen ein Gegenstand gleichzeitig Beweismittelobjekt und Verfalls- oder Einziehungsobjekt ist. Beispielsweise ist das Tatwerkzeug nicht nur ein klassischer Anwendungsfall der Einziehung (§ 74 I StGB), sondern auch zumeist ein Beweismittel von zentraler Bedeutung. Das bei strafbarem Glückspiel erlangte Geld kommt nicht nur als Verfallsgegenstand, sondern auch als Beweismittel in Betracht. In diesen Fällen stellt sich die Frage, wie sich die Konkurrenz zwischen §§ 94 ff. und §§ 111b ff. StPO auswirkt, zumal gesetzliche Regeln fehlen, die sich mit der Überschneidung von beweis- und vollstreckungssichernden Zwecken bei der Sicherstellung eines Gegenstandes befassen[263].

Kommt ein Gegenstand sowohl als Beweismittel wie auch als Objekt des Verfalls oder der Einziehung in Betracht, so brauchen nicht stets die Voraussetzungen beider Sicherstellungsverfahren erfüllt zu sein[264]. Vielmehr ist nach dem verfolgten Zweck zu fragen. Wird die Beweismittelsicherung beabsichtigt, sind §§ 94 ff. StPO zu beachten. Geht es um Vollstreckungssicherung, ist auf §§ 111b ff. StPO abzustellen[265]. Nur wenn die Sicherstellung beiden Zwecken dienen soll, geht die h. M. zu Recht davon aus, dass sowohl die Verfahrensbestimmungen der §§ 94 ff. StPO als auch der §§ 111b ff. StPO zu beachten sind, im Ergebnis also die restriktivere Norm erfüllt sein muss[266]. Dies ist die Folge der unterschiedlichen Voraussetzungen und prozessualen Ziele[267], unter denen

---

[260] *Schäfer* in Leipziger Kommentar, § 94 Rdnr. 4.

[261] Vgl. auch *Ciolek-Krepold* (Fußn. 34), S. 109, Rdnr. 222; *Achenbach* (Fußn. 34), NJW 1976, 1068 (1069).

[262] So auch *Schlüchter* (Fußn. 34), Rdnr. 319, S. 303.

[263] *Amelung* in Alternativkommentar StPO, § 94 Rdnr. 45.

[264] *Achenbach* (Fußn. 34), NJW 1976, 1068 (1072).

[265] *Schlüchter* (Fußn. 34), S. 302 f.; *Schlüchter* (Fußn. 70), S. 105; *Achenbach* (Fußn. 34), NJW 1976, 1068 (1072).

[266] *Ranft* (Fußn. 24), S. 206; *Schäfer* in Löwe/Rosenberg, § 94 Rdnr. 5; *Nack* in Karlsruher Kommentar, § 94 Rdnr. 2; *Achenbach* (Fußn. 34), NJW 1976, 1068 (1070); anderer Ansicht ist *Schlüchter,* der unter dem Hinweis, dass die Beweissicherstellung im Gegensatz zu der vollstreckungssichernden Sicherstellung zwingend vorge-

die jeweilige Sicherstellung stattzufinden hat[268]. Jede andere Verfahrensweise wäre eine Umgehung des Gesetzes[269]. Würden bei Verfolgen beider Zwecke nicht beide Sicherungsverfahren gleichzeitig angewendet, würde zudem unter Umständen die Rechtsstellung des Beschuldigten und seines Verteidigers der Intention des Gesetzes zuwider beschnitten werden. Wird beispielsweise nur das Sicherungsverfahren gem. §§ 111b ff. StPO angewendet, während der Gegenstand auch als Beweismittel verwendet werden soll, dann wird das Akteneinsichtsrecht des Verteidigers unzulässig beschnitten, denn dieses erstreckt sich gemäß § 147 I StPO auf die amtlich verwahrten Beweisstücke[270], nicht jedoch auf die sichergestellten Verfalls- und Einziehungsgegenstände[271].

Auch in den Fällen, in denen der Gegenstand zunächst mit dem Zweck der Beweismittelsicherung sichergestellt wird, später aber der Gegenstand auch als Verfalls- oder Einziehungsobjekt verwendet werden soll, bedarf es nach h.M. einer zusätzlichen Maßnahme nach § 111b StPO und damit hier der Beachtung sowohl der Verfahrensbestimmungen der §§ 94 ff. StPO als auch der §§ 111b ff. StPO[272]. Diese Betrachtungsweise mag, da der Gegenstand bereits sichergestellt ist, auf den ersten Blick formalistisch erscheinen. Sie allein entspricht jedoch dem sachlichen Gehalt des Überganges zu dem anderen Sicherstellungsverfahren für den Betroffenen und dem Gebot inhaltlicher Klarheit der Prozesshandlungen[273]. Zudem träte ohne zusätzliche Maßnahme nach den §§ 111b ff. StPO das Veräußerungsverbot des § 111c V StPO nicht ein und die Sicherstellung könnte gem. § 111g III StPO somit auch nicht zugunsten des Verletzen wirken[274]. Wird also z.B. die Pistole eines herausgabebereiten Besitzers zunächst gem. § 94 I StPO als Beweisobjekt formlos sichergestellt, so ist ein „Grund" i.S.d. § 111b I StPO und eine förmliche Beschlagnahme notwendig, wenn die Waffe später auch als potenzielles Einziehungsobjekt zur Verfügung stehen und deshalb gem. § 111c V StPO ihre Veräußerung verhindert werden soll[275].

---

schrieben ist, bei Verfolgen beider Zwecke von einem Vorrang der §§ 94 ff. StPO ausgeht, *Schlüchter* (Fußn. 34), S. 303; *Schlüchter* (Fußn. 70), S. 105.

267 Vgl. oben Kapitel 1 § 2 D.

268 *Benfer* (Fußn. 25), S. 121, Rdnr. 615; *Schäfer* in Löwe/Rosenberg, § 94 Rdnr. 5.

269 *Achenbach* (Fußn. 34), NJW 1976, 1068 (1070).

270 Vgl. *BGH,* StV 2001, 4 (5).

271 *Ranft* (Fußn. 24), S. 206.

272 Anderer Ansicht sind *Meyer-Goßner* und *Lesch,* die ohne nähere Begründung vertreten, dass jeder nach § 94 StPO beschlagnahmte Gegenstand auch für die Sicherung des Verfalls und der Einziehung zur Verfügung stehe, *Meyer-Goßner,* § 94 Rdnr. 2; *Lesch* (Fußn. 29), S. 195, Rdnr. 94.

273 Vgl. auch *Achenbach* (Fußn. 34), NJW 1976, 1068 (1071).

274 *Schäfer* in Löwe/Rosenberg, § 94 Rdnr. 5; zu § 111g III StPO ausführlich in Kapitel 5.

275 Beispiel nach *Amelung* in Alternativkommentar StPO, § 94 Rdnr. 45.

Im umgekehrten Fall, in dem der Gegenstand zunächst als Einziehungs- oder Verfallsgegenstand sichergestellt wird und später auch als Beweismittelobjekt verwendet werden soll, bedarf es wiederum zur Sicherung des Akteneinsichtsrechts des Verteidigers (§ 147 I StPO) stets einer zusätzlichen Sicherstellung gem. §§ 94 ff. StPO[276].

[276] Soweit ersichtlich ist dies allgemeine Meinung, vgl. *Nack* in Karlsruher Kommentar, § 94 Rdnr. 2; *Rudolphi* in Systematischer Kommentar StPO, § 94 Rdnr. 4; *Schäfer* in Löwe/Rosenberg, § 94 Rdnr. 5; *Meyer-Goßner* StPO, § 94 Rdnr. 2; *Lemke* in Heidelberger Kommentar, § 94 Rdnr. 3; *Freund,* NJW 1975, 2057 (2058).

Kapitel 2

Die Anordnung der Arreste im Vergleich

§ 3 Arrestanspruch

A. Vergleich zwischen zivil- und strafprozessualem Arrest hinsichtlich des Arrestanspruchs

Der Arrestanspruch bildet neben dem Arrestgrund die zentrale Voraussetzung für die Arrestanordnung: Es ist der Arrestanspruch, den es für die künftige Vollstreckung zu sichern gilt. Er stellt das zu schützende subjektive Recht dar und ist Bedingung für die Gewährung des Rechtsschutzes.

I. Rückblick auf die bisherigen Erkenntnisse zum Arrestanspruch

Der Arrest in §§ 916 ff. ZPO sowie in §§ 111b ff. StPO steht nur für bestimmte Arrestansprüche zur Verfügung. Bereits das Kapitel 1 der Untersuchung hat sich unter anderem mit den Arrestansprüchen beschäftigt[1]. Im Rahmen der Ausführungen zum zivilprozessualen Arrest hat sich ergeben: Als Arrestanspruch gem. § 916 ZPO kommen nur Geldforderungen oder Ansprüche, die in solche übergehen können, in Betracht. Im Hinblick auf den strafprozessualen Arrest wurde festgestellt: Ein Arrestanspruch ist einerseits dann zu bejahen, wenn Gründe für die Annahme bestehen, dass in der zukünftigen Hauptverhandlung auf Wertersatzverfall, erweiterten Wertersatzverfall oder Wertersatzeinziehung erkannt werden wird oder – im Fall der Zurückgewinnungshilfe – die entsprechende Anordnung lediglich aufgrund von Ersatzansprüchen Geschädigter unterbleiben wird; anderseits – beim dinglichen Arrest wegen Geldstrafe oder Verfahrenskosten – dann, wenn gegen den Beschuldigten ein auf Geldstrafe lautendes Urteil ergangen ist. Anders ausgedrückt, können *zugunsten des Staates* durch dinglichen Arrest als Arrestansprüche Zahlungsansprüche des Staates gesichert werden, die durch rechtskräftige Anordnung des Wertersatzverfalls, des Erweiterten Wertersatzverfalls oder der Wertersatzeinziehung ent-

---

[1] Vgl. Kapitel 1 § 1 B. II. 2. a) und § 2 C. IV. 1.; vgl. zudem auch Einleitung, S. 23 f.

stehen, sowie Zahlungsansprüche des Staates, die durch die Auferlegung der Verfahrenskosten bzw. durch das auf Geldstrafe lautende (rechtskräftige) Urteil begründet werden. Des Weiteren können *zugunsten des Verletzten* durch dinglichen Arrest seine ihm aus der Straftat erwachsenen Ansprüche i. S. d. § 73 I 2 StGB gesichert werden (Zurückgewinnungshilfe).

Die Differenzierung zwischen dem strafprozessualen Arrest zugunsten des Staates auf der einen Seite und zugunsten des Verletzten auf der anderen Seite spielt auch in der folgenden Untersuchung der Arrestansprüche eine Rolle, weil beim Vergleich der Arrestansprüche in den beiden Verfahrensordnungen beim strafprozessualen Arrest danach unterschieden wird, zu wessen Vorteil er erfolgt.

II. Die Gläubiger der Arrestansprüche

1. Zivilprozessualer Arrest

Beim zivilprozessualen Arrest nach §§ 916 ff. ZPO finden sich keinerlei Einschränkungen bezüglich der Frage, wer Gläubiger des Arrestanspruches sein kann. Daher kann jeder Gläubiger einer Geldforderung oder eines Anspruchs, der in eine Geldforderung übergehen kann, bei Vorliegen der notwendigen Voraussetzungen einen Arrest zur Vollstreckungssicherung erreichen.

2. Strafprozessualer Arrest zugunsten des Staates

Beim dinglichen Arrest wegen Wertersatzverfall, Erweitertem Wertersatzverfall, Wertersatzeinziehung, Geldstrafe und Verfahrenskosten kann Gläubiger der entsprechenden Arrestansprüche dagegen nur der Staat bzw. der Justizfiskus sein. Der dingliche Arrest erfolgt in diesen Fällen also zugunsten des Staates, da die Vollstreckungssicherung in seinem Interesse erfolgt.

3. Strafprozessualer Arrest zugunsten des Verletzten

Demgegenüber muss es sich beim Gläubiger des Arrestanspruchs im Fall der Zurückgewinnungshilfe gem. § 73 I 2 StGB um einen „Verletzten" handeln. Der Gläubigerkreis findet damit eine Beschränkung. Dadurch gewinnt die Frage an Bedeutung, wer Verletzter i. S. d. § 73 I 2 StGB sein kann. Denn nur dem Verletzten wird die Befriedigung seiner Ansprüche aus der Straftat weitgehend ermöglicht, indem die Strafverfolgungsbehörden stellvertretend für ihn eine Vollstreckungssicherung durch dinglichen Arrest betreiben. Auch bei der Zwangsvollstreckung in arrestiertes Vermögen wird der Verletzte gem. §§ 111g, 111h StPO privilegiert[2].

a) Der Verletzte i. S. d. § 73 I 2 StGB

Als Verletzter i. S. d. § 73 I 2 StGB kommt jede natürliche Person, jede Personengesamtheit und jede juristische Person in Betracht[3]. Verletzter kann – soweit besteht Einigkeit – nur sein, dessen Individualinteressen durch das vom Täter übertretene Strafgesetz geschützt werden sollen[4]. Dementsprechend stellt beispielsweise der Dienstherr des bestochenen Amtsträgers keinen Verletzten dar. Denn das von den Straftatbeständen der §§ 331, 332 StGB geschützte Rechtsgut liegt im Vertrauen in die Lauterbarkeit des öffentlichen Dienstes und die Vorschriften schützen nicht (auch) die individuellen Interessen des Einzelnen[5]. Bezüglich einiger spezieller Auslegungsfragen hat der *Bundesgerichtshof* mittlerweile Klarheit geschaffen: Mit Beschluss vom 28. 11. 2000 hat er[6] sich etwa der überwiegenden Ansicht in der Literatur und Rechtsprechung[7] angeschlossen, wonach sowohl der Staat als solcher als auch der Steuerfiskus im Besonderen Verletzter i. S. d. § 73 I 2 StGB sein kann.

b) Der Rechtsnachfolger des Tatgeschädigten als Verletzter: Ein umstrittener Fall

Streit herrscht nach wie vor darüber, ob der Rechtsnachfolger des Tatgeschädigten ein Verletzter i. S. d. § 73 I 2 StGB sein kann. Dieses Problem stellt sich in einer Reihe von Fällen: Stirbt beispielsweise der unmittelbar durch die Straftat Geschädigte nach der Straftatbegehung, so fragt sich, ob der Erbe, auf den die Forderungen des Geschädigten gem. § 1922 BGB übergegangenen sind, als Verletzter i. S. d. § 73 I 2 StGB angesehen werden kann. Nach dem Schadensfall kommt es immer wieder einmal zu einer Abtretung der Geschädigtenansprüche an einen Dritten (§ 398 BGB). Können dann die Ansprüche des Zessionars im Wege der Zurückgewinnungshilfe gesichert werden? Vielfach haben die Geschädigten – vor allem große Unternehmen – Versicherungen abgeschlossen, weshalb Versicherungsgeber im Schadensfall Ersatz zu leisten haben. Dann fragt sich, ob die Ersatz leistende Versicherung Verletzte i. S. d. § 73 I 2 StGB ist.

---

2 Zur Zwangsvollstreckung in arrestiertes Vermögen, den §§ 111g, 111h StPO und die damit verbundene Privilegierung unten Kapitel 4.

3 *BGH,* NStZ 2001, 257 (258); *Schmidt* in Leipziger Kommentar, § 73 Rdnr. 36; *Fischer* in Tröndle/Fischer, § 73 Rdnr. 13.

4 *BGH,* NJW 2001, 693 (693); *BGH,* NStZ 2000, 589 (590); *BGH,* NStZ 1999, 560 (560); *Lackner* in Kühl/Lackner, § 73 Rdnr. 6; *Eser* in Schönke/Schröder, § 73 Rdnr. 26; *Fischer* in Tröndle/Fischer, § 73 Rdnr. 12.

5 Vgl. *BGHSt* 47, 22 (31); 33, 37 (38 f.); 30, 46 (47).

6 *BGH,* NJW 2001, 693 (693 f.).

7 *Eser* in Schönke/Schröder, § 73 Rdnr. 26; *Lackner* in Kühl/Lackner, § 73 Rdnr. 6; *Schmidt* in Leipziger Kommentar, § 73 Rdnr. 36; *Meuerer,* NStZ 1991, 438 (439); *LG Berlin,* NStZ 1991, 437 (438); *LG Aachen,* NJW 1978, 385 (385).

aa) Bisheriger Meinungsstand

Die h.M. in der Literatur[8] sieht mit dem *OLG Karlsruhe*[9] und dem *LG Ulm*[10] den Rechtsnachfolger des Tatgeschädigten nicht als Verletzten i.S.d. § 73 I 2 StGB an. Die Vertreter dieser Meinung stellen maßgeblich darauf ab, dass – anders als dem unmittelbar Geschädigten – dem Rechtsnachfolger der Anspruch nicht unmittelbar aufgrund der Tat entstanden sei, weshalb er nicht Verletzter sein könne[11].

Stimmen im Schrifttum[12] und mehrere Gerichte[13] gelangen demgegenüber zu einer Auslegung, der zufolge der Rechtsnachfolger des Tatgeschädigten Verletzter i.S.d. § 73 I 2 StGB sein kann. Die Absicht des Gesetzgebers, im Rahmen der Zurückgewinnungshilfe nur den unmittelbar Verletzten zu schützen, ergebe sich weder aus dem Gesetz selbst noch aus den Gesetzesmaterialien[14]. Um das Ziel des Gesetzgebers, auch die strafprozessualen Möglichkeiten für das Ziel des zivilrechtlich gerechten Ausgleichs einzusetzen, zu erreichen, sei es erforderlich, den Versicherer des Tatgeschädigten als Verletzten gem. § 73 I 2 StGB zu betrachten[15].

Zur Klärung der umstrittenen Frage, ob der Rechtsnachfolger des Tatgeschädigten Verletzter ist, bedarf es der Auslegung des Verletztenbegriffs in § 73 I 2 StGB.

bb) Wortlautauslegung

Bei einer entsprechend weiten Wortlautauslegung kann man unter den Begriff „Verletzter“ durchaus noch den Rechtsnachfolger des Tatgeschädigten fassen, zumal wenn ihn der durch die Tat erlangte Schaden verpflichtet, an den Geschädigten zu zahlen. Der Rechtsnachfolger lässt sich als mittelbarer Verletzter begreifen.

---

[8] *Meyer-Goßner,* § 111g Rdnr. 2; *Pfeiffer,* § 111g Rdnr. 2; *Schäfer* in Löwe/Rosenberg, § 111b Rdnr. 48; *Rudolphi* in Systematischer Kommentar StPO, § 111g Rdnr. 3; *Achenbach* in Alternativkommentar StPO, §§ 111b-111d Rdnr. 18; *Eser* in Schönke/Schröder, § 73 Rdnr. 25; *Kaiser,* wistra 2000, 121 (129); *Schmid/Winter,* NStZ 2002, 8 (13); *Frohn,* Rpfleger, 2001, 10 (10 f.).

[9] *OLG Karlsruhe,* MDR 1984, 336 (336).

[10] *LG Ulm,* NStZ-RR 1999, 369 (369).

[11] *OLG Karlsruhe,* MDR 1984, 336 (336); *Pfeiffer,* § 111g Rdnr. 2; *Schäfer* in Löwe/Rosenberg, § 111b Rdnr. 48; *Eser* in Schönke/Schröder, § 73 Rdnr. 25.

[12] *Fischer* in Tröndle/Fischer, § 73 Rdnr. 13; *Nack* in Karlsruher Kommentar, § 111g Rdnr. 2; *Kiethe/Hohmann,* NStZ 2003, 505 (508).

[13] *OLG Düsseldorf,* NStZ 1986, 222 (223); *OLG Schleswig* NStZ 1994, 99 (100); *OLG Stuttgart,* NStZ-RR 1999, 383 (383).

[14] *LG Ulm,* NStZ-RR 1999, 369 (369).

[15] Vgl. *OLG Schleswig,* NStZ 1994, 99 (100).

cc) Systematische Auslegung

Für die systematische Auslegung bietet es sich an, zunächst einen Blick auf das ebenfalls der Entschädigung des Verletzten dienenden Adhäsionsverfahren zu werfen. Nach § 403 I StPO kann der „Verletzte oder sein Erbe" gegen den Beschuldigten einen aus der Straftat erwachsenen vermögensrechtlichen Anspruch im Strafverfahren geltend machen. Das Gesetz stellt hier also einen bestimmten Rechtsnachfolger, nämlich den Erben, dem Verletzten gleich und trennt damit zwischen Verletzten und Rechtsnachfolger. Da in § 73 I 2 StGB nur vom Verletzten gesprochen wird, aber nicht auch vom Rechtsnachfolger, könnte dies dafür sprechen, den Rechtsnachfolger nicht unter den Begriff des Verletzten i.S.d. § 73 I 2 StGB fallen zu lassen. Ein dementsprechender Schluss wäre indes keineswegs zwingend. Denn in der Strafprozessordnung existiert kein einheitlich verwendeter Verletztenbegriff, weshalb durchaus die Möglichkeit besteht, den Rechtsnachfolger unter den Begriff des Verletzten in § 73 I 2 StGB einzuordnen, ihn aber nicht unter § 403 I StPO fallen zu lassen. Wegen den unterschiedlichen Zielrichtungen der verschiedenen Normen, die jeweils von einem Verletzten sprechen, sind dem Begriff des Verletzten nicht überall dieselben Grenzen gezogen. Daher kann und muss er teilweise unterschiedlich ausgelegt werden.

Ein systematisches Argument gegen den Rechtsnachfolger als Verletzten gem. § 73 I 2 StGB leitet das *OLG Karlsruhe* aus der Verknüpfung der Gesetzespassagen „dem Verletzten" und „aus der Tat ein Anspruch erwachsen" ab. Denn als „aus der Tat erwachsen" sieht der *Bundesgerichtshof* den Anspruch nur in zwei Fallgruppen an[16]: Einerseits, wenn er aufgrund des Geschehens, das der Straftat zugrunde liegt, zur Entstehung gelangt ist, wenn er also unmittelbar aus der Straftat erworben wurde[17]; andererseits dann, wenn es sich um einen Anspruch des durch eine Straftat Verletzten handelt, der bereits vor der Straftat bestanden hat und ihren Gegenstand bildet. Der Anspruch des Rechtsnachfolgers des Tatgeschädigten sei diesem aber insbesondere nicht unmittelbar aufgrund der Tat entstanden. Tatsächlich erwirbt der Rechtsnachfolger seinen Anspruch nachträglich durch Gesetz (z.B. § 1922 BGB oder § 67 VVG) oder durch Vereinbarung (z.B. § 398 BGB). Die in § 73 I 2 StGB vorgenommene Verknüpfung des Begriffs des Verletzten mit dem des aus der Straftat erwachsenen Anspruch könnte daher wirklich dafür sprechen, den Rechtsnachfolger nicht als Verletzten anzusehen. Dennoch unterliegt das *OLG Karlsruhe* einer falschen Sichtweise: Der konkret durch den Rechtsnachfolger erworbene Anspruch entsteht zweifellos aus der Straftat. Der Rechtsnachfolger macht also den aus der Straftat erwachsenen Anspruch geltend. Außerdem wird man sagen können,

---

16 Zu den beiden Fallgruppen: *BGH*, NJW 2001, 693 (694).

17 So auch *OLG Karlsruhe*, MDR 1984, 336 (336); *Eser* in Schönke/Schröder, § 73 Rdnr. 25.

dass ihm nicht nur die Forderung an sich, sondern zudem die damit verbundene bessere Position bei der Verwirklichung des Anspruchs gleichsam „abgetreten" wird. Jedenfalls gehen nach § 1922 BGB mit dem gesamten Vermögen regelmäßig auch alle persönlichen Vermögensrechte auf den Erben über[18]. Gem. § 67 VVG i.V.m. §§ 412, 401 BGB und gem. §§ 398, 401 BGB gehen zudem beim Forderungsübergang kraft Gesetzes oder kraft Vereinbarung mit der Forderung auch die Nebenrechte und Vorzugsrechte der Forderung auf den neuen Gläubiger über. Die systematische Auslegung steht der Zuordnung des Rechtsnachfolgers unter den Begriff des Verletzten i.S.d. § 73 I 2 StGB somit nicht entgegen.

dd) Historische Auslegung

Aus der Entstehungsgeschichte lässt sich für die vorliegende Frage nicht viel gewinnen. Der Gesetzgeber hat bei der Einführung des § 73 I 2 StGB nicht deutlich gemacht, ob er den Rechtsnachfolger des Tatgeschädigten als Verletzten behandelt haben möchte. Aus den Gesetzesmaterialien ergibt sich insbesondere nicht die Absicht des Gesetzgebers, im Rahmen der Zurückgewinnungshilfe nur den unmittelbar Verletzten zu schützen[19]. Allerdings hat er in dem zusammen mit den §§ 111b ff. StPO eingeführten § 73 I 2 StGB die Formulierung „aus der Straftat ... erwachsen" aus § 403 I StPO übernommen[20], nicht dagegen die Passage „Verletzter oder sein Erbe". Daraus lässt sich aber bestenfalls folgern, dass der Gesetzgeber den zur Zurückgewinnungshilfe und den zum Adhäsionsverfahren berechtigten Personenkreis unterschiedlich definieren wollte.

ee) Teleologische Auslegung

Letzten Endes muss also durch die teleologische Auslegung die Antwort auf die Frage ermittelt werden, ob der Rechtsnachfolger als Verletzter i.S.d. § 73 I 2 StGB angesehen werden kann. Der bereits zitierte[21] Zweck des § 73 I 2 StGB, mit dem der Ausschluss des staatlichen Verfalls geregelt wird, liegt vor allem darin, der Befriedigung individueller Opferansprüche Vorrang vor einem Zugriff zugunsten des Staates zu gewähren. Der Gesetzgeber hat damit das sich aus dem Recht des Verletzten, Ersatz für den durch eine deliktische Handlung entstandenen Schaden verlangen zu können, ergebende Wiedergutmachungsinteresse als besonders schutzwürdig anerkannt und diesem den Vorrang vor einer

[18] *Edenhofer* in Palandt, § 1922 Rdnr. 12.

[19] So auch *LG Ulm*, NStZ-RR 1999, 369 (369).

[20] Vgl. Niederschriften der Großen Strafrechtskommission, Band 12, S. 208.

[21] Vgl. Kapitel 1 § 2 C. II. 1. c).

staatlichen Abschöpfung des illegitim Erlangten zugeordnet. Der hinter dem § 73 I 2 StGB stehende Vorranggedanke und die damit verbundene Privilegierung des Verletzten hinsichtlich der Durchsetzung seiner Ansprüche rechtfertigt sich aus dem schutzwürdigen, persönlichen Interesse am Ausgleich des durch die Tat erlittenen Vermögensnachteils, das dem Opfer der Straftat zukommt. Ob man deshalb aber den Rechtsnachfolger des Opfers aus dem Kreis der hinsichtlich der Verwirklichung des Anspruchs zu privilegierenden Personen ausschließen sollte – wie dies *Hees* macht – erscheint zumindest äußerst fraglich. Denn der dem unmittelbar Verletzten aus der Straftat entstandene Anspruch ist auf den Rechtsnachfolger übergegangenen, weshalb dieser nunmehr ebenfalls ein berechtigtes Ausgleichsinteresse hat.

Entscheidend für den Rechtsnachfolger als Verletzten dürfte aber die folgende Überlegung sein. § 73 I 2 StGB beruht nämlich unter anderem auf dem Grundgedanken, beim Straftäter die aus der Tat erlangten Vorteile abzuschöpfen[22], damit sich Verbrechen nicht lohnen. Der Verfall bezweckt das kriminalpolitische Ziel der effektiven und konsequenten Gewinnabschöpfung kriminell erlangten Vermögens. Neben einem individuellen Ausgleichsinteresse des Verletzten tritt damit auch ein allgemeines Ausgleichsinteresse. Diesem Ziel einer konsequenten Gewinnabschöpfung im allgemeinen Ausgleichsinteresse würde es nicht gerecht, wenn der Rechtsnachfolger des Tatgeschädigten nicht als Verletzter i. S. d. § 73 I 2 StGB aufgefasst werden würde. Denn geht der aus der Tat erlangte Anspruch des Opfers auf den Rechtsnachfolger über, so bleibt es zunächst beim Ausschluss des staatlichen Verfalls nach § 73 I 2 StGB. Da nämlich ein Anspruch existiert, der einem Verletzten aus der Tat erwachsen ist, kann der Staat nicht mehr auf den Tatgewinn des Täters zugreifen. Nach dem Übergang des Anspruchs auf den Rechtsnachfolger kann zudem der unmittelbar Tatgeschädigte nicht mehr gegen den Täter vorgehen, da Ersterer nunmehr keinen Straftatanspruch mehr besitzt. Allein dem Rechtsnachfolger wäre es noch möglich, mit seinem erworbenen Anspruch, eine konsequente Gewinnabschöpfung herbeizuführen. Würde man ihn aber nicht als Verletzten i. S. d. § 73 I 2 StGB ansehen, so würde der Rechtsnachfolger auch später bei der Zwangsvollstreckung in das arrestierte Vermögen nicht in den Genuss einer vorrangigen Befriedigung gem. § 111g bzw. 111h StPO kommen, da diese Vorschriften dem § 73 I 2 StGB Rechnung tragen und daher der gleiche Verletztenbegriff zugrunde zu legen ist. Dadurch könnten andere Gläubiger vorrangig vor dem Rechtsnachfolger des Tatgeschädigten auf das arrestierte Vermögen zwangsvollstreckungsrechtlichen Zugriff nehmen und – bei begrenzten Tätervermögen – eine unmittelbare Gewinnabschöpfung sogar ganz unmöglich sein. Sieht man den Rechtsnachfolger somit nicht als Verletzten i. S. d. § 73 I 2 StGB an, so besteht die Gefahr, dass der Täter die erlangten Tatgewinne auch zur Schuldtil-

---

[22] Vgl. bereits Kapitel 1 § 2 C. II. 1. c).

gung gegenüber anderen Gläubigern einsetzen kann, sodass sich sein Verbrechen lohnen würde. Um ein derart unbefriedigendes Ergebnis zu vermeiden und dem Ziel der konsequenten Gewinnabschöpfung im Ausgleichsinteresse gerecht zu werden, ist es daher erforderlich, den Rechtsnachfolger des Tatgeschädigten unter den Verletztenbegriff des § 73 I 2 StGB zu fassen.

ff) Ergebnis

Die Auslegung des § 73 I 2 StGB ergibt somit: Erbe, Zessionar, Versicherungsgeber und sonstige Rechtsnachfolger des Tatgeschädigten sind Verletzte i. S. d. Vorschrift. Aus diesem Grunde können sie von der staatliche Zurückgewinnungshilfe profitieren.

III. Art und Anspruchsgrundlagen der in Betracht kommenden Arrestansprüche

Die Betrachtung der Arrestansprüche hinsichtlich ihrer Art und Anspruchsgrundlagen ermöglicht eine generelle Bestimmung und Eingrenzung der in Betracht kommenden Arrestansprüche.

1. Zivilprozessualer Arrest

Im Rahmen des zivilprozessualen Arrestes sei zunächst nochmals[23] auf folgende, wichtige Unterscheidung hingewiesen: Die einstweilige Verfügung dient der Sicherung eines Individualanspruchs auf gegenständliche Leistung (§ 935 ZPO) oder des Rechtsfriedens (§ 940 ZPO), ausnahmsweise auch der vorläufigen Befriedigung eines Anspruchs. Der Arrest dient dagegen nur der Sicherung der Zwangsvollstreckung wegen einer Geldforderung oder eines Anspruchs, der in eine solche übergehen kann (§ 916 ZPO).

Der Begriff der Geldforderung umfasst jeden auf Zahlung einer bestimmten Geldforderung gerichteten Anspruch[24]. Die Aufnahme von Ansprüchen, die in eine Geldforderung übergehen können, weitet den Anwendungsbereich des Arrestes stark aus. Denn dadurch kommen zusätzlich Individualansprüche für die Arrestsicherung in Betracht. So kann der bereicherungsrechtliche Herausgabeanspruch gem. § 818 II BGB auf Wertersatz gerichtet sein und bei Rückgewähr- und Herausgabeansprüchen kann bei deren Unmöglichkeit Schadensersatz zu leisten sein. Darüber hinaus vermag jeder Individualanspruch vermögensrechtlicher Art in eine auf Geldzahlung gerichtete Schadensersatzforderung über-

---

23 Vgl. Kapitel 1 § 1 A.

24 *Huber* in Musielak, § 916 Rdnr. 12; *Vollkommer* in Zöller, § 916 Rdnr. 4.

gehen, sofern er nicht oder schlecht erfüllt wird[25]. Hat sich die Umwandlung des Individualanspruches in einen Geldanspruch noch nicht vollzogen, so besteht für den Gläubiger somit die Wahl, ob er den Individualanspruch durch einstweilige Verfügung oder den Geldanspruch durch Arrest sichern will[26]. Der Gläubiger kann mithin immer die Arrestsicherung wählen, wenn er bei einem Anspruch auf Individualleistung nicht an der Leistung selbst festhalten, sondern sich mit der Sicherung der Interessensforderung begnügen will.

2. *Strafprozessualer Arrest zugunsten des Staates*

Während somit beim zivilprozessualen Arrest neben Geldansprüchen auch Individualansprüche gesichert werden können, werden beim strafprozessualen dinglichen Arrest zugunsten des Staates – wenn es also um Wertersatzverfall, erweiterten Wertersatzverfall, Wertersatzeinziehung, Geldstrafe oder Verfahrenskosten geht – ausschließlich Geldforderungen gesichert. Im Unterschied zum Arrestprozess gem. §§ 916 ff. ZPO, in dem jegliche Geldforderung geschützt werden kann, steht der strafprozessuale Arrest zugunsten des Staates zudem nur für ganz bestimmte Geldforderungen des Staates gegen den Beschuldigten zur Verfügung: den als Wertersatz für den Verfall bzw. erweiterten Verfall bestimmten Geldbetrag (§ 73a StGB; § 73d II StGB), den für die Einziehung eines Gegenstandes bestimmten Geldbetrag (§ 74c StGB), die Geldstrafe (§ 40 StGB) sowie die Verfahrenskosten (§§ 465 ff. StPO). Wegen anderer Geldforderungen des Staates ist in seinem Interesse ein Arrestverfahren gem. §§ 111b ff. StPO nicht zulässig[27], weil § 111d StPO die Sicherung von Zahlungsansprüchen der Staatskasse gegenüber dem Beschuldigten abschließend regelt[28].

3. *Strafprozessualer Arrest zugunsten des Verletzten*

a) Aus der Straftat erwachsene Ansprüche i.S.d. § 73 I 2 StGB

Die Beschränkung auf bestimmte Geldforderungen des Staates hat den Vorteil, dass klar ersichtlich ist, welche Ansprüche zugunsten des Staates durch dinglichen Arrest gesichert werden können. Demgegenüber bereitet die Festlegung, welche Ansprüche des Verletzten durch Zurückgewinnungshilfe gesichert werden können, viel größere Schwierigkeiten. Das Gesetz spricht hier von aus der Straftat erwachsenen Ansprüchen, deren Erfüllung dem Täter oder Teilneh-

---

[25] *Damm* in Alternativkommentar ZPO, § 916 Rdnr. 2; *Walker* in Schuschke/Walker, § 916 Rdnr. 3.

[26] *Vollkommer* in Zöller ZPO, § 916 Rdnr. 2; *Walker*, S. 148, Rdnr. 213.

[27] Allerdings kann der Staat als Verletzter einer Straftat Ansprüche i.S.d. § 73 I 2 StGB durch Arrest sichern lassen, vgl. dazu auch oben Kapitel 2 § 3 A. II. 3. a).

[28] So auch *Schäfer* in Löwe/Rosenberg, § 111d Rdnr. 2.

mer den Wert des aus der Straftat Erlangten entziehen würde. Bezüglich der Kernfrage, welche Ansprüche als solche zu gelten haben, herrscht erstaunlicherweise immer noch Unsicherheit, obwohl sie außerordentlich hohe praktische Bedeutung besitzt.

Unstreitig sind Rückgewähransprüche des Verletzten von § 73 I 2 StGB umfasst. Die Art des Rückgewähranspruchs hat dabei keine Bedeutung. Es muss sich nicht um einen Anspruch auf Ausgleich in Geld handeln, sondern er kann sich genauso auf Naturalrestitution richten. Als Ersatzanspruch des Verletzten kommen beispielsweise Schadensersatzansprüche auf Naturalrestitution (§ 249 BGB), Schadensersatzansprüche gem. §§ 823 I u. II, 826 BGB oder Ansprüche aus ungerechtfertigter Bereicherung (§§ 812 ff. BGB) in Betracht.

Keine Anwendung findet § 73 I 2 StGB in den Fällen, in denen der Täter oder Teilnehmer für die Tat etwas erlangt hat. Denn in § 73 I 1 StGB ist von *für die Tat oder aus ihr* Erlangtem die Rede, während § 73 I 2 StGB einen dem Verletzten *aus* der Tat erwachsenen Anspruch fordert[29]. Ansprüche des Verletzten können daher beispielsweise dann nicht über die Zurückgewinnungshilfe gesichert werden, wenn der Täter die Belohnung für seine Tat oder das Tatentgelt verbraucht hat.

b) Schmerzensgeldansprüche als Ansprüche i. S. d. § 73 I 2 StGB: Ein umstrittener Fall

Streit herrscht darüber, ob auch Schmerzensgeldansprüche und andere Ansprüche, die nicht auf Rückgewähr des Erlangten oder dessen Werts gerichtet sind, als Ansprüche gem. § 73 I 2 StGB in Betracht kommen.

Müller[30] bejaht diese Frage, während die übrige Literatur[31] überwiegend verlangt, der Anspruch gem. § 73 I 2 StGB müsse sich auf Rückgewähr des Tatvorteils richten. Diese Einschränkung wird zumeist bloß gefordert, doch nicht überzeugend begründet. *Kiethe* und *Hohmann*[32] verweisen wie *Fischer*[33] beispielsweise schlicht darauf, dass die Art des Ausgleichsanspruchs ohne Bedeutung sei, weshalb vor allem Schadensersatz- und Bereicherungsansprüche als

---

[29] Vgl. *Güntert,* S. 74; *Schäfer* in Leipziger Kommentar, 10. Auflage, § 73 Rdnr. 9.

[30] *Müller,* MschrKrim 2001, 244 (246 f.). *Schäfer* erwähnt *in einem Fallbeispiel* unter anderem auch Ersatzansprüche eines Verletzten, die nicht auf Rückgewähr gerichtet sind, als Ansprüche i. S. d. § 73 I 2 StGB. Auch Schäfer lehnt daher wohl eine Begrenzung der Ansprüche i. S. d. § 73 I 2 StGB ab, vgl. *Schäfer* in Leipziger Kommentar, 10. Auflage, § 73 Rdnr. 25 ff. und 22.

[31] *Horn* in Systematischer Kommentar StGB, § 73 Rdnr. 18; *Fischer* in Tröndle/Fischer, § 73 Rdnr. 12; *Kiethe/Hohmann* (Fußn. 12), NStZ 2003, 505 (508); *Käbisch,* wistra 1984, 10 (14); *Hees,* Zurückgewinnungshilfe, S. 160 ff.

[32] *Kiethe/Hohmann,* a. a. O.

[33] *Fischer* in Tröndle/Fischer, § 73 Rdnr. 12.

Ansprüche i. S. d. § 73 I 2 StGB in Betracht kämen, nicht aber ein Schmerzensgeldanspruch, weil dieser nicht auf Rückerstattung des Erlangten gerichtet sei. *Käbisch*[34] führt an, mit der Zurückgewinnungshilfe solle dem Verletzten geholfen werden, die Minderung seines Vermögens durch „Rückholung" des Vermögensnachteils beim Straftäter wieder auszugleichen. Auch das *OLG Zweibrücken*[35] begnügte sich in einem Fall, in dem es um den Verfall eines vom Zuhälter vereinnahmten Prostituiertenlohns ging, mit der Feststellung, Schmerzensgeldansprüche seien keine Verletztenansprüche i. S. d. § 73 I 2 StGB. *Hees*[36] führt für seine Begründung zur Begrenzung auf Rückerstattungsansprüche den Zweck des § 73 I 2 StGB an. Der in dieser Vorschrift geregelte Ausschluss des staatlichen Verfalls aufgrund des Vorliegens individueller Opferansprüche sei deshalb gerechtfertigt, weil dem Verletzten ein schutzwürdiges Interesse am Ausgleich des ihm durch die Tat zugefügten *Vermögensnachteils* zukomme. § 73 I 2 StGB habe also die Funktion, dass dem Verletzten mit seinem auf Grund der Tat entstandenen Anspruch der Zugriff auf gerade dieses Vermögen zwecks Ausgleichs eröffnet bleibt. Die Verfallsanordnung des Staates komme daher auch nur immer dann nicht in Betracht, wenn solche Ansprüche des Verletzten bestehen, die den konkret erlangten Tatgewinn oder dessen entsprechenden Wert beim Täter wieder abschöpfen, also bei solchen, deren Erfüllung so gewissermaßen zu einer Rückgängigmachung einer zuvor auf Kosten des Verletzten erfolgten Vermögensverschiebung führt. Der Schmerzensgeldanspruch gehe aber nicht auf eine Vermögensverfügung zu Lasten des Verletzten zurück, weil es an einem auf Kosten des Verletzten erlangten Tatgewinn fehle[37].

Mit *Müller*[38] ist die Beschränkung der Ansprüche i. S. d. § 73 I 2 StGB auf Rückerstattungsansprüche abzulehnen.

Zunächst wirkt die Unterscheidung zwischen Rückgewähransprüchen und Ansprüchen, die nicht auf Rückerstattung des Erlangten gerichtet sind, aus Gesichtspunkten der Gerechtigkeit nicht überzeugend. Wird etwa bei einem Bankraub der Bankangestellte niedergeschossen und das erbeutete Geld durch den Täter unauffindbar beiseite geschafft, so lässt sich nur schwer einsehen, warum nur die Befriedigung von Ersatzansprüchen der ausgeraubten Bank und nicht auch der Schmerzensgeldanspruch des verletzten Bankangestellten Vorrang vor einem Zugriff des Staates genießen soll. Jedenfalls hat der durch die Tat verletzte Bankangestellte genauso wie die verletzte Bank ein schutzwürdiges Interesse am Ausgleich des ihm durch die Tat zugefügten Nachteils, auch wenn

---

[34] *Käbisch* (Fußn. 31), wistra 1984, 10 (14).

[35] *OLG Zweibrücken,* StV 2003, 160 (162).

[36] Vgl. *Hees* (Fußn. 31), S. 160 ff.

[37] Vgl. *Hees,* a. a. O., S. 164.

[38] *Müller* (Fußn. 30), MschrKrim 2001, 244 (246 f.).

sein Schmerzensgeldanspruch nicht auf eine Vermögensverschiebung zu seinen Lasten zurückgeht.

Der Wortlaut des § 73 I 2 StGB spricht zudem nur von Ansprüchen des Verletzten „aus der Tat", worunter problemlos Schmerzensgeldansprüche und andere Ansprüche, die nicht auf Rückerstattung des Erlangten gerichtet sind, gefasst werden können.

Entgegen der Ansicht von *Hees* verlangt auch der Zweck des § 73 I 2 StGB nicht zwingend, dass das abzuschöpfende Erlangte oder dessen Wert aus dem Vermögen des Verletzten stammt bzw. auf eine Vermögensverschiebung zu seinen Lasten zurückgeht: Der Ausschluss des Verfalls durch Drittrechte folgt aus dem Wesen des Verfalls. Der aus der Tat erlangte Vermögensvorteil ist sozusagen belastet mit den aus der Tat dem Verletzten erwachsenen vermögensrechtlichen Ausgleichsansprüchen, die im Falle ihrer Realisierung den erlangten Vorteil mindern oder beseitigen[39]. Diese Individualansprüche haben Vorrang vor einer Abschöpfung zugunsten der Staatskasse. Die Vorschrift soll verhindern, dass dem Täter die Mittel entzogen werden, die er zur Befriedigung der Ansprüche des Verletzten benötigt. Schmerzensgeldansprüche gehören damit ebenfalls zu den zu berücksichtigenden vermögensrechtlichen Ansprüchen des Verletzten, weil auch sie bei ihrer Realisierung das Erlangte bzw. dessen Wert mindern und der Befriedigung des Tatverletzten dienen.

Gegen eine Begrenzung auf Rückerstattungsanprüche spricht vor allem noch ein weiteres Argument, das bereits bei den Ausführungen zum Verletztenbegriff i. S. d. § 73 I 2 StGB erwähnt wurde[40] und das auch *Müller*[41] zu Recht anführt: Der Gesetzgeber hat bei Einführung des § 73 I 2 StGB *bewusst* die Formulierung der zum Adhäsionsverfahren gehörenden Vorschrift des § 403 I StPO („einen aus der Straftat erwachsenen vermögensrechtlichen Anspruch") Bezug genommen. Nach allgemeiner Meinung können Schmerzensgeldansprüche im Adhäsionsverfahren geltend gemacht werden[42], weshalb aufgrund der bewussten Bezugnahme des Gesetzgebers dies auch im Rahmen der Zurückgewinnungshilfe gelten muss, zumal beide Institute der Entschädigung des Verletzten und der Verwirklichung seiner (zivilrechtlichen) Interessen dienen. Im Adhäsionsverfahren kommen Schmerzensgeldansprüche sogar in erster Linie in Betracht[43].

Als Ergebnis lässt sich damit festhalten: Entgegen der h. M. fallen unter Ansprüche i. S. d. § 73 I 2 StGB nicht nur Rückgewähransprüche, sondern auch

---

39 *Schmidt* in Leipziger Kommentar, § 73 Rdnr. 73.

40 Oben Kapitel 2 § 3 A. II. 3. b) dd).

41 *Müller* (Fußn. 30), MschrKrim, 2001, 244 (247).

42 *BGH,* MDR 1993, 408; *Pfeiffer,* § 403 Rdnr. 3; *Meyer-Goßner,* § 403 Rdnr. 10; *Wendisch* in Löwe/Rosenberg, § 403 Rdnr. 10.

43 *Meyer-Goßner,* a. a. O.; *Wendisch* in Löwe/Rosenberg, a. a. O.

Schmerzensgeldansprüche und sonstige Ansprüche, die nicht auf Rückerstattung des Erlangten oder dessen Wert gerichtet sind. Damit hat die Zurückgewinnungshilfe sogar noch einen weitaus größeren Anwendungsbereich als bisher angenommen wurde.

IV. Rechtsnatur der in Betracht kommenden Arrestansprüche

Die Arrestansprüche, die durch dinglichen Arrest gesichert werden können, lassen sich hinsichtlich ihrer Rechtsnatur unterscheiden.

1. Zivilprozessualer Arrest

Das Arrestverfahren steht nur in den Fällen offen, für die der ordentliche Rechtsweg gegeben ist[44]. Die zu sichernden Arrestansprüche sind dabei ganz überwiegend zivilrechtlicher Natur.

2. Strafprozessualer Arrest zugunsten des Staates

Demgegenüber handelt es sich bei den Zahlungsansprüchen, die im Interesse des Staates durch dinglichen Arrest gesichert werden, ausschließlich um öffentlich-rechtliche Ansprüche des Justizfiskus.

3. Strafprozessualer Arrest zugunsten des Verletzten

Die Ausgleichsansprüche des Verletzten gem. § 73 I 2 StGB sind von der Rechtsnatur her wiederum regelmäßig zivilrechtliche Ansprüche, die dem Opfer aus klassischen Eigentums- und Vermögensdelikten erwachsen[45]. Es fragt sich, ob gegebenenfalls auch ein öffentlich-rechtlicher Anspruch als Arrestanspruch i.S.d. § 73 I 2 StGB in Betracht kommt. Diese nunmehr zu beantwortende Frage hat eine gewisse Bedeutung bei dem Streit erlangt, ob öffentlich-rechtliche Steueransprüche des Staates von § 73 I 2 StGB erfasst werden und damit den Verfall ausschließen[46]. In diesem Zusammenhang stellten Rechtsprechung und Literatur aber hauptsächlich auf die Verletzteneigenschaft des Staates ab.

---

[44] *Vollkommer* in Zöller, § 916 Rdnr. 4; *Grunsky* in Stein/Jonas, Vorbem § 916 Rdnr. 28.

[45] Vgl. auch *BGH,* JR 2002, 296 (297).

[46] Zum Teil wird dies in der Literatur verneint, *Horn* in Systematischer Kommentar StGB, § 73 Rdnr. 17; *Brenner,* DRiZ 1977, 203 (204); bejahend aber die h.M. und Rechtsprechung, vgl. *BGH,* wistra 2003, 228 (228); *BGH,* JR 2002, 296, (297 f.); *LG Aachen,* NJW 1978, 385 (385); *Herzog* in Nomos Kommentar, § 73 Rdnr. 19; *Eser* in Schönke/Schröder, § 73 Rdnr. 26; *Neuefeind,* JA 2004, 155 (156).

Der Wortlaut des § 73 I 2 StGB enthält hinsichtlich der Rechtsnatur keine Beschränkung des Anspruchs, sondern bezieht sich auf Ansprüche schlechthin, weshalb auch öffentlich-rechtliche umfasst sind.

Für die Frage der Rechtsnatur der Ansprüche i. S. d. § 73 I 2 StGB könnte es wiederum[47] eine Rolle spielen, dass der historische Gesetzgeber mit dem Wortlaut in § 73 I 2 StGB bewusst auf die Formulierung „aus der Straftat erwachsenen vermögensrechtlichen Anspruch" in § 403 I StPO (Adhäsionsverfahren) Bezug genommen hat[48]. Denn das Adhäsionsverfahren ist bei Ansprüchen, die nicht vor die ordentlichen Gerichte gebracht werden können, unstreitig nicht zulässig. Allerdings wurden damals die zu § 73 I 2 StGB gehörenden Ansprüche des Fiskus wegen Abgabenverkürzungen nicht gesehen[49]; in den Gesetzesbegründungen[50] findet sich kein Hinweis darauf, dass der Gesetzgeber überhaupt an öffentlich-rechtliche Ansprüche wie etwa den Steueranspruch des Staates gedacht hat[51]. Eine Einschränkung in § 73 I 2 StGB auf Ansprüche, die zur Zuständigkeit der ordentlichen Gerichte gehören, kann daher nicht aus der bewussten Bezugnahme auf § 403 I StPO abgeleitet werden, zumal diese Voraussetzung des Adhäsionsverfahrens in § 403 I StPO – anders als in § 73 I 2 StGB – ausdrücklich normiert ist.

Sinn und Zweck des § 73 I 2 StGB sprechen vielmehr dafür, die Ausschlusswirkung nicht nur auf zivilrechtliche Ansprüche zu begrenzen. Ein Grundgedanke des § 73 I 2 StGB liegt nämlich darin, einerseits bei dem Straftäter die aus der Tat erlangten Vorteile abzuschöpfen, andererseits aber diese Abschöpfung nicht zu Lasten des durch die Tat geschädigten Dritten vorzunehmen[52]. Dieser Gedanke des Vorrangs der Individualinteressen des Verletzten trifft aber nicht nur auf zivilrechtliche Ersatzansprüche Privater zu, sondern genauso auf öffentlich-rechtliche Ansprüche. So sind nach diesem Leitmotiv etwa auch Staat und Steuerfiskus wie natürliche Personen davor zu schützten, dass die Mittel, auf die sie zugreifen können, zugunsten des mit ihnen nicht identischen Justizfiskus eines Landes verfallen[53]. Einigkeit besteht hinsichtlich des Zwecks des § 73 I 2 StGB ferner insofern, als der (mutmaßliche) Schädiger vor einem doppelten Zugriff geschützt werden soll, er also nicht durch den Verfall an den Justizfiskus einerseits und durch die Erfüllung des Ausgleichsanspruchs gegen-

47 Vgl. schon oben Kapitel 2 § 3 A. III. 3. b).

48 Niederschriften der Großen Strafrechtskommission, Band 12, S. 208; *Müller* (Fußn. 30), MschrKrim 2001, 244 (247).

49 *Müller,* a. a. O., Fußn. 20 und 23.

50 *BT-Drucks.* 5/4095, S. 39 f.; *BT-Drucks.* 12/1134, S. 12; Niederschriften der Großen Strafrechtskommission Band 3, S. 216, 277 ff. (1956/1957); Band 12, S. 207 f. (1957).

51 *Rönnau/Hohn,* JR 2002, 298 (299).

52 *BGH,* JR 2002, 296 (297); vgl. auch schon oben Kapitel 1 § 2 C. II. 1. c).

53 So zutreffend *Hees* (Fußn. 31), S. 146.

über dem Verletzen andererseits zweimal aufkommen muss[54]. Etwa bei öffentlich-rechtlichen Steueransprüchen würde es aber gerade zu einer doppelten Zahlung kommen, wenn der hinterzogene Betrag für die Staatskasse verfallen erklärt wird und gleichzeitig der Steuerfiskus berechtigt ist, die hinterzogenen Steuern nachzufordern. § 73 I 2 StGB umfasst daher öffentlich-rechtliche Ansprüche.

V. Die Handhabung von betagten, bedingten und künftigen Arrestansprüchen

Zu einem weiteren Vergleichspunkt zwischen den zivil- und strafprozessualen Arrestansprüchen gibt § 916 II ZPO Anlass.

1. Zivilprozessualer Arrest

§ 916 II ZPO schließt die Zulässigkeit des zivilprozessualen Arrestes bei einem betagten oder bedingten Anspruch nicht aus, es sei denn der bedingte Anspruch hat wegen der entfernten Möglichkeit des Eintritts der Bedingung keinen gegenwärtigen Vermögenswert. Der zivilprozessuale Arrest ist damit bei betagten und bei auflösend bedingten Ansprüchen (§ 158 II BGB) stets zulässig, bei aufschiebend bedingten Ansprüchen (§ 158 I BGB) ausnahmsweise dann nicht, wenn sie wegen der entfernten Möglichkeit des Bedingungseintritts noch keinen Vermögenswert haben. Da künftige Ansprüche in § 916 II BGB nicht genannt werden, sind sie grundsätzlich nicht arrestfähig[55].

2. Strafprozessualer Arrest zugunsten des Staates

Es fragt sich, inwieweit betagte, bedingte und künftige Ansprüche auch durch strafprozessualen Arrest gesichert werden können.

Betrachtet man die abschließend geregelten Zahlungsansprüche der Staatskasse, die gem. § 111d StPO durch dinglichen Arrest gesichert werden können, so handelt es sich dabei durchweg um *künftige Ansprüche*. Denn die Geldansprüche – Geldstrafe, Verfahrenskosten und der für Wertersatzverfall oder Wertersatzeinziehung bestimmte Geldbetrag – entstehen erst mit Rechtskraft des

---

[54] Vgl. *Rengier*, JR 1985, 249 (251); vgl. zudem auch schon oben Kapitel 1 § 2 C. II. 1. c).

[55] Vgl. *Huber* in Musielak, § 916 Rdnr. 16. Eine Ausnahme besteht dann, wenn der künftige Anspruch schon Gegenstand einer Feststellungsklage sein kann (vgl. dazu und zu den Voraussetzungen hierfür im Einzelnen *Walker* in Schuschke/Walker, § 926 Rdnr. 1, § 916 Rdnr. 7). Ein Arrest ist beispielsweise bei Ansprüchen zur Sicherung des künftigen Unterhalts möglich.

Strafurteils[56]; sie hängen im Zeitraum der Sicherstellung durch dinglichen Arrest, der vom Beginn des Ermittlungsverfahrens bis zur Rechtskraft des Urteils ausgebracht werden kann[57], von noch nicht vorliegenden Voraussetzungen ab. Beim strafprozessualen Arrest zugunsten des Staates werden somit immer künftige, mithin noch nicht bestehende, Ansprüche gesichert. Deshalb handelt es sich nicht um betagte Ansprüche, denn solche werden erst zu einem späteren Zeitpunkt fällig, bestehen aber schon[58]. Die Zahlungsansprüche des Staates unterliegen außerdem keiner Bedingung: Die Arrestansprüche, die durch dinglichen Arrest zugunsten des Staates nach § 111d StPO gesichert werden können, sind daher künftige Ansprüche, die weder betagt noch bedingt sind. Es ergibt sich demnach ein Unterschied zum zivilprozessualen Arrest.

3. Strafprozessualer Arrest im Interesse des Verletzten

Wenn dem Staat über den strafprozessualen Arrest die Möglichkeit der Sicherung künftiger Ansprüche eröffnet wird, so könnte auch für den Verletzten im Rahmen der Zurückgewinnungshilfe eine entsprechende Gelegenheit bestehen. Dennoch kann der Verletzte über den strafprozessualen Arrest keine künftigen Ansprüche sichern lassen, weil gem. § 73 I 2 StGB der Anspruch „aus der Tat erwachsen" sein muss. Aus der Tat erwachsen ist ein Anspruch, wenn der Anspruch des Verletzten auf Grund des der Straftat zugrunde liegenden Geschehens zur Entstehung gelangt ist oder es sich um einen Anspruch des durch eine Straftat Verletzten handelt, der bereits vor der Straftat bestanden hat und ihren Gegenstand bildet[59]. Durch die Zurückgewinnungshilfe, die ja erst ab dem Beginn des wegen der Straftat eingeleiteten Ermittlungsverfahrens zulässig ist, können daher nur gegenwärtig bestehende Ansprüche gesichert werden. Da es bei künftigen Ansprüchen gerade am gegenwärtigen Bestand fehlt[60], stellen diese somit keine nach § 73 I 2 StGB sicherbaren Arrestansprüche dar.

Das gefundene Ergebnis spielt auch für Ansprüche des Verletzten eine wichtige Rolle, die zwar auf dem der Straftat zugrunde liegenden Sachverhalt beruhen, aber beispielsweise erst mit einem Rücktritt, einer Anfechtung oder einer Kündigung entstehen. Solange diese Ansprüche aufgrund fehlender Ausübung des Gestaltungsrechts materiell noch nicht bestehen, sind sie keine Ersatzan-

---

[56] *Schäfer* in Löwe/Rosenberg, § 111d Rdnr. 1, 6, 8.

[57] *Schäfer* in Löwe/Rosenberg, a. a. O. Rdnr. 19. Ausnahmsweise darf der dingliche Arrest auch ausgebracht werden, wenn das Urteil bereits rechtskräftig ist, aber gem. § 76 StGB der Verfall oder die Einziehung von Wertersatz nachträglich angeordnet werden soll.

[58] Zur Definition von betagten Ansprüchen, vgl. *Walker* in Schuschke/Walker, § 916 Rdnr. 5.

[59] Vgl. bereits oben Kapitel 2 § 3 A. II. 3. b) cc).

[60] *Huber* in Musielak, § 916 Rdnr. 16; *Walker* (Fußn. 26), S. 150, Rdnr. 215.

sprüche i.S.d. § 73 I 2 StGB[61]. Es reicht deshalb nicht aus, dass die bloße Möglichkeit oder Vermutung besteht, der Verletzte könnte beispielsweise das betrügerische Rechtsgeschäft gem. § 123 BGB wegen arglistiger Täuschung anfechten[62].

Damit bleibt noch die Frage, ob bedingte oder betagte Ansprüche durch Zurückgewinnungshilfe gesichert werden können. Soweit ersichtlich, wurde diese Frage bisher nicht relevant und es lässt sich nur schwer vorstellen, wie der aus der Straftat erwachsene Anspruch betagt oder bedingt sein soll. Konsequenterweise müsste aber ein aufschiebend bedingter Ausgleichsanspruch des Verletzten ausscheiden, weil es bei diesem vor Bedingungseintritt wiederum am gegenwärtigen Bestand fehlt. Auflösend bedingte und betagte Ansprüche sind dagegen bereits entstanden[63], weshalb hier eine Sicherung durch dinglichen Arrest erfolgen könnte.

VI. Vollstreckbarkeit und Klagbarkeit der Arrestansprüche

In § 916 ZPO und § 73 I 2 StGB finden sich keine Hinweise darauf, ob die Arrestansprüche vollstreckbar und klagbar sein müssen. Hinsichtlich der Vollstreckbarkeit und Klagbarkeit der Arrestansprüche muss Folgendes gelten:

1. Vollstreckbarkeit der Arrestansprüche

Dass die Ansprüche, die durch den straf- oder zivilprozessualen Arrest gesichert werden können, vollstreckbar sein müssen, versteht sich fast von selbst. Denn gemeinsames Ziel beider Arreste stellt die Sicherung der Vollstreckung von Arrestansprüchen dar, was nur Sinn macht, wenn diese Arrestansprüche auch überhaupt vollstreckbar sind.

2. Klagbarkeit der Ansprüche

a) Zivilprozessualer Arrest

Beim zivilprozessualen Arrest müssen die Arrestansprüche ebenfalls einklagbar sein. Denn die Sicherung der Vollstreckung soll die Wirksamkeit des Hauptsacherechtsschutzes gewährleisten; die Möglichkeit des Rechtsschutzes in der Hauptsache ist daher notwendig vorausgesetzt. Das kommt auch in § 926 ZPO

---

[61] Ebenso *Goos,* wistra 2001, 312 (313 f.); andere Ansicht *OLG Schleswig,* wistra 2001, 312 (313).

[62] So auch *Hees* (Fußn. 31), S. 161.

[63] *Walker* (Fußn. 26), S. 150, Rdnr. 216.

zum Ausdruck, wonach das Gericht auf Antrag anzuordnen hat, dass der obsiegende Antragsteller binnen einer zu bestimmenden Frist Klage in der Hauptsache zu erheben hat[64].

b) Strafprozessualer Arrest zugunsten des Verletzten

Auch beim strafprozessualen Arrest zugunsten des Verletzten müssen die Ansprüche des Verletzten gem. § 73 I 2 StGB klagbar sein[65]. Denn die Strafverfolgungsorgane betreiben nur die Vollstreckungssicherung zugunsten des Geschädigten, für den Zugriff auf die sichergestellten Vermögenswerte dagegen muss sich dieser – wie sich mit Blick auf die §§ 111g, 111h StPO ergibt – selbst einen Titel beschaffen und Zwangsvollstreckungsmaßnahmen in die sichergestellten Vermögensgegenstände bewirken. Deshalb setzt auch die Zurückgewinnungshilfe die Möglichkeit eines Rechtsschutzes bezüglich des Ersatzanspruches i. S. d. § 73 I 2 StGB voraus. Ansprüche des Verletzten, deren Geltendmachung rechtlich ausgeschlossen ist oder die rechtlich nicht durchsetzbar sind, scheiden daher als Arrestansprüche aus. Die Verletztenansprüche müssen mithin klagbar sein.

c) Strafprozessualer Arrest zugunsten des Staates

Ein anderes Bild ergibt sich beim strafprozessualen Arrest zugunsten des Staates, weil es sich bei Geldstrafe, Verfahrenskosten, Wertersatzeinziehung, Wertersatzverfall und erweitertem Wertersatzverfall um Sanktionen bzw. Maßnahmen handelt, auf die das Strafverfahren abzielt. Die entsprechenden Arrestansprüche müssen nicht eingeklagt werden, sondern können mit Rechtskraft des Strafurteils i. w. S. vollstreckt werden. Soweit die Strafprozessordnung selbst nichts anderes bestimmt, gelten dabei für die Vollstreckung der Geldstrafe gem. § 459 StPO die Vorschriften der Justizbeitreibungsordnung, die durch die Vorschriften der Strafvollstreckungsordnung (StVollstrO) und der Einforderungs- und Beitreibungsverordnung (EBAO) ergänzt werden[66]. Die Verfahrenskosten werden grundsätzlich[67] mit der Geldstrafe beigetrieben, § 1 II EBAO[68]. Verfall

---

[64] *Walker* in Schuschke/Walker, § 916 Rdnr. 4.

[65] *Schmidt* in Leipziger Kommentar, § 73 Rdnr. 41; *Herzog* in Nomos Kommentar, § 73 Rdnr. 17.

[66] *Meyer-Goßner,* § 459 Rdnr. 1.

[67] Wie bei der Geldstrafe ist deshalb grundsätzlich auch die Strafvollstreckungsbehörde für die Vollstreckung der Verfahrenskosten zuständig (§ 1 IV JBeitrO); wird jedoch die Verbindung von Geldstrafe und Kosten von selbst oder durch Anordnung der Vollstreckungsbehörde gelöst (§ 15 EBAO), so ist für die Vollstreckung der Verfahrenskosten die Gerichtskasse zuständig (§ 1 V EBAO).

[68] *Meyer-Goßner,* § 459 Rdnr. 6.

von Wertersatz bzw. erweitertem Wertersatz und Einziehung des Wertersatzes fallen unter Nebenfolgen, die zu einer Geldzahlung verpflichten. Deshalb erfolgt deren Vollstreckung nach § 459g II StPO, der §§ 459a, 459c I, II und 459d StPO sowie insbesondere den § 459 StPO für entsprechend anwendbar erklärt.

B. Die umstrittene Vorschrift des § 73 I 2 StGB

Die Bedeutung des § 73 I 2 StGB beschränkt sich nicht darauf, die Ansprüche festzulegen, welche über die Zurückgewinnungshilfe gesichert werden können. Kern der Regelung bildet vielmehr die mit ihr verbundene und bereits mehrfach erwähnte[69] Ausschlusswirkung für den Verfall bzw. Wertersatzverfall: Ist dem Verletzten ein Anspruch i. S. d. § 73 I 2 StGB aus der Straftat erwachsen, so scheidet eine Verfalls- bzw. Wertersatzverfallsanordnung aus; der dingliche Arrest kann dann gemäß § 111b V StPO nur zur Sicherung der Verletztenansprüche ergehen; Zurückgewinnungshilfe und Wertersatzverfall stehen also in einem Exklusivitätsverhältnis[70]. Gegen die Ausschlussregelung des § 73 I 2 StGB lassen sich zahlreiche Kritikpunkte anführen, sodass es sich anbietet, über eine Alternative zu dieser Vorschrift nachzudenken.

I. Kritik an § 73 I 2 StGB

1. § 73 I 2 StGB als Hauptursache für das „Mauerblümchendasein" der Verfallsvorschriften

Besonders problematisch an § 73 I 2 StGB ist zunächst dessen große Reichweite. Denn diese Vorschrift schließt im Ergebnis die Verfallsvorschriften der §§ 73 ff. StGB[71] im gesamten Bereich der klassischen Eigentums- und Vermögensdelikte aus, da der Erpresste, Betrogene, Bestohlene, Beraubte, etc. nahezu immer einen Ausgleichsanspruch hat[72]. Wegen der Ausschlussklausel wird sich der Verfall bzw. Wertersatzverfall praktisch auf Straftaten beschränken, welche sich nicht gegen Einzel- oder juristische Personen richten, sondern die Rechts-

---

[69] Vgl. Kapitel 1 § 2 C. II. 1. c); Kapitel 2 § 3 A. II. 3. b) ee); Kapitel 2 § 3 A. III. 3. b); Kapitel 2 § 3 A. IV. 3.

[70] Vgl. *Malitz,* NStZ 2002, 337 (338).

[71] Da für die Anordnung des Wertersatzverfalls grundsätzlich alle Voraussetzungen eines Verfallstatbestandes erfüllt sein müssen (vgl. oben Kapitel 1 § 2 C. II. 2.), ist die Ausschlussvorschrift des § 73 I 2 StGB auch beim Wertersatzverfall zu beachten. Sie gilt allerdings nicht für den erweiterten Verfall, da § 73d I 3 StGB nur auf § 73 II StGB, nicht auf § 73 I 2 StGB verweist. Außerdem können nach der Struktur des Erweiterten Verfalls konkrete Schadensersatzansprüche Verletzter nicht festgestellt werden, vgl. *Huber,* Rpfleger 2002, 285 (290).

[72] Vgl. *Schmitt,* Gedächtnisschrift für Peter Noll, S. 295 (299).

ordnung im Ganzen betreffen[73], wie etwa Glücksspiel[74], Kettenbriefaktionen[75] oder Submissionsabsprachen[76]. Der vom Gesetzgeber ursprünglich als Ausnahme vorgesehenen Rechtsfolge des § 73 I 2 StGB kommt in der Praxis somit eine umgekehrte Funktion zu, da im Kernstrafrecht eine Verfalls- bzw. Wertersatzverfallsanordnung ausgeschlossen ist[77]. Demnach konterkariert § 73 I 2 StGB die grundsätzlich zwingende Anwendung des Verfalls- bzw. Wertersatzverfalls.

Folgerichtig wird neben der „Kompliziertheit und Unhandlichkeit" der Verfallsvorschriften[78] die weitreichende Ausschlussklausel seit jeher für die schlechte Anwendung der Verfallsvorschriften verantwortlich gemacht[79]. Acht Jahre nach dem Inkrafttreten der §§ 73 ff. StGB am 1.1.1975 sprach *Schmitt*[80] noch von einem „Papierdasein", das der Verfall führt. *Dessecker*[81] misst noch 1992 den gegen Gewinne aus Straftaten gerichteten Normen in der bundesdeutschen Strafrechtspraxis eine nur „marginale Bedeutung" zu. *Berthel*[82] spricht von einem „Dornröschenschlaf", den die Vermögensabschöpfung lange Zeit geführt hat, und weist auf die Gefahr ihres „Mauerblümchendaseins" hin. Trotz einer mittlerweile steigenden Häufigkeit sieht die Literatur die Anzahl der Anordnungen noch als viel zu gering an, zumal die Verfalls- bzw. Wertverfallsanordnung grundsätzlich obligatorisch und ein wesentlichen Teil der Gesamtkriminalität profitorientiert ist[83]. Mitursächlich für die geringe Praxisbedeutung der §§ 73 ff. StGB mag auch eine Tendenz bei den Richtern sein, der Verurteilung des Täters einen weitaus höheren Rang zuzumessen als dem Verfall bzw. Wertersatzverfall und die Revisionssicherheit des Urteils nicht durch das „ungewohnte Abenteuer" einer Anordnung nach §§ 73 ff. StGB zu gefährden[84]; daneben auch, dass es bei der Durchführung der Maßnahme nach § 73 StGB entscheidend auf die exakte zivilrechtliche Klärung der Eigentumsverhältnisse ankommt[85]. An erster Stelle wird aber ganz überwiegend die Ausschlusswirkung des § 73 I 2 StGB genannt[86].

---

[73] *Herzog* in Nomos Kommentar, § 73 Rdnr. 17.
[74] *Odenthal,* wistra 2002, 246 (246).
[75] *OLG Stuttgart,* wistra 1990, 165.
[76] *BGH,* wistra 1991, 268.
[77] *Goos* (Fußn. 61), wistra 2001, 312 (313).
[78] *Katholnigg,* JR 1994, 353 (353).
[79] *Dessecker,* S. 24.
[80] *Schmitt* (Fußn. 72), S. 295 (296).
[81] *Dessecker* (Fußn. 79), S. 175.
[82] *Berthel,* Kriminalistik 2002, 28 (28, 30).
[83] *Hetzer,* Kriminalistik 2001, 489 (491); *Kilchling,* wistra 2000, 241 (247).
[84] *Katholnigg* (Fußn. 78), JR 1994, a. a. O.
[85] *Lenhard,* Kriminalistik 1989, 612 (613).
[86] Vgl. *Kilchling* (Fußn. 83), wistra 2000, a. a. O.

2. *Unbillige Ergebnisse in Anwendung des § 73 I 2 StGB*

Neben der großen Reichweite sind an § 73 I 2 StGB des Weiteren die unbilligen Ergebnisse problematisch, zu denen es in Anwendung der Vorschrift kommen kann. Das hängt damit zusammen, dass für die Frage, ob ein Anspruch des Verletzten der Verfalls- bzw. Wertersatzverfallsanordnung entgegensteht, nach Rspr. und ganz h. M. in der Literatur allein die rechtliche Existenz des Anspruchs entscheidend ist, nicht, ob er voraussichtlich geltend gemacht wird[87]. Nach den Protokollen[88] sollte die Verfallserklärung nämlich nur stattfinden, wenn von vornherein keine Ansprüche vorhanden sind, und zwar in der Erwägung, dass die Verfallsanordnung nur in diesen Fällen notwendig sei, weil sonst ein zivilrechtlich Berechtigter da sei, der sich um die Geltendmachung der Ansprüche kümmern könne. Es sollte dem Fall Rechnung getragen werden, dass ein Verletzter, etwa weil er von dem Verfahren keine Kenntnis erlangt hat, erst später mit seinen Ausgleichsansprüchen hervortritt.

Diese Handhabung führt aber in Fällen zu unbilligen Ergebnissen, in denen der Verletzte seine Rechte nicht geltend macht. Dies geschieht häufig, wenn es zu massenhaften Betrugsfällen mit jeweils minimalen Schäden kommt. Wird etwa Kunsthonig als „echter Bienenhonig" zu einem entsprechend hohen Preis verkauft wird, dann mag der Gewinn des Täters durchaus in die Millionen gehen. Die Geschädigten werden sich aber – so sie überhaupt etwas von der Tat bemerken[89] – kaum wegen zwei oder drei Euro Individualschaden um Ausgleich bemühen. Weitere Beispiele bilden hier lebensmittelrechtliche Verstöße wie Weinpanscherei oder betrügerischer Vertrieb von englischem Rindfleisch. Auch beim Anlagebetrug macht der geprellte Anleger vielmals seine Rückerstattungsansprüche nicht geltend. Denn nicht selten handelt es sich bei einem stattlichen Teil des vom Täter erschwindelten Anlagekapitals um Schwarzgeld. Die „Opfer" nehmen den endgültigen Verlust des Geldes dann häufig in Kauf, um nicht steuerstrafrechtliche Ermittlungen zu riskieren[90].

---

[87] *BGH,* NStZ 1984, 409 (410); *BGH,* wistra 1993, 336 (337); *BGH,* StV 1995, 301 (301); *BGH,* NStZ 1996, 332 (332); *Fischer* in Tröndle/Fischer, § 73 Rdnr. 4; *Schmidt* in Leipziger Kommentar, § 73 Rdnr. 39; *Mitsch* in Baumann/Weber/Mitsch, S. 716, Rdnr. 14.

[88] Protokoll der 53. Sitzung des Sonderausschusses für die Strafrechtsreform in der 5. Wahlperiode, S. 1004; vgl. auch *BGH,* NStZ 1984, 409 (410).

[89] Vor allem bei Delikten der Organisierten Kriminalität, der Betäubungsmittelkriminalität sowie der Wirtschafts- und Umweltkriminalität gibt es das Phänomen der Entpersonifizierung (Verflüchtigung) der Opfereigenschaft, d. h. die Opfer werden sich über die negativen Auswirkungen von Straftaten teilweise überhaupt nicht bewusst bzw. können diese überhaupt nicht erkennen, vgl. *Berthel* (Fußn. 82), Kriminalistik 2002, 28 (32).

[90] Vgl. zu den genannten Beispielen auch *Müller* (Fußn. 30), MschrKrim 2001, 244 (245).

Wird in Fällen wie den geschilderten ein dinglicher Arrest in Form der Zurückgewinnungshilfe angeordnet und beispielsweise durch Pfändung eines im Eigentum des Beschuldigten stehenden Pkws vollzogen, so wäre – nach Ablauf der Frist des § 111i StPO[91] – dem auf § 985 BGB gestütztem Herausgabeverlangen des Beschuldigten zu entsprechen, sofern Geschädigte darauf keinen Zugriff nehmen wollen oder können. Letztendlich bedeutet dies: Der Wert des aus der Tat Erlangten verbliebe bei dem Beschuldigten. Macht der Verletzte seine Rechte nicht geltend, so kann das Exklusivitätsverhältnis zwischen Zurückgewinnungshilfe und Wertersatzverfall zu dem unbilligen Ergebnis führen, dass dem Straftäter nach Abschluss des Strafverfahrens der Wert des aus der Tat Erlangten weder vom Staat noch vom Geschädigten abgenommen wird. Durch die Anwendung der Vorschrift des § 73 I 2 StGB in Form der strengen Auslegung durch die Gerichte wird das allgemeine Ausgleichsinteresse teilweise völlig hintangestellt, indem auch dort auf eine Abschöpfung verzichtet wird, wo vielleicht sogar feststeht, dass die privaten Ersatzansprüche nicht geltend gemacht werden und damit der ganze Wert des aus der Tat Erlangten dem Täter verbleibt[92]. Die Ausschlussregelung des § 73 I 2 StGB verhindert bei Straftaten, die sich gegen Individualrechtsgüter richten, unabhängig von der konkreten Fallgestaltung einen subsidiären Zugriff des Staates und verkehrt sich somit vor allem im Bereich der klassischen Vermögenskriminalität zu einer Privilegierung des Täters[93].

3. § 73 I 2 StGB als Hindernis im Kampf gegen die Organisierte Kriminalität

Bleibt in Anwendung des § 73 I 2 StGB der Wert des aus der Tat Erlangten teilweise beim Straftäter, so verwundert es nicht, dass diese Regelung auch als Hindernis im Kampf gegen die Organisierte Kriminalität angesehen wird. Denn letztlich verhindert § 73 I 2 StGB eine konsequente Vermögensabschöpfung beim Täter und schafft damit die Gefahr der Rentabilität von Straftaten. Dabei stellt im Kampf gegen das Verbrechen gerade die Vermögensabschöpfung eine bedeutende Rechtsfolge dar, weil der Straftäter hierdurch dort getroffen wird, wo es ihm am meisten „weh tut“: an seinem Geldbeutel und an seinem Triumphgefühl. Das Vermögen bildet gleichsam die Achillesferse der Organisierten Kriminalität. Zudem kann durch „gewinnabschöpfende“ Maßnahmen der entzogene „Gewinn“ nicht mehr erneut in kriminelle Geschäfte investiert werden, weshalb für weitere illegale Aktivitäten das Kapital fehlt und die Handlungsmöglichkeiten von Straftätern und kriminellen Vereinigungen eingeengt

91 Zu § 111i StPO unten Kapitel 5.

92 *Schmitt* (Fußn. 72), a. a. O.

93 *Malitz*, NStZ 2002, 337 (338).

werden. Durch konsequente Abschöpfung des Vermögens kann also der Organisierten Kriminalität faktisch das Wasser abgegraben werden[94]. Daneben darf mit Blick auf die Rechtsgemeinschaft nicht vernachlässigt werden, wie wichtig es für die Bewahrung des Rechtsfriedens ist, unter Verstoß gegen die Rechtsordnung zustande gekommene Vermögensverschiebungen durch den strafrichterlichen Zugriff zu korrigieren.

II. Die Alternative zu § 73 I 2 StGB

1. Beschreibung der Alternative

Den geschilderten Unzulänglichkeiten versuchte vor allem der gemeinsame Gesetzesentwurf der Fraktionen von CDU/CSU, SPD und FDP zur verbesserten Abschöpfung von Vermögensvorteilen aus Straftaten von 1998[95] Rechnung zu tragen[96]. Der Gesetzesentwurf wollte aus Gründen der Vereinfachung und zur Klarstellung auf den Begriff des Verfalls verzichten und ähnlich dem schweizerischen Strafrecht künftig nur das Institut der so genannten Einziehung als sanktionsrechtliche Nebenfolge vorsehen. Daneben sollte es zu einer Harmonisierung der entsprechenden Verfahrensregelungen kommen. Kernstück der Reform sollte aber die Streichung der fraglichen Vorschrift des § 73 I 2 StGB sein mit der Konsequenz, dass der Verfall – bzw. nach dem Gesetzesentwurf die „Einziehung des Erlangten“ – auch in Fällen angeordnet werden kann, in denen durch die Straftat individuell bestimmte oder bestimmbare Personen an ihrem Vermögen verletzt sind. Den Geschädigten sollte – in einem Nachverfahren[97] nach Eintritt der Rechtskraft – wegen ihrer titulierten Ansprüche aus der Straftat die Befriedigung aus der Landeskasse bis zur Höhe der realisierten Verfallsanordnung ermöglicht werden. Im Ergebnis führt eine solche Regelung zur Abkehr von der sog. Zurückgewinnungshilfe in der bestehenden Form, da die im Ermittlungsverfahren angeordnete staatliche Maßnahme – sei es eine Beschlagnahme oder ein Arrest – vorrangig immer der Vollstreckungssicherung dienen würde[98].

---

94 *Frey*, Kriminalistik 1994, 337 (337 ff.).

95 *BT-Drucks.* 13/9742.

96 Lediglich hingewiesen sei an dieser Stelle auch auf andere Modelle zur verbesserten Abschöpfung von Vermögensvorteilen. Eine Möglichkeit bestünde darin, mit einer entsprechenden Regelung die Verfallsanordnung nur insoweit entfallen zu lassen, als Dritte voraussichtlich Gegenansprüche geltend machen. Ein anderer Ansatz liegt darin, mit Hilfe steuerrechtlicher Vorschriften einen Zugriff auf das Vermögen von Straftätern vornehmen, vgl. *Meyer/Hetzer*, Kriminalistik 1997, 31–37; dagegen: *Thiele*, Kriminalistik 1999, 506, (509 f.).

97 Vgl. § 459k E-StPO.

98 *Malitz* (Fußn. 70), NStZ 2002, 337 (342).

2. *Bewertung*

Das beschriebene Modell zur verbesserten Abschöpfung von Vermögensvorteilen aus Straftaten fiel mit Ende der 13. Wahlperiode dem Diskontinuitätsgrundsatz zum Opfer. Es sind keine legislatorischen Ansätze zur Wiederaufnahme des Gesetzesvorhabens zu erkennen. Dennoch stellt sich die Frage, ob die Streichung des § 73 I 2 StGB verbunden mit der Möglichkeit eines Nachverfahrens für den Verletzten rechtspolitisch wünschenswert ist.

Das beschriebene Modell führt zu einer Vermehrung der Arbeit der Strafvollstreckungsbehörden[99]. Ein großer Anteil der strafrichterlichen Verurteilungen entfällt nämlich auf Eigentums- und Vermögensdelikte, weshalb die Aufhebung von § 73 I 2 StGB zwangsläufig eine erhebliche Zunahme von Verfallsanordnungen (bzw. „Einziehungsanordnungen" i. S. d. Gesetzesentwurfes) nach sich ziehen wird. Da diese Anordnungen vollstreckt werden müssen, wird es zu einem nicht näher quantifizierbaren zusätzlichen Personalaufwand kommen, der mit Kosten einhergeht.

Zudem kann die nachträgliche Änderung des Strafurteils erforderlich werden, wenn dieses zunächst den Verfall ohne Rücksicht auf die Belange des Tatopfers anordnet, der Geschädigte dann aber ein (Zivil-)Urteil vorlegt, das ihm Ausgleichsansprüche des Täters zuspricht[100].

Dennoch ist das aufgezeigte Gewinnabschöpfungsmodell zu befürworten:

Zunächst einmal lässt sich das beschriebene Modell zweifellos praktisch durchführen. Denn der Gesetzgeber hat sich im Bereich des Wirtschaftsstrafgesetzes (WiStG), und zwar in §§ 8, 9 WiStG, bereits für einen ähnlichen Weg entschieden. Danach wird bei Preiserhöhungen anstelle des Verfalls die Abführung des Mehrerlöses an die Landeskasse angeordnet, der Geschädigte kann aber unter Vorlage eines entsprechenden auf Rückforderung gegen den Täter gerichteten Titels eine Beendigung der staatlichen Zwangsvollstreckung gegen den Täter und die Herausgabe des bis dahin Vollstreckten an sich verlangen.

Die nach dem Modell vorgesehene Verfallsanordnung unter dem Vorbehalt eines Nachverfahrens ist im Vergleich zur Gesetzeslage zudem nicht schwieriger. Denn das Nachverfahren, in dem sich die Geschädigten an die Landeskasse wenden könnten, entspricht strukturell dem Zugriffsverfahren nach § 111g StPO[101] und verlagert dieses im Grunde nur auf die Zeit nach der Aburteilung, ohne es inhaltlich wesentlich aufwendiger zu gestalten[102].

---

[99] Vgl. *BT-Drucks.* 13/9742, S. 3.

[100] Vgl. *Schäfer* in Leipziger Kommentar, § 73 Rdnr. 25.

[101] Zu § 111g StPO unten Kapitel 4.

[102] *Heghmanns,* ZRP 1998, 475 (478).

Der große Vorteil, der mit der Streichung des § 73 I 2 StGB verbunden wäre, liegt aber in der Berücksichtigung aller relevanten Interessensphären: Im Hinblick auf das *staatliche* Interesse an der Gewinnabschöpfung ist es möglich, die „deliktischen Früchte" voll abzuschöpfen. Damit ist sichergestellt, dass dem Täter der Tatgewinn auch dann nicht verbleibt, wenn der Verletzte, gleichviel aus welchen Gründen, seine Ansprüche später nicht geltend macht. Außerdem bleiben die *Opferrechte* weiter berücksichtigt. Denn dem Tatopfer wird nicht der Zugriff auf die Gewinne, die auf seine Kosten gemacht wurden, verschlossen, vielmehr kann es sich mit seinen Forderungen an den Staat wenden. Der *Täter* schließlich wird vor einer doppelten Zahlung bewahrt. Denn der Abschöpfungsbetroffene hat das Recht, den Verletzten mit seinen Forderungen bis zur Höhe des entzogenen Gewinns an den Fiskus zu verweisen.

Im Hinblick auf den so wichtigen Opferschutz bietet die Möglichkeit eines Nachverfahrens für den Geschädigten gegenüber der Gesetzeslage sogar Vorteile. Zum einen besteht für ihn eine nicht unerheblich längere Zugriffsmöglichkeit über die Rechtskraft der Entscheidung hinaus[103]. Zum anderen müsste sich das Tatopfer nicht mehr mit einem zahlungsunwilligen oder vielleicht sogar schon zahlungsunfähigen Schuldner herumschlagen, sondern könnte direkt gegen den Fiskus vorgehen. Der Anspruch des Geschädigten auf Befriedigung im Umfang der vollstreckten Verfallsanordnung richtete sich nämlich gegen den Staat selbst, weshalb ihm der Staat nicht nur als verlässlicher Drittschuldner, sondern als originärer Anspruchsgegner gegenüberstünde[104]. Das Opfer würde somit auch von einem Schuldnerwechsel profitieren.

Ein weiterer Vorteil des aufgezeigten Modells liegt im Zufluss von Einnahmen für den Staat. Den angesprochenen Kosten aufgrund des vermehrten Personalaufwands steht nämlich der Zufall von Vermögenswerten für die Staatskasse gegenüber, soweit von Seiten der Tatverletzten keine Ersatzansprüche geltend gemacht werden. Die finanziellen Vorteile, die für den Staat mit dem Gewinnabschöpfungsmodell einhergehen, sind nicht zu beanstanden. Denn die fiskalischen Erwägungen werden hier nicht über das Ziel des Opferschutzes gestellt, wie der für den Verletzten weiterhin mögliche Zugriff auf die Tatgewinne und die beschriebenen Vorteile für das Tatopfer zeigen. Außerdem liegt es weitaus mehr im Sinne des Gesetzes, wenn der Fiskus den Tatgewinn erhält, als das er bei den Tätern verbleibt. Selbstverständlich „rechnet" sich die strafrechtliche Gewinnabschöpfung. Dies tut sie aber nicht, weil sie dem strafverfolgenden Staat Geld in die leeren öffentlichen Kassen spült, sondern weil sie Motivation und wirtschaftliche Basis des organisierten Verbrechens angreift und weil der Staat hier seiner Schutzfunktion für seine Bürger in besonderer Weise nachkommen kann[105].

---

[103] Durch die Regelung des § 459k II StPO-E faktisch auf eine Jahresfrist.

[104] *Malitz* (Fußn. 70), NStZ 2002, 337 (343).

Schließlich dürfte auch eine gewisse Vereinfachung der Strafverfahrenspraxis mit dem beschriebenen Modell verbunden sein. Da nach geltendem Recht § 73 I 2 StGB die Verfallsanordnung ausschließt, wenn dem Verletzten aus der Tat ein Anspruch erwachsen ist, dessen Erfüllung dem Täter oder Teilnehmer den Wert des aus der Tat Erlangten entziehen würde, kommt der Strafrichter gelegentlich ohne solide zivilrechtliche, ja sogar steuerrechtliche Kenntnisse nicht aus. Wird der Verfall nun unabhängig von Ersatzansprüchen des Verletzten angeordnet, so bleiben dem Strafrichter teilweise schwierige zivilrechtliche Beurteilungen erspart.

Eine Streichung des § 73 I 2 StGB mit der gleichzeitigen Möglichkeit eines Nachverfahrens für den Verletzten ist damit rechtspolitisch wünschenswert. Die legislatorischen Ansätze diesbezüglich sollten daher wieder aufgenommen werden.

§ 4 Arrestgrund

Der Arrestgrund zählt zu den entscheidenden Voraussetzungen des Arrestes: Sein Vorliegen rechtfertigt die Sicherung durch Arrest; der Arrestgrund legitimiert sozusagen den Arrest.

Es wurde bereits festgestellt, dass sich der Arrestgrund beim zivilprozessualen dinglichen Arrest aus § 917 ZPO ergibt[106]. Da § 111d II StPO auf § 917 ZPO verweist, ist diese Norm auch für den strafprozessualen dinglichen Arrest einschlägig. Wegen der Bezugnahme in § 111d II StPO auf § 917 ZPO ist man unter Umständen geneigt, die für den Zivilprozess entwickelten Ansichten über den Arrestgrund nach § 917 ZPO ohne Modifikation auf den Strafprozess zu übertragen. Diese Vorgehensweise ist in vielen Fällen auch nicht zu beanstanden. Dennoch muss vor einer gedankenlosen Übertragung der zivilprozessualen Bewertungen gewarnt werden. Eine solche erscheint nämlich nicht immer sachgerecht und berücksichtigt eventuell zu wenig die Besonderheiten der einzelnen Verfahrensordnungen. Vor diesem Hintergrund werden deshalb bei den folgenden Ausführungen Anforderungen an den Arrestgrund dargestellt, die für den zivil- und strafprozessualen Arrest gleichermaßen gelten.

---

[105] *Müller* (Fußn. 30), MSchrKrim 2001, 244 (248).

[106] Für den subsidiären und daher an dieser Stelle nicht weiter ausgeführten *persönlichen Arrest* gilt nicht § 917 ZPO, sondern § 918 ZPO, oben Kapitel 1 § 1 B. II. 2. b). Nochmals sei darauf hingewiesen, dass die hier erforderliche Vollstreckungsgefährdung von einer solchen Art sein muss, dass ihr nur mit einem persönlichen Arrest begegnet werden kann.

A. Gemeinsame Anforderungen an den zivil- und den strafprozessualen Arrestgrund

Wie für den zivilprozessualen Arrest gelten die folgenden Anforderungen an den Arrestgrund auch für den strafprozessualen Arrest. Nach § 917 I StPO (i. V. m. § 111d II StPO) setzt ein Arrestgrund die Besorgnis voraus, dass ohne die Arrestanordnung die Vollstreckung vereitelt oder wesentlich erschwert würde. Den Gegenstand der zu treffenden Beurteilung stellt also die Gefahr der Vollstreckungsvereitelung oder -erschwerung dar. Es müssen Anhaltspunkte vorliegen, dass auf das Vermögen des Schuldners in irgendeiner Weise nachteilig eingewirkt wird[107]. Ob das wegen eines Verhaltens des Beschuldigten, des Schuldners oder eines Dritten oder aus anderen Gründen zu befürchten ist, spielt keine Rolle[108]. Denn das Gesetz unterscheidet nicht danach, worauf die Besorgnis der Vollstreckungsvereitelung oder -erschwerung beruht. Deshalb können etwa drohende Einkommensausfälle aufgrund Krankheit des Schuldners[109] ebenso wie dessen Inhaftierung ausreichen. Die Gefahr der Vollstreckungsvereitelung oder -erschwerung muss in jedem Einzelfall[110] nach objektiven Kriterien[111] vom Stand eines verständigen, gewissenhaft prüfenden Menschen aus[112] beurteilt werden. Deshalb kommt es auf eine Vereitelungsabsicht des Schuldners nicht an[113]. Selbst eines rechtswidrigen Verhaltens des Schuldners bedarf es nicht[114]. Anerkannte Arrestgründe für den zivil- wie strafprozessualen Arrest sind danach beispielsweise die Gefahr des Verschleuderns, der Beiseiteschaffung sowie der Belastung und Veräußerung von Vermögenswerten – dies allerdings nur, wenn kein angemessener Gegenwert zufließt und das übrige Schuldnervermögen zur Deckung der Verbindlichkeit gegenüber dem Antragsteller nicht ausreicht[115]. Dagegen genügt es weder für den zivil- noch für den strafprozessualen Arrest, dass sich der Schuldner in schlechten Vermögensverhältnissen befindet[116]. Denn der Arrest dient nicht dazu, den Gläubiger

---

107 *Lemke* in Heidelberger Kommentar, § 111d Rdnr. 7.

108 *Schäfer* in Löwe/Rosenberg, § 111d Rdnr. 15; *Heinze* in Münchener Kommentar, § 917 Rdnr. 1.

109 *Walker* in Schuschke/Walker, § 917 Rdnr. 4.

110 *Walker* in Schuschke/Walker, a. a. O. Rdnr. 3.

111 *Lemke* in Heidelberger Kommentar, § 111d Rdnr. 7; *Vollkommer* in Zöller, § 917 Rdnr. 4.

112 *Vollkommer* in Zöller, a. a. O.; *Walker* in Schuschke/Walker, § 917 Rdnr. 2.

113 *Heinze* in Münchener Kommentar, § 917 Rdnr. 4; *Schäfer* in Löwe/Rosenberg, § 111d Rdnr. 15.

114 Heinze in Münchener Kommentar, a. a. O.; Lemke in Heidelberger Kommentar, § 111d Rdnr. 7.

115 *Schreiber,* Jura 2000, 492 (494); *Schwerdtner,* NJW 1970, 222 (224).

116 *OLG Frankfurt,* StV 234 (234); *LG Kiel,* wistra 2001, 319 (319); *LG München I,* StV 2001, 107 (107); *Schäfer* in Löwe/Rosenberg, § 111d Rdnr. 15.

– beim strafprozessualen Arrest die Staatskasse – besser zu stellen, als er bei einer sofortigen Vollstreckung stehen würde[117]. Auch allein die Möglichkeit, dass vorhandene Geldmittel im Rahmen einer gehobeneren Lebensführung verbraucht werden könnten, rechtfertigt die Arrestanordnung nicht[118].

Weitere Voraussetzungen als die in § 917 I ZPO (i.V.m. § 111d II StPO) genannte Gefahr hat der Arrestgrund nicht. Insbesondere für die Notwendigkeit einer Interessensabwägung in jedem Einzelfall enthält das Gesetz keinen Anhaltspunkt, selbst wenn der Schuldner von einer Arrestvollziehung hart betroffen sein sollte.

Gem. § 917 II 1 ZPO (i.V.m. § 111d II StPO) liegt in der Notwendigkeit einer Auslandsvollstreckung immer ein Arrestgrund. Ein Arrestgrund ist also gegeben, wenn der zu sichernde Arrestanspruch im Ausland vollstreckt werden müsste, gleichgültig, ob das überhaupt zulässig wäre[119].

B. Begehung einer vermögensbezogenen Straftat als Arrestgrund: Ein umstrittener Fall

In dem speziellen Fall der Begehung einer vermögensrechtlichen Straftat erscheint es problematisch, ob die zivilprozessualen Beurteilungen auf die Frage des strafprozessualen Arrestgrundes übertragen werden können.

Beim zivilprozessualen Arrest geht die h.M. zu Recht davon aus, dass die Begehung einer vermögensbezogenen Straftat gegen den Gläubiger die Gefahr der wesentlichen Vollstreckungserschwerung oder -vereitelung indiziert und deswegen bereits allein regelmäßig einen zivilprozessualen Arrestgrund schafft[120]. Es fragt sich aber, ob sich diese Ansicht auch auf den strafprozessualen ding-

[117] *Reichold* in Thomas/Putzo, § 917 Rdnr. 1; *Lemke* in Heidelberger Kommentar, § 111d Rdnr. 7.

[118] *LG Bonn,* StV 2005, 123 (123).

[119] *Meyer-Goßner,* § 111d Rdnr. 8; *Schäfer* in Löwe/Rosenberg, 25. Auflage, § 111d Rdnr. 19; *Leipold,* NJW-Spezial 2006, 39 (39).

[120] *BGH,* WM 1983, 614 (614): „... besteht regelmäßig ein Arrestgrund, wenn das vorsätzlich vertragswidrige Verhalten mit einer gegen den Gläubiger gerichteten strafbaren Handlung zusammenfällt; *OLG München,* MDR 1970, 934 (935); *OLG Frankfurt,* WM 1987, 935 (935); *Fischer,* MDR 1995, 988 (989); Teile der Rechtsprechung und Literatur werten eine Straftat gegen das Gläubigervermögen dagegen als nicht ausreichenden zivilprozessualen Arrestgrund, vielmehr müssten in jedem Fall noch weitere Umstände hinzukommen, *OLG Köln,* NJW-RR 1986, 1192 (1192); *Mathäser,* JuS 1995, 442 (444 f.). Die herrschende Meinung ist deshalb überzeugend, weil das Ziel einer Straftat gegen fremdes Vermögen gerade die Eigen- oder Drittbereicherung ist. Dieses Ziel wird aber nur dann erreicht, wenn der Täter die aus der Tat erlangten Vorteile auch behält. Die Straftat selbst zeigt, dass der Täter die erlangten Vermögensteile dem Opfer nicht belassen will. Es liegt deshalb nahe, weil er versuchen wird, das Erlangte, seine „Beute", für sich oder den begünstigten Dritten zu sichern, *Bittmann/Kühn,* wistra 2002, 248 (250).

lichen Arrest übertragen lässt. *Bittmann* und *Kühn*[121] wenden die im Bereich des zivilprozessualen Arrestes herrschende Meinung auch auf den strafprozessualen dinglichen Arrest an[122]. Dagegen sprechen aber die folgenden Überlegungen.

Erstens wäre der ausdrückliche Hinweis in § 111d II StPO auf die entsprechende Geltung des § 917 ZPO überflüssig, würde man bereits aus der Begehung einer vermögensbezogenen Straftat auf das Vorliegen eines Arrestgrundes schließen. § 111d II StPO setzt nämlich bereits selbst (den Verdacht einer) rechtswidrigen Tat voraus[123]. Aus dem gesetzlichen Verweis auf § 917 ZPO lässt sich vielmehr folgern, dass über das Vorliegen einer Straftat als solcher hinaus ein weiterer Grund gegeben sein muss, der die Besorgnis rechtfertigt, dass ohne die Arrestanordnung die künftige Vollstreckung vereitelt oder wesentlich erschwert würde[124].

Zweitens wird, folgerte man auch im Strafprozess aus der Begehung der angeblich verübten vermögensbezogenen Straftat das Vorliegen einen Arrestgrundes, auch der unterschiedliche Kontext übersehen, in dem diese Straftat jeweils steht: Denn beim zivilprozessualen Arrest ist die Begehung der angeblich verübten vermögensbezogenen Straftat unter den vielfältigen Gestaltungsmöglichkeiten einer Forderungsbeziehung nur einer unter vielen und gleichzeitig eine, die das Verhalten des Schuldners negativ in besonderer Weise herausstellt. Demgegenüber beruht die Sicherstellung durch Arrest im Strafverfahren immer auf der vom Schuldner begangenen rechtswidrigen Straftat[125].

Geht man mit der Gegenmeinung von der angeblichen Indizwirkung einer vermuteten Vermögensstraftat für das Vorliegen eines Arrestgrundes aus, so gibt es schließlich drittens zu bedenken, dass dem Beschuldigten faktisch auferlegt wird, diese Indizwirkung durch Sicherheitsleistung zu beseitigen. Denn die Beseitigung der Indizwirkung auf andere Weise ist kaum möglich, ohne dass dies als Geständnis oder geständnisähnliches Verhalten angesehen werden könnte[126]. Beginnt der Beschuldigte beispielsweise mit der Schadenswiedergutmachung, so

---

[121] *Bittmann/Kühn* (Fußn. 120), a. a. O., (250 f.).

[122] Ähnlich *OLG Düsseldorf*, Rpfleger 1991, 216 (217): Das *OLG Düsseldorf* nimmt hier in einem Fall, bei dem es um den dinglichen Arrest wegen voraussichtlich entstehender Verfahrenskosten geht, einen Arrestgrund an, weil es sich bei dem Verurteilten um einen wohnsitzlosen Straftäter handelt; ähnlich auch *Schäfer* in Löwe/Rosenberg, § 111d Rdnr. 14, der einen strafprozessualen Arrestgrund insbesondere dann bejaht, wenn der Täter mit dem Verfall von Wertersatz rechnen muss, sowie *Meyer-Goßner*, § 111d Rdnr. 8, der einen Arrestgrund vor allem annimmt, wenn zu erwarten ist, dass die Arrestforderung von einem Täter, der sich schon durch die Straftat einen rechtswidrigen Vermögensvorteil verschafft hat, nicht mehr beigetrieben werden kann.

[123] *Rönnau/Hohn*, wistra 2002, 445 (452).

[124] *Park*, S. 348, Rdnr. 782.

[125] *Rönnau/Hohn* (Fußn. 123), a. a. O.

[126] *Rönnau/Hohn*, a. a. O.

wäre zwar die Indizwirkung für die Gefahr der wesentlichen Vollstreckungserschwerung oder -vereitelung beseitigt, aber darin zugleich ein geständnisähnliches Verhalten zu sehen.

Anders als im Zivilprozessrecht folgt ein strafprozessualer Arrestgrund damit nicht bereits allein aus der Vermutung einer vermögensbezogenen Straftat[127].

§ 5 Glaubhaftmachung von Arrestanspruch und Arrestgrund

A. Zivil- und strafprozessualer Arrest im Vergleich

Mit der ausführlichen Beschreibung von Arrestanspruch und dem Arrestgrund sind die wichtigsten Voraussetzungen der Arrestanordnung bereits behandelt. Beide Voraussetzungen sind dabei sowohl für die zivil- als auch für die strafprozessuale Arrestanordnung erforderlich, auch wenn sich im Einzelnen nicht unerhebliche Unterschiede ergeben haben. Anders verhält es sich bei der Voraussetzung der Glaubhaftmachung von Arrestanspruch und -grund. Ein wesentlicher Unterschied zwischen zivil- und strafprozessualen Arrest besteht nämlich gerade darin, dass zur Erlangung des Arrestbefehls nur im Zivilverfahren eine Glaubhaftmachung von Arrestanspruch und Arrestgrund gem. §§ 920 II, 294 ZPO erforderlich ist, was sich aus dem fehlenden Verweis des § 111d II StPO auf § 920 II ZPO ergibt.

Das Erfordernis der Glaubhaftmachung beim zivilprozessualen Arrest verlangt zwar keinen vollen Beweis, jedoch muss der Antragsteller immerhin die überwiegende Wahrscheinlichkeit[128] für das Vorliegen von Arrestgrund und -anspruch aufzeigen. Im Gegensatz dazu kann der strafprozessuale Arrest in Form der Zurückgewinnungshilfe sogar erfolgen, ohne dass der Verletzte seine Ansprüche überhaupt geltend macht[129]. Die Anordnung des strafprozessualen Arrestes wegen Wertersatzverfall, Erweiterten Wertersatzverfall oder Wertersatzeinziehung setzt hinsichtlich des Arrestanspruchs nur einen Grund für die Annahme voraus, dass in der zukünftigen Hauptverhandlung auf diese Rechtsfolgen erkannt werden wird. Es genügt ein Wahrscheinlichkeitsgrad auf der Ebene der „zureichend tatsächlichen Anhaltspunkte" (Anfangsverdacht) des § 152 II StPO. Damit sind die Eingriffsvoraussetzungen beim strafprozessualen

---

[127] Eine Ausnahme hiervon wird man freilich machen müssen, wenn dem Beschuldigten das Vereiteln der Zwangsvollstreckung nach § 288 StGB oder Pfandkehr nach § 289 StGB vorgeworfen wird.

[128] Dazu, dass es sich bei der Glaubhaftmachung i. S. d. § 294 ZPO vom Beweismaß her um eine „überwiegende Wahrscheinlichkeit" handeln muss, vgl. *Huber* in Musielak, § 294 Rdnr. 3.

[129] Oben Kapitel 2 § 3 B. I. 2.

Arrest teilweise erheblich niedriger anzusehen. Eine Glaubhaftmachung im Sinne eines Aufzeigens der überwiegenden Wahrscheinlichkeit sieht die Strafprozessordnung jedenfalls für die strafprozessuale Arrestanordnung nicht vor. Der Beschuldigte steht hier also deutlich schlechter als der Schuldner im Zivilrecht.

B. Die Problematik der im Vergleich zur Glaubhaftmachung geringeren Anforderungen beim strafprozessualen Arrest

I. Allgemeine Bedenken

Dass die Eingriffsvoraussetzungen beim strafprozessualen Arrest teilweise niedriger sind als beim zivilprozessualen, erscheint nicht unproblematisch. Bereits im Zivilverfahren wird nicht der im ordentlichen Erkenntnisverfahren nötige volle Beweis (§ 286 ZPO) gefordert, sondern es genügt bloße Glaubhaftmachung. Deswegen ist die Gefahr einer „ungerechtfertigen" Vollziehung der Arrestanordnung deutlich erhöht. Die Gefahr, dass sich der strafprozessuale Arrest durch das Verfahrensergebnis nachträglich als nicht erforderlich erweist, muss daher bei den zur Glaubhaftmachung vergleichsweise geringeren Voraussetzungen des strafprozessualen Arrestes sogar noch größer sein. Außerdem kann man naturgemäß nicht ausschließen, dass die Rechtsanwendung im zivilprozessualen Arrestprozess unter dem Druck der eiligen Entscheidung rein tatsächlich eher fehlergeneigt sein wird als im normalen Erkenntnisverfahren[130]. Das Fehlentscheidungsrisiko wird bei der ebenfalls eiligen strafprozessualen Arrestanordnung sogar noch größer sein, zumal hier eine mündliche Verhandlung generell fehlt[131] und häufig auch eine Anhörung des Arrestbetroffenen nicht stattfindet[132].

II. Bedenken gegen das Herabsetzen der Prognosewahrscheinlichkeit in § 111b III StPO

Vor dem Hintergrund dieser Bedenken erlangt auch die Entscheidung des Gesetzgebers in § 111b II StPO Bedeutung, für die Annahme, dass in der künftigen Hauptverhandlung auf Wertersatzverfall oder Wertersatzeinziehung erkannt wird, keine „dringenden" Gründe zu fordern. „Dringende Gründe" waren noch bis Ende der Neunzigerjahre vorgesehen, dann hat der Gesetzgeber durch Gesetz vom 4.6.1998[133] das bis dahin bestehende Erfordernis „dringender"

---

[130] *Schilken*, S. 596.

[131] Zur fehlenden mündlichen Verhandlung bei der strafprozessualen Arrestanordnung unten Kapitel 2 § 12.

[132] Zur Anhörung des Arrestbetroffenen unten Kapitel 2 § 12.

Gründe gestrichen und dafür in § 111b III StPO bestimmt, dass die Maßnahmen bei Fehlen dringender Gründe in der Regel nach sechs Monaten, spätestens aber nach neun Monaten wieder aufzuheben sind. Der einfache Tatverdacht muss sich also zur Aufrechterhaltung der Maßnahme zu einem dringenden Verdacht verdichtet haben[134].

Das Herabsetzen der Prognosewahrscheinlichkeit aus dem Bereich des dringenden auf das Niveau des einfachen Tatverdachts erscheint angesichts der Gewichtigkeit des Grundrechtseingriffs, der mit dem strafprozessualen Arrest verbunden ist, bedenklich. Schließlich bedeutet die Durchführung des Arrestes einen besonders weit gehenden Zugriff auf das Beschuldigtenvermögen und die wirtschaftlichen Folgen eines Arrestes sind für den Beschuldigten häufig beträchtlich, wenn man nur an die Außenwirkung etwa von Kontenpfändungen bei Banken denkt[135]. Selbst für die vergleichsweise zum dinglichen Arrest in aller Regel weniger eingriffsintensive vorläufige Entziehung der Fahrerlaubnis gem. § 111a I 1 StPO sind dringende Gründe für die Annahme der Entziehung der Fahrerlaubnis (§ 69 StGB) erforderlich; und auch die Anordnung der Untersuchungshaft setzt gem. § 112 I StPO einen dringenden Tatverdacht voraus. Dadurch, dass der Arrest unter der einfacheren Voraussetzung einer geringeren Wahrscheinlichkeit des späteren Ausspruchs von Wertersatzverfall- oder Wertersatzeinziehung angeordnet werden kann, wird er in einer Situation des noch nicht endgültig erwiesenen Tatverdachts veranlasst. Das Gesetz darf deshalb nicht den Blick auf die Interessen des von der Maßnahme Betroffenen verlieren.

Andererseits konnte durch das Herabsetzen der Verdachtsschwelle bei der Sicherstellung nach § 111b StPO das strafprozessuale Ermittlungsinstrumentarium verbessert werden[136]. Es wurde dadurch nämlich ermöglicht, dass in einschlägigen Ermittlungsverfahren nicht nur wegen des Verdachts einer Straftat ermittelt werden darf, sondern zugleich auch in geeigneten Fällen vorhandene Gegenstände oder Vermögenswerte, hinsichtlich derer eine spätere Wertersatzverfalls- oder Wertersatzeinziehungsanordnung in Betracht kommt, sichergestellt werden können[137]. „Dringende Gründe“ für die Annahme, dass die Täter einer rechtswidrigen Tat aus dieser Tat unmittelbar einen Vermögensvorteil erlangt haben, waren oft nur nach langen und umfangreichen Ermittlungen zu belegen, zumal die Täter bis zum Beweis des Gegenteils behaupten konnten, die Vermögensvorteile aus anderen legalen Geschäften gezogen zu haben[138]. Gerade in der Anfangsphase eines Ermittlungsverfahrens war es häufig noch nicht möglich,

---

133 BGBl. I 1998, S. 845 (847).

134 *Meyer-Goßner,* § 111b Rdnr. 8.

135 Zum weit reichenden Eingriff durch den dinglichen Arrest: Kapitel 3 § 20 A.

136 Vgl. *Hetzer,* Kriminalistik 1997, 386 (391).

137 *Lemke* in Heidelberger Kommentar, § 111b Rdnr. 7.

138 Vgl. *Lenhard* (Fußn. 85), Kriminalistik 1989, 612 (613).

genügende Beweismittel für die höchste Verdachtsschwelle zu präsentieren[139]. Bis die Ermittlungen zur Annahme von dringenden Gründen für eine spätere Wertersatzverfallsanordnung oder Wertersatzeinziehung ausreichten, waren die Vermögensvorteile der Sicherstellung nicht selten bereits faktisch weitgehend entzogen[140]. Das Herabsetzen der Verdachtsschwelle auf das Niveau des einfachen Tatverdachts vermeidet deshalb, dass in der Hauptverhandlung getroffene Anordnungen von Wertersatzverfall und Wertersatzeinziehung mangels vorheriger Sicherungsmaßnahmen ins Leere gehen[141]. Aus der Sicht einer effektiven Bekämpfung der Organisierten Kriminalität ist die Entscheidung des Gesetzgebers für eine niedrige Verdachtsstufe in § 111b II StPO also von Vorteil.

§ 6 Abhängigkeit der Arrestanordnung von einer Sicherheitsleistung

Wie die Ausführungen zur Glaubhaftmachung von Arrestanspruch und -grund gezeigt haben, ist eine solche nur für die zivilprozessuale Arrestanordnung erforderlich. Eine weitere Besonderheit der zivilprozessualen Arrestanordnung liegt darin, dass nur sie von einer Sicherheitsleistung gem. § 921 II ZPO abhängig gemacht werden kann. Denn für den strafprozessualen Arrest gibt es keinen Verweis des § 111d II StPO auf § 921 II ZPO.

Fraglich ist, ob mit der fehlenden Abhängigkeit der strafprozessualen Arrestanordnung von einer Sicherstellung eine Schlechterstellung des Beschuldigten im Vergleich zum Schuldner im Zivilrecht einhergeht. In gewissem Maße lässt sich eine solche bejahen. Denn wenn der Antragssteller nicht imstande oder nicht willens ist, die auferlegte Sicherheitsleistung zu erbringen, kommt es nicht zu einer zivilprozessualen Arrestanordnung bzw. -durchführung[142]; der Schuldner bleibt in diesem Fall daher von einer Arrestierung seiner Vermögenswerte verschont. Die strafprozessuale Arrestanordnung scheitert dagegen nie an einer fehlenden Sicherheitsleistung, weil sie von einer solchen gar nicht abhängig gemacht werden kann. Dementsprechend bleibt der strafprozessual Arrestbetroffene nie aufgrund einer fehlenden Sicherheitsleistung vor der Arrestanord-

---

139 *Hetzer,* Kriminalistik 1998, 234 (239).

140 *Hassemer,* WM 1995, Sonderbeilage Nr. 3, 1 (9).

141 Vgl. *Lemke* in Heidelberger Kommentar, § 111b Rdnr. 7; *Meyer/Hetzer,* NJW 1998, 1017 (1023).

142 Obwohl § 921 S. 2 ZPO von „Anordnung des Arrestes" spricht, ist es in der Praxis verbreitet, den Arrest sofort anzuordnen und erst seine Vollziehung von der Sicherheitsleistung abhängig zu machen, was zulässig ist, weil die Sicherheit nicht für den durch die Arrestanordnung, sondern für den durch die Arrestvollziehung entstehenden Nachteil geleistet wird, und der allein durch die Arrestanordnung verursachte Schaden gem. § 945 ZPO nicht erstattungsfähig ist, *Grunsky* in Stein/Jonas, § 921 Rdnr. 10.

nung verschont. Eine weitere Benachteilung des Schuldners im Gegensatz zum strafprozessual Arrestbetroffenen scheint sich auf dem ersten Blicke auch noch aus einem anderen Grunde zu ergeben. Der Hauptzweck der Anordnung der Sicherheitsleistung beim zivilprozessualen Arrest gem. § 921 S. 2 ZPO besteht nämlich darin, den im Fall einer ungerechtfertigten Anordnung entstehenden Schadensersatzanspruch nach § 945 ZPO abzusichern und auf diese Weise dazu beizutragen, dass wenigstens die dem Antragsgegner nachteiligen Folgen einer Fehlentscheidung ausgeglichen werden können[143]. Falls sich der strafprozessuale Arrest durch das Verfahrensergebnis nachträglich als nicht erforderlich erweist, hat natürlich auch der Beschuldigte im Strafverfahren ein besonderes Interesse an der Durchsetzbarkeit des entsprechend möglichen Anspruches aus § 2 II Nr. 4 StrEG. Dies insbesondere vor dem Hintergrund des erhöhten Fehlentscheidungsrisikos, dem der Beschuldigte, vor allem wegen des nach geltender Gesetzeslage nur erforderlichen einfachen Tatverdachts und des generellen Fehlens einer mündlichen Verhandlung, ausgesetzt ist[144]. Der Beschuldigte scheint daher im Gegensatz zum Antragsgegner im Zivilverfahren vor den Gefahren des einstweiligen Rechtsschutz weniger geschützt zu sein, da es im Rahmen des strafprozessualen Arrestes nie zu einer Sicherheitsleistung kommt. Eine derartige Sichtweise berücksichtigt aber nicht, dass Anspruchsgegner des Beschuldigten bei einem sich als nachträglich nicht erforderlich erweisenden strafprozessualen Arrest der Staat und damit ein solventer Schuldner ist. Es bedarf zur Sicherung der Durchsetzbarkeit des Ersatzanspruchs daher keiner Sicherheitsleistung. Die fehlende Möglichkeit einer Sicherheitsleistung verursacht damit keinen Nachteil für den Arrestbetroffenen im Hinblick auf seinen Ersatzanspruch gem. § 2 II Nr. 4 StrEG[145].

§ 7 Der Verhältnismäßigkeitsgrundsatz

Neben Arrestanspruch, Arrestgrund, Glaubhaftmachung und Sicherheitsleistung bietet auch der Verhältnismäßigkeitsgrundsatz einen Vergleichspunkt hinsichtlich der materiellen Voraussetzungen der Arrestanordnung.

---

[143] *Walker* in Schuschke/Walker, § 921 Rdnr. 19.

[144] Oben Kapitel 2 § 5 B. I.

[145] Zwischen den Ansprüchen des § 945 ZPO und des § 2 II Nr. 4 StrEG ergeben sich einige Unterschiede, die den Beschuldigten im Gegensatz zum Antragsgegner im Arrestprozess benachteiligen. Diese Unterschiede werden in Kapitel 4 § 25 B. behandelt.

A. Der Verhältnismäßigkeitsgrundsatz bei der strafprozessualen Arrestanordnung

Alle Zwangsmaßnahmen unterstehen neben den im Gesetz aufgeführten Erfordernissen dem Prinzip der Verhältnismäßigkeit. Deshalb muss die Anordnung des strafprozessualen Arrestes – auch wenn das Verhältnismäßigkeitsprinzip nicht ausdrücklich in §§ 111b, 111d StPO aufgenommen worden ist – verhältnismäßig sein[146]. Dadurch wird die Ausübung staatlicher Gewalt grundrechtssensibler, weil Eingriffe neben abstrakten Gesetzen auch an konkreten Gegebenheiten des Einzelfalls gemessen werden müssen[147]. Bei der Prüfung der Verhältnismäßigkeit sind insbesondere die Schwere von Tatvorwurf und Verdacht, der Wert des betroffenen Gegenstandes und die konkreten Schäden oder Gefährdungen des von der Maßnahme Betroffenen gegeneinander abzuwägen. Da der dingliche Arrest die Nutzungs- und Verfügungsmöglichkeiten des Betroffenen über sein Eigentum in einschneidender Weise beschränkt, weist das *Bundesverfassungsgericht*[148] zu Recht darauf hin, dass der dingliche Arrest am Maßstab des Art. 14 I 1 GG zu messen ist; das Eigentumsrecht verlangt daher eine Abwägung des Sicherstellungsinteresses des Staates mit der Eigentumsposition des Betroffenen. Auch die Wahrscheinlichkeit einer späteren Anordnung von Wertersatzverfall, Erweiterten Wertersatzverfall oder Wertersatzeinziehung spielt als Kriterium bei der Verhältnismäßigkeitsprüfung eine Rolle[149].

Im Rahmen des strafprozessualen Arrestes kommt der Verhältnismäßigkeit insbesondere deshalb eine wichtige Rolle zu, weil der aus der Sicht des Arrestbetroffenen äußerst bedenkliche[150] Verdachtsgrad des einfachen Tatverdachts in § 111b II StPO abgemildert werden kann: Wird im Wege vorläufiger Sicherungsmaßnahmen das gesamte oder nahezu das gesamte Vermögen der Verfügungsbefugnis des Einzelnen entzogen, fordert der Verhältnismäßigkeitsgrundsatz nicht lediglich eine Vermutung, dass es sich um strafrechtlich erlangtes Vermögen handelt; vielmehr bedarf dies einer besonders sorgfältigen Prüfung und einer eingehenden Darlegung der dabei maßgeblichen tatsächlichen und rechtlichen Erwägungen in der Anordnung, damit der Betroffene dagegen Rechtsschutz suchen kann[151].

Daneben spielt der Verhältnismäßigkeitsgrundsatz auch im Zusammenhang mit dem Arrestgrund eine Rolle. Bei den Ausführungen zum Arrestgrund hat

---

[146] *Mayer* in Vordermayer/Heintschel-Heinegg, S. 511, Rdnr. 62.

[147] *Kühne,* S. 216, Rdnr. 406.

[148] *BVerfG,* StV 2004, 409 (410); *BVerfG,* NJW 2005, 3630 (3630).

[149] *Lemke* in Heidelberger Kommentar, § 111b Rdnr. 8.

[150] Oben Kapitel 2 § 5 B. II.

[151] *BVerfG,* StV 2004, 409 (410); ähnlich: *BVerfG,* NJW 2005, 3630 (3630); *Leipold,* NJW-Spezial 2004, S. 186 (187).

sich nämlich ergeben, dass es für die Annahme eines solchen keiner Interessensabwägung bedarf, auch wenn der Beschuldigte von einer Arrestvollziehung besonders hart betroffen sein sollte[152]. In derartigen Fällen können nun aber über das Verhältnismäßigkeitsprinzip konkrete Schäden oder Gefährdungen des von der Maßnahme Betroffenen berücksichtigt werden.

B. Der Verhältnismäßigkeitsgrundsatz bei der zivilprozessualen Arrestentscheidung

Das Verhältnismäßigkeitsprinzip bedarf eigentlich auch bei der zivilprozessualen Arrestentscheidung der Berücksichtigung, da es als Verfassungsgrundsatz[153] an sich für jede staatliche Tätigkeit – für die gesetzgebende, vollziehende und für die rechtsprechende Gewalt – gilt. Im Unterschied zum Strafprozessrecht ist es für die zivilprozessuale Arrestentscheidung dennoch praktisch kaum von Bedeutung.

§ 8 Arrestbetroffener

Die Arrestanordnung richtet sich nur gegen bestimmte Adressaten. Im Hinblick auf den Adressatenkreis der Arrestanordnung ergeben sich Unterschiede.

A. Der Arrestbetroffene beim zivilprozessualen Arrest

Beim zivilprozessualen Arrest bestimmt sich der Arrestbetroffene nach dem Arrestgesuch des Gläubigers (Antragstellers). Denn im Arrestgesuch muss der Schuldner (Arrestgegner) angegeben werden[154], in dessen Vermögen der dingliche Arrest angeordnet werden bzw. gegen den sich der persönliche Arrest richten soll. Arrestbetroffener ist also stets der *(mutmaßliche) Schuldner* der zu sichernden Geldforderung oder einer Forderung, die in eine solche übergehen kann.

B. Der Arrestbetroffene beim strafprozessualen Arrest

Etwas schwieriger lässt sich die Frage nach den formellen Adressaten bei der strafprozessualen Arrestanordnung beantworten.

---

[152] Oben Kapitel 2 § 4 A.

[153] Der Verhältnismäßigkeitsgrundsatz folgt aus dem Prinzip der Gesetzmäßigkeit der Verwaltung (Art. 20 III GG).

[154] *Walker* in Schuschke/Walker, § 920 Rdnr. 4.

In erster Linie kommt hier natürlich der einer Straftat verdächtige *Beschuldigte* als Arrestbetroffener in Betracht. Soll der dingliche Arrest eine Geldstrafe oder die Verfahrenskosten sichern, so richtet sich der künftige Zahlungsanspruch des Staates gegen den Beschuldigten und damit auch der dingliche Arrest zur Sicherung dieses Anspruchs (vgl. § 111d I 2, III StPO). Zwingend gegen den Beschuldigten richtet sich der Arrest ferner, wenn er die Einziehung von Wertersatzverfall gem. § 74c StGB sichern soll. Denn die Einziehung von Wertersatz kann gem. § 74c I StGB nur „gegen den Täter oder Teilnehmer" angeordnet werden; eine Dritteinziehung von Wertersatz gibt es also nicht[155]. Dementsprechend kann zur Sicherung der zu erwartenden Einziehung von Wertersatz der dingliche Arrest gem. §§ 111b II, 111d StPO nur gegenüber dem Beschuldigten angeordnet werden und nicht gegenüber Dritten. Anders verhält es sich aber beim dinglichen Arrest wegen Verfalls von Wertersatz (§§ 111b II, 111d StPO, § 73a StGB). Denn gem. § 73 III StGB kann sich der Verfall auch gegen den Dritten richten, für den der Täter oder Teilnehmer gehandelt hat (*Tatunbeteiligter*) und damit auch der Wertersatzverfall nach § 73a StGB, soweit die Anordnungsvoraussetzungen dafür vorliegen[156]. Gleiches gilt für den dinglichen Arrest in Form der Zurückgewinnungshilfe, zumal hier der Wertersatzverfall lediglich wegen § 73 I 2 StGB ausgeschlossen ist, ansonsten aber die Voraussetzungen des § 73 III StGB genauso vorliegen können.

C. Vergleich

Zusammenfassend lässt sich damit sagen, dass sich der zivilprozessuale Arrest immer gegen den Schuldner (Arrestgegner) richtet, der strafprozessuale hauptsächlich gegen den Beschuldigten. Der strafprozessuale Arrest kann dagegen auch gegen Dritte ausgebracht werden, wenn der (vermutliche) Täter oder Teilnehmer für diesen gehandelt und dadurch etwas erlangt hat (§ 73 III StPO)[157].

---

[155] *Mayer* in KMR, § 111b Rdnr. 10; *Fischer* in Tröndle/Fischer, § 74c Rdnr. 2.

[156] *Im Fall des § 73 IV StGB* – vgl. oben Kapitel 1 § 2 C. II. 1. b) dd) – richtet sich die Wertersatzverfallsanordnung nicht gegen den Dritten, sondern gegen den Tatbeteiligten, der den Gegenstand erlangt hat, sodass hier der dingliche Arrest nicht gegen den Dritten ausgebracht werden kann. Auch beim *Erweiterten Wertersatzverfall gem. §§ 73d II, 73a StGB* kann ein Dritter nicht Arrestbetroffener sein, weil dieser sich wiederum nur gegen den „Täter oder Teilnehmer" richtet.

[157] Richtet sich der strafprozessuale Arrest gegen einen Dritten, der nicht als Täter oder Teilnehmer beschuldigt wird, ist dieser bei § 73 III StGB Verfallsbeteiligter nach § 442 II 1 StPO, vgl. *Mayer* in KMR, § 111b Rdnr. 13.

§ 9 Anordnungskompetenz

A. Zuständigkeit für die Anordnung des zivilprozessualen Arrestes

Es wurde bereits festgestellt[158], dass gem. § 919 ZPO für die Anordnung des zivilprozessualen Arrestes ausschließlich (§ 802 ZPO) sowohl das Gericht der Hauptsache[159] als auch – unabhängig vom Streitwert – das Amtsgericht zuständig ist, in dessen Bezirk der mit Arrest zu belegene Gegenstand oder die in ihrer persönlichen Freiheit zu beschränkende Person sich befindet. Beim Arrestverfahren hat der Antragsteller somit eine über § 35 ZPO hinausgehende Wahlmöglichkeit zwischen zwei Gerichtsständen[160], die ihm vom Normzweck des § 919 ZPO her im Interesse eines schnellen und überraschenden Zugriffs gewährt werden[161]. Er kann das Arrestgesuch bei dem Gericht stellen, das ihm günstiger erscheint. Der Grundsatz *actor sequitur forum rei,* wonach der Kläger den Beklagten „aufzusuchen" hat, um ihn zu verklagen, also der Beklagte grundsätzlich an seinem Wohnsitz (§§ 13 ff. ZPO) verklagt werden muss, wird hier zugunsten des Gläubigers durchbrochen[162].

Dem Gläubiger kommt auch noch die auf den Arrest anwendbare[163] Vorschrift des § 944 ZPO zugute, wonach – soweit nicht ohnehin der Einzelrichter nach §§ 348, 348a ZPO zuständig ist – eine Alleinentscheidung des Vorsitzenden möglich ist, wenn das Arrestgesuch keine mündliche Verhandlung erfordert[164] und ein dringender Fall vorliegt. Denn diese, dem Gläubiger dienende Vorschrift trägt dem Umstand Rechnung, dass bei einem Kollegialgericht schon mit dem Zusammentreten des Spruchkörpers ein Zeitverlust verbunden sein kann, der einem effektiven einstweiligem Rechtsschutz entgegensteht[165]; die Regelung besteht also im Interesse der oft dringend gebotenen Beschleunigung des Verfahrens[166].

---

[158] Oben Kapitel 1 § 1 B. II. 1. b).

[159] Das Gericht der Hauptsache ist das Gericht, bei dem die Hauptsache bereits eingeklagt ist bzw. – vor Klageerhebung – das Gericht, das für die Hauptsache örtlich und sachlich zuständig ist, *Schellhammer,* S. 900, Rdnr. 1903.

[160] *Schumann,* ZPO-Klausur, S. 182, Rdnr. 114.

[161] *Huber* in Musielak, § 919 Rdnr. 1.

[162] *Smid* in Musielak, § 12 Rdnr. 1.

[163] *Heinze* in Münchener Kommentar, § 944 Rdnr. 2; *Walker* in Schuschke/Walker, § 944 Rdnr. 1.

[164] Zur mündlichen Verhandlung unten Kapitel 2 § 12.

[165] *Walker* in Schuschke/Walker, § 944 Rdnr. 1.

[166] *Hartmann* in Baumbach/Lauterbach/Albers/Hartmann, § 944 Rdnr. 2.

B. Zuständigkeit für die Anordnung des strafprozessualen Arrestes

Die Regelkompetenz für alle Fälle der strafprozessualen Arrestanordnung liegt gem. § 111e I StPO beim zuständigen Strafrichter, d.h. im Vorverfahren beim Ermittlungsrichter nach §§ 162, 165, 169 StPO, nach Anklageerhebung beim mit der Sache befassten Gericht. Das einfache Recht sieht den Richtervorbehalt in § 111e I StPO vor, um das Eigentumsrecht zu gewährleisten. Nicht nur die entsprechenden Normen des Prozessrechts, sondern auch der Schutz des Grundrechts aus Art. 14 I GG verlangen vom Richter, dass er die tatsächlichen Grundlagen der Arrestanordnung selbst ermittelt und ihre rechtliche Auffassung unabhängig von der Exekutive gewinnt und begründet[167].

Während beim zivilprozessualen Arrest in dringenden Fällen eine Alleinentscheidung des Vorsitzenden gem. § 944 ZPO erfolgen kann, eröffnet beim strafprozessualen Arrest Gefahr im Verzug die Notkompetenz der Staatsanwaltschaft (§ 111e I 1 StGB). Gefahr im Verzug besteht, wenn durch die mit der Anrufung des Richters verbundene Verzögerung die Gefährdung des Sicherungserfolges droht. Hat die Staatsanwaltschaft den Arrest angeordnet, muss sie nach § 111e II 1 StPO innerhalb einer Woche nach der Anordnung deren richterliche Bestätigung beantragen[168]. Die Zuständigkeit für die richterliche Bestätigung richtet sich nach allgemeiner Meinung nach § 98 II 3-6 StPO[169].

C. Unterschiede bezüglich der Anordnungskompetenz und daraus folgende Probleme

I. Keine Arrestanordnung durch den Zivilrichter beim strafprozessualen Arrest

Beim Vergleich der Arrestanordnungen in den verschiedenen Verfahrensordnungen im Hinblick auf die Anordnungskompetenz fällt auf, dass der strafprozessuale Arrest abweichend von § 919 ZPO nicht vom Zivilrichter, sondern vom Strafrichter bzw. – bei Gefahr im Verzuge – von der Staatsanwaltschaft angeordnet wird.

---

167 *BVerfG*, NJW 2005, 3630 (3631).

168 Nach allgemeiner Auffassung handelt es sich bei § 111e II 1 StPO lediglich um eine Sollvorschrift, sodass eine Fristüberschreitung nicht zu Unwirksamkeit des dinglichen Arrestes führt, vgl. *Mayer* in KMR, § 111e Rdnr. 2. Dies ergibt sich aus einem Umkehrschluss zu § 111n I 3 StPO, vgl. auch *Achenbach* in Alternativkommentar, § 111e Rdnr. 4.

169 *Achenbach* in Alternativkommentar, a.a.O. Rdnr. 6; *Schäfer* in Löwe/Rosenberg, § 111e Rdnr. 3; *Mayer* in KMR, a.a.O. Rdnr. 3.

Dies ist nicht unbedenklich. Denn es darf nicht vergessen werden, dass es beim zivil- wie beim strafprozessualen Arrest um nichts anderes als um die Sicherung der Rechtsverwirklichung geht. Diese Funktion kommt aber nur im Zivilprozessrecht konsequent zum Ausdruck, indem die Anordnungskompetenz dem Gericht obliegt, das für die Rechtsdurchsetzung im ordentlichen Hauptverfahren zuständig ist oder zuständig wäre (Hauptsachegericht). Im Strafprozessrecht dagegen liegt die Zuständigkeit für die Arrestanordnung auch dann beim Strafrichter oder bei der Staatsanwaltschaft, wenn die zu sichernde Forderung eine zivilrechtliche ist und dementsprechend vor den Zivilgerichten durchgesetzt werden muss.

Damit geht ein weiteres Problem einher. Der Strafrichter bzw. Staatsanwalt muss unter Umständen im Rahmen seiner Anordnungskompetenz über zivilrechtliche Forderungen und damit eventuell über schwierige zivilrechtliche Probleme zu entscheiden; er muss damit teilweise über Problemkreise entscheiden, die nicht seinem eigentlichen Aufgabenfeld entsprechen.

Die aufgeführten Bedenken lassen sich aber wohl noch unter dem Aspekt der Verfahrensvereinfachung rechtfertigen. Die Strafverfolgungsbehörden werden im Rahmen des Strafverfahrens gegen den Beschuldigten ohnehin tätig, sodass ein Tätigwerden mehrere Organe in derselben Sache vermieden werden kann. Außerdem können Ausbildung und Fortbildung der Staatsanwaltschaft und Richter hinsichtlich der erforderlichen zivilrechtlichen Beurteilungen gefördert werden.

II. Kein Zuständigkeitswahlrecht für den Gläubiger beim strafprozessualen Arrest

Beim strafprozessualen Arrest besteht anders als beim Arrest in der Zivilprozessordnung für den Gläubiger kein Wahlrecht bezüglich der Zuständigkeit für die Arrestanordnung, weil § 111e I 1 StPO die Zuständigkeit für die Arrestanordnung auf den Richter bzw. die Staatsanwaltschaft festlegt.

Daraus ergibt sich aber keine nennenswerte Benachteiligung für den Gläubiger der Arrestforderung. Denn das Wahlrecht wird dem Gläubiger ja im Interesse eines schnellen und raschen Zugriffs gewährt. Ein solcher wird aber beim strafprozessualen Arrest auch ohne ein Wahlrecht dadurch gesichert, dass bei Gefahr im Verzug die Zuständigkeit der Staatsanwaltschaft begründet ist und so der Arrest schnell und ohne Verzögerung herbeigeführt werden kann.

III. Richterliche Entscheidung beim strafprozessualen Arrest

Geht man davon aus, dass der unabhängige und rechtskundige Richter die beste Gewähr für die Wahrung der Grenzen und rechtlichen Zulässigkeit des Arrestes bietet, so muss sich der vom strafprozessualen Arrest Betroffene gegenüber dem Schuldner im zivilprozessualen Verfahren klar benachteiligt sehen. Ein wesentlicher Unterschied hinsichtlich der Anordnungszuständigkeit der Arreste in den verschiedenen Verfahrensordnungen liegt nämlich darin, dass es sich nur beim zivilprozessualen Arrest immer um eine richterliche Entscheidung handelt. Sofern nicht ein Einzelrichter nach §§ 348, 348b, 944 ZPO entscheidet, kann sogar ein aus mehreren Richtern bestehendes Gericht die Arrestanordnung treffen. Dagegen behält § 111e I 1 StPO die Anordnung des strafprozessualen Arrestes nur grundsätzlich dem Richter vor. Bei Zuständigkeit des Richters obliegt die Entscheidung zudem in aller Regel alleine dem Ermittlungsrichter, nicht etwa einem kompletten Spruchkörperkollegium. Da es angezeigt ist, möglichst frühzeitig auf das Beschuldigtenvermögen zuzugreifen, um die erforderliche Sicherung zu erreichen, wird nämlich ganz überwiegend der dingliche Arrest bereits im Ermittlungsverfahren ausgebracht. Dementsprechend ordnet dann der Ermittlungsrichter und nicht das mit der Sache befasste Gericht die Arrestanordnung an.

Sehr häufig kommt es aber zu überhaupt keiner richterlichen Anordnung, weil die Zuständigkeit durch die in § 111e StPO vorgesehene Eilzuständigkeit der Staatsanwaltschaft bei Gefahr im Verzug ohne weiteres „ausgehebelt“ werden kann. Wegen der ohnehin für den Arrestgrund vorausgesetzten Dringlichkeit kommt Gefahr im Verzug auch ernsthaft in Betracht und aufgrund der leichten Veräußerlichkeit (§ 398 BGB) liegt sie bei Geldforderungen, insbesondere bei Bankguthaben, stets nahe[170]. Der vom Gesetz für den Regelfall vorgesehene Richtervorbehalt ist deshalb in der Praxis weitgehend wertlos[171]. Dies erweist sich gerade beim strafprozessualen Arrest als äußerst problematisch, handelt es sich doch hier um einen besonders schwer wiegenden Grundrechtseingriff mit massiven Auswirkungen für den vom Arrest Betroffenen. Der Richtervorbehalt gilt als Königsweg für den Schutz von Grundrechten im Strafverfahren[172]. Er soll eine effektive präventive richterliche Kontrolle der staatsanwaltschaftlichen Grundrechtseingriffe gewährleisten, um den Umstand Rechnung zu tragen, dass eine vorherige Anhörung des Betroffenen zumeist nicht erfolgt[173] und ein nachträglicher Rechtsschutz die bereits eingetretenen Grundrechtsbeeinträchtigungen in aller Regel nicht oder nur unvollständig beseitigen kann[174]. Vor allem im Rahmen des strafprozessualen Arrestes löst der Richtervorbehalt diese hohen Erwartungen aber keinesfalls ein, vielmehr kommt er in der Praxis weitgehend gar nicht zum Zuge.

---

[170] *Mayer* in KMR, § 111e Rdnr. 2.

[171] *Park* (Fußn. 124), S. 368, Rdnr. 834.

[172] *Kühne* (Fußn. 147), S. 217, Rdnr. 409.

[173] Zur Anhörung unten Kapitel 2 § 12.

[174] *Park* (Fußn. 124), S. 216, Rdnr. 455.

Auch die in § 111e II 1 StPO vorgesehene richterliche Bestätigung im Falle der Arrestanordnung durch die Staatsanwaltschaft kann die Interessen des Arrestbetroffenen nicht angemessen wahren. Denn die wegen Gefahr im Verzuge erforderliche richterliche Bestätigung wird – wie der Praktiker weiß – in aller Regel problemlos erteilt[175].

§ 10 Arrestantrag

A. Der Arrestantrag beim zivilprozessualen Arrest

Die Anordnung des zivilprozessualen Arrestes setzt zwingend einen Arrestantrag (Arrestgesuch) des Gläubigers (Antragstellers) voraus. § 920 ZPO verlangt zwar anders als § 253 ZPO nicht ausdrücklich die Einleitung des Arrestverfahrens durch die Einreichung oder Zustellung einer Klage- bzw. Antragsschrift, doch setzt diese Vorschrift über Form und Inhalt des Gesuchs die Notwendigkeit eines solchen voraus[176]. Das Erfordernis eines Arrestgesuchs bringt zum Ausdruck, dass hinsichtlich der Einleitung des einstweiligen Rechtsschutzverfahrens die Dispositionsmaxime gilt: Ebenso wie beim Hauptverfahren, hängt die Durchführung des Eilverfahrens allein vom Willen dessen ab, der einstweiligen Rechtsschutz begehrt[177].

Die Anforderungen an Form und Inhalt des Arrestgesuchs wurden bereits in Kapitel 1 § 1 B. II. 1. c) näher dargestellt.

B. Der Arrestantrag beim strafprozessualen Arrest

§ 111d II StPO verweist auf § 920 I ZPO. Die sinngemäße Anwendung im Verfahren des dinglichen Arrestes nach der Strafprozessordnung führt dazu, dass die Notwendigkeit eines Arrestantrages i. w. S. auch hier zu bejahen ist[178]. Die Verweisung bedeutet aber nicht, dass für den strafprozessualen dinglichen Arrest stets ein Arrestgesuch erforderlich ist, das Gericht den Arrest also nicht auch von Amts wegen anordnen darf. Regelmäßig wird das Gericht jedoch nur auf Antrag tätig werden. Diesen stellt nicht der Gläubiger, im Falle der Zurückgewinnungshilfe etwa der Verletzte, sondern die Staatsanwaltschaft[179]. Denn dem System unseres Strafverfahrens entspricht es, dass der Staatsanwalt zuständig ist, den Antrag zu stellen. Ordnet er bei Gefahr im Verzug den Arrest selbst

---

175 *Park,* a. a. O., S. 368, Rdnr. 834.

176 *Walker* in Schuschke/Walker, § 920 Rdnr. 1.

177 *Walker* (Fußn. 26), S. 106, Rdnr. 146.

178 *Hellerbrand,* wistra 2003, S. 202.

179 Vgl. *Hellerbrand,* a. a. O.

an, so entfällt die Notwendigkeit eines Arrestgesuches. An seine Stelle tritt ein Aktenvermerk, der die Notwendigkeit der Anordnung darlegt[180].

C. Vergleich

Vergleichend lässt sich somit zunächst Folgendes feststellen: Während für den zivilprozessualen Arrest die Dispositionsmaxime gilt und ein Arrestantrag des Gläubigers für die Arrestanordnung zwingend erforderlich ist, kann beim strafprozessualen Arrest einerseits das Erfordernis des Arrestantrags ganz entfallen, andererseits die Anordnung auch von Amts wegen angeordnet werden. Den Antrag stellt beim Arrest in der Strafprozessordnung zudem niemals der Gläubiger, sondern die Staatsanwaltschaft.

Dass der Gläubiger beim strafprozessualen Arrest keinen Arrestantrag stellen muss, bringt vor allem dem Verletzten einen Vorteil. Denn der Gläubiger muss beim zivilprozessualen Arrest den Arrestanspruch unter Angabe der Höhe des Geldbetrages oder Geldwertes bezeichnen[181]. Dieser Pflicht[182] kann er unter Umständen nicht leicht nachkommen und sie birgt das Risiko in sich, dass zu wenig beantragt wird, zumal der Richter nach geltendem Prozessrecht nicht über die Anträge der Parteien (*ultra petita partium*: § 308 I ZPO) hinausgehen darf. Diese Schwierigkeiten stellen sich für den Verletzten beim strafprozessualen Arrest nicht, weil dieser keinen Arrestantrag stellen und deshalb auch nicht die genaue Höhe des Geldbetrages oder Geldwertes seines Anspruchs angeben muss.

§ 11 Ermessen

Ein Vergleichspunkt der beiden Arreste in den verschiedenen Verfahrensordnungen ergibt sich auch im Hinblick auf das Ermessen bei der Arrestanordnung. Diesbezüglich stellt sich die Frage, ob dem zuständigen Gericht bzw. Organ hinsichtlich der Arrestanordnung ein Ermessen zusteht und wie dieses gegebenenfalls auszuüben ist.

---

180 *Schäfer* in Löwe/Rosenberg, § 111d Rdnr. 17.

181 Oben Kapitel 1 § 1 B. II. 1. c).

182 Da im Rahmen des § 920 I ZPO grundsätzlich dieselben Anforderungen an die Bestimmtheit des Antrags gelten wie bei der Klageschrift gem. § 253 ZPO, wird man wie bei § 253 ZPO eine Ausnahme nur zulassen können, wenn die Angabe unmöglich oder dem Kläger aus besonderen Gründen nicht zuzumuten ist, *Hartmann* in Baumbach/Lauterbach/Albers/Hartmann, § 253 Rdnr. 75; § 920 Rdnr. 4.

A. Zivilprozessualer Arrest

Beim zivilprozessualen Arrest ist diese Frage nach dem Ermessen nicht schwer zu beantworten. Das zuständige Gericht trifft innerhalb des ihm vom Gesetz zur Verfügung gestellten Rahmens seine Entscheidung. Auf einen zulässigen und begründeten Antrag erlässt das Gericht den Arrestbefehl, den unzulässigen oder unbegründeten Antrag lehnt es ab[183]. Ein Ermessen kommt dem Gericht also beim zivilprozessualen Arrest nicht zu.

B. Strafprozessualer Arrest

Wie bereits festgestellt wurde[184], steht die Anordnung des strafprozessualen Arrestes im Ermessen des zuständigen Organs. Darüber herrscht als Ausgangspunkt Einigkeit. Denn die Strafprozessordnung verwendet im Zusammenhang mit der Vollstreckungssicherung gem. §§ 111b, 111d StPO durchweg die Formulierung als Kann-Vorschrift: Nach § 111b II StPO „kann" der dingliche Arrest angeordnet werden, gem. Absatz 5 gilt dies entsprechend für die Zurückgewinnungshilfe und auch § 111d I StPO spricht für den Arrest wegen einer Geldstrafe oder der voraussichtlich entstehenden Verfahrenskosten davon, dass der dingliche Arrest angeordnet werden „kann". Es wäre aber ein Kurzschluss anzunehmen, dass damit die Anordnung des dinglichen Arrestes in das freie Belieben der Strafverfolgungsorgane gestellt ist. Vielmehr sind die nachfolgenden Besonderheiten zu beachten.

I. Dinglicher Arrest zugunsten des Staates gem. § 111b II StPO

So eröffnet der dingliche Arrest zugunsten des Staates gem. § 111b II StPO zu Recht nur beschränkt Ermessen[185]: Zunächst gilt es nämlich Folgendes zu beachten: Das Gesetz trägt mit der Ausgestaltung des § 111b II StPO als Kann-Vorschrift der Tatsache Rechnung, dass Wertersatzverfall und Wertersatzeinziehung, selbst wenn die Voraussetzungen dafür vorliegen, nicht immer zwingend vorgeschrieben sind[186]. So kann beispielsweise von der Anordnung des Wertersatzverfalls aus den Gründen des § 73c I StGB abgesehen werden[187]. Nach

---

183 *Schellhammer,* S. 902 f., Rdnr. 1962 f.

184 Oben Kapitel 1 § 2 C. IV. 1.

185 So ausdrücklich *Mayer* in KMR, § 111b Rdnr. 23; in diese Richtung auch *Achenbach* in Alternativkommentar StPO, §§ 111b-111d Rdnr. 16; *Schroeder,* JZ 1985, 1028 (1033), *Lemke* in Heidelberger Kommentar, § 111b Rdnr. 10.

186 Vgl. *Nack* in Karlsruher Kommentar, § 111b Rdnr. 9.

187 Zu Fällen, in denen der Verfall nicht obligatorisch anzuordnen ist, oben Kapitel 1 § 2 C. II. 1. d). Zur Wertersatzeinziehung, die im pflichtgemäßen Ermessen des Gerichts steht, oben Kapitel 1 § 2 C. II. 6.

§ 111b II StPO sind derartige Einschränkungen aber bereits bei der Wahrscheinlichkeitsprognose zu bedenken. Besteht hiernach die erforderliche Wahrscheinlichkeit und liegt ein Arrestgrund vor, wird der dingliche Arrest nach § 111b II StPO zwingend, da das Legalitätsprinzip die Pflicht begründet, dafür Sorge zu tragen, dass sich gesetzlich vorgesehene Rechtsfolgen verwirklichen lassen[188]. Es besteht also dann eine Pflicht zur Anordnung des Arrestes[189].

II. Dinglicher Arrest zugunsten des Verletzten § 111b V StPO

Heftiger Streit herrscht darüber, wie das Ermessen bezüglich der Anordnung der Zurückgewinnungshilfe auszuüben ist. Teilweise wird eine großzügige Anwendung der Zurückgewinnungshilfe befürwortet, teilweise grundsätzlich kein Anlass für eine Sicherung des Verletzten durch den Staat gesehen. Die Frage hat enorme Bedeutung für den Verletzten der Straftat, da es letztlich darum geht, inwieweit es die Aufgabe der staatlichen Strafverfolgungsbehörde ist, die Durchsetzung seiner zivilrechtlichen Forderungen zu ermöglichen. Die Vorschrift des § 111b V StPO wird von Verletzten zudem häufig als uneingeschränkte Verpflichtung der Strafverfolgungsbehörden zur Wahrnehmung zivilrechtlicher Interessen der Geschädigten missverstanden, was wegen dem den Strafverfolgungsbehörden eingeräumten Ermessen aber nicht zutrifft. Es lohnt sich deshalb, dieses Ermessen näher zu beleuchten.

1. Großzügige Anwendung der Zurückgewinnungshilfe

Teilweise wird also in der Literatur eine großzügige Anwendung der Zurückgewinnungshilfe befürwortet.

So führt *Achenbach* an, dass wie für die eben geschilderte[190] Anordnung des dinglichen Arrestes zugunsten des Staates auch beim dinglichen Arrest zugunsten des Verletzten (Zurückgwinnungshilfe) als maßgebender Gesichtspunkt der Arrestgrund angesehen werden müsse; dieser sei maßgebliches Regulativ für die Frage, ob eine Pflicht zur Anordnung der Sicherstellung besteht[191].

Nach *Schäfer*[192] und *Schmid*[193] erforderten die aus der Entstehungsgeschichte des § 73 I 2 StGB erkennbaren Überlegungen (Schadloshaltung des Verletzten,

---

[188] Vgl. *Achenbach* in Alternativkommentar StPO, §§ 111b-111d Rdnr. 16; *Schroeder* (Fußn. 185), JZ 1985, a. a. O.; *Mayer* in KMR, § 111b Rdnr. 23.

[189] Beim Ermessen bleibt es aber im selbstständigen Verfahren (§ 76a StGB, §§ 440, 442 StPO), weil dort das Legalitätsprinzip nicht gilt, vgl. *Mayer* in KMR, § 111b Rdnr. 23.

[190] Oben Kapitel 2 § 11 B. I.

[191] Vgl. *Achenbach* in Alternativkommentar StPO, §§ 111b-111d Rdnr. 22, 23.

[192] *Schäfer* in Leipziger Kommentar, 10. Auflage, § 73 Rdnr. 42.

wirksamer Opferschutz) es, den bereits verkürzten Schutz von Gegenansprüchen des Verletzten nicht durch eine restriktive Auslegung der §§ 111b ff. StPO noch weiter einzuengen, den dinglichen Arrest also konsequent zur Zurückgewinnungshilfe einzusetzen.

Auch *Dessecker* sieht keine durchgreifenden Bedenken gegen eine großzügige Anwendung des § 111b V StPO, weil es bei der Sicherstellung gem. § 111b ff. StPO immer nur um vorläufige Maßnahmen gehe[194].

Da die Zurückgewinnungshilfe in den vergangenen Jahren in der Praxis eine höhere Bedeutung gewonnen hat, scheinen schließlich auch viele *Staatsanwaltschaften* das ihnen eingeräumte Ermessen tendenziell zugunsten eines konsequenten Einsatzes derselben auszuüben.

2. *Zurückhaltende Anwendung der Zurückgewinnungshilfe*

Der großzügigen Anwendung der Zurückgewinnungshilfe stehen restriktiv geprägte Tendenzen gegenüber, wonach bei Vorliegen der Anordnungsvoraussetzungen grundsätzlich kein Anlass zur Sicherung des Verletzten bestehe[195]. Denn aus dem Verfahrensrecht lasse sich keine Pflicht herleiten, Werte zugunsten des Verletzten sicherzustellen[196]. In der Regel habe der Staat keinen Anlass zur Sicherung der Ansprüche des Verletzten, weil das Strafverfahren nicht der Durchsetzung zivilrechtlicher Forderungen diene[197]. Jedenfalls dürfe die Sicherstellung nicht dazu dienen, dem Verletzten die Arbeit abzunehmen[198].

Im Einzelfall könne sich das Ermessen jedoch auf Null reduzieren, insbesondere dann, wenn die Strafverfolgungsbehörden es anders als der Verletzte selbst in der Hand hätten, durch zumutbare Maßnahmen den endgültigen Verlust des erwachsenen Anspruchs abzuwenden[199].

---

[193] *Schmidt* in Leipziger Kommentar, § 73 Rdnr. 29.

[194] *Dessecker* (Fußn. 79), S. 35.

[195] *Nack* in Karlsruher Kommentar, § 111b Rdnr. 18; *Rudolphi* in Systematischer Kommentar StPO, § 111b Rdnr. 10; *Park* (Fußn. 124), S. 353, Rdnr. 792; *Malitz* (Fußn. 70), NStZ 2002, 337 (339); *Marel,* StV 2004, 414 (415); *Mayer* in Vordermayer/Heintschel-Heinegg, S. 515, Rdnr. 75.

[196] *Rudolphi* in Systematischer Kommentar StPO, § 111b Rdnr. 10; *Park,* a.a.O., Rdnr. 793; *Malitz,* a.a.O.

[197] *OLG Frankfurt a.M.*, NStZ-RR 2005, 111 (112); *Leipold* (Fußn. 119), NJW-Spezial 2006, a.a.O.; *Nack* in Karlsruher Kommentar, § 111b Rdnr. 18.

[198] *Park* (Fußn. 124), S. 353, Rdnr. 753; *Rudolphi* in Systematischer Kommentar StPO, § 111b Rdnr. 10.

[199] *Mayer* in Vordermayer/Heintschel-Heinegg, S. 515, Rdnr. 77; *Nack* in Karlsruher Kommentar, § 111b Rdnr. 18.

3. *Eigene Stellungnahme*

Eine großzügige Anwendung der Zurückgewinnungshilfe im beschriebenen Sinne kann nicht befürwortet werden.

Natürlich gehen *Schäfer* und *Schmidt* zu Recht davon aus, dass der Gesetzgeber mit der Aufnahme der Vorschrift des § 111b V StPO in die Strafprozessordnung es erkennbar als staatliche Aufgabe betrachtete, das Opfer der Straftat bei seinen Anstrengungen um Schadensausgleich zu unterstützen. Dies bedeutet aber nicht, dass eine Arrestanordnung in jedem Einzelfall zur Unterstützung des Verletzten zu erfolgen hat: Bei der staatlichen Unterstützungstätigkeit in Form der Zurückgewinnungshilfe handelt es sich lediglich um flankierende und vorläufige Maßnahmen[200]. Dem Geschädigten soll – wie die Systematik der §§ 111b ff. StPO zeigt – die Zurückgewinnung von Vermögenswerten grundsätzlich nur durch eigene Zwangsvollstreckungsmaßnahmen gestattet werden (vgl. §§ 111g, 111h StPO). Die Bestimmungen der §§ 111g, 111h StPO ersparen es dem Verletzten nämlich nicht, sich für den Zugriff auf die sichergestellten Vermögenswerte des Täters einen Titel zu beschaffen[201] und Zwangsvollstreckungsmaßnahmen in die sichergestellten Vermögensgegenstände zu bewirken[202]. Der Schadensausgleich erfordert daher ein eigenständiges Aktivwerden des Verletzten. Das gänzliche Fehlen eines solchen muss unter Umständen auch schon im Rahmen des Ermessens bei der Arrestanordnung berücksichtigt werden. Selbst wenn ein Arrestgrund vorliegt, muss etwa bei pflichtgemäßer Ermessensausübung die Anordnung der Zurückgewinnungshilfe dann unterbleiben, wenn der mutmaßlich Geschädigte trotz Kenntnis des Beschuldigten über einen längeren Zeitraum untätig bleibt und noch nicht einmal außergerichtlich zivilrechtliche Ansprüche geltend macht[203]. Den Strafverfolgungsbehörden darf nicht die Vorbereitung des zivilrechtlichen Verfahrens aufgebürdet werden. Ebenso kann es nicht Aufgabe der Strafverfolgungsorgane sein, zivilprozessuale Versäumnisse des Geschädigten auf Kosten der Staatskasse nachzuholen.

Achenbach, der den Arrestgrund als entscheidendes Regulativ für die Frage ansieht, ob eine Pflicht zur Anordnung der Zurückgewinnungshilfe besteht, misst der Voraussetzung des Arrestgrundes damit eine zu große Bedeutung zu. Wie der obige Beispielsfall zeigt, ist eine vorläufige Sicherung der Vermögenswerte nach § 111b V StPO nicht schon immer geboten, wenn die Gefahr des Beseiteschaffens oder Verschwendens von Vermögenswerten durch den Beschul-

---

200 So auch *Malitz* (Fußn. 70), NStZ 2002, (337) 339.

201 *BT-Drucks.* 7/550, S. 294; *BGH,* NJW 2000, 2027 (2027); *Lemke* in Heidelberger Kommentar, § 111g Rdnr. 2; *Heghmanns* (Fußn. 102) ZRP 1998, 475 (476); *Nack* in Karlsruher Kommentar, § 111g Rdnr. 2.

202 Auf die Vorschriften der §§ 111g, 111h StPO und das Erfordernis eigener Zwangsvollstreckungsmaßnahmen wird in Kapitel 5 eingegangen.

203 So auch *Berndt,* StV 2001, 446 (446 f.).

digten besteht. Es gibt keinen Automatismus in dem Sinne, dass die Bejahung eines Arrestgrundes nach § 111d II StPO i.V.m. § 917 ZPO zwangsläufig eine Arrestanordnung zugunsten des Geschädigten nach sich ziehen muss. Der Arrestgrund stellt vielmehr zwar eine notwendige, aber nicht hinreichende Voraussetzung für die Anordnung dar. Selbst wenn ein Arrestgrund vorliegt, ist beispielsweise in Fällen mit relativ geringem Schaden, bei dem die Zurückgewinnungshilfe einen hohen Kosten- und sonstigen Aufwand erfordert, diese Maßnahme nicht angezeigt. Dies folgt bereits aus den Vorschriften der § 430 I, II 1 i.V.m. § 442 I StPO.

Dessecker bezeichnet den strafprozessualen Arrest zugunsten des Verletzten zwar zu Recht als vorläufige Maßnahme. Dieser Umstand rechtfertigt aber noch keine großzügige Anwendung der Zurückgewinnungshilfe. Denn es darf nicht übersehen werden, zu welchen enormen Auswirkungen der strafprozessuale Arrest beim Arrestbetroffenen führt, zumal er sehr lange dauern kann und entsprechend Vermögenswerte langfristig sichergestellt sein können. Entgegen *Dessecker* gibt es außerdem durchaus erhebliche Bedenken gegen eine zu großzügige Anwendung der Zurückgewinnungshilfe. Es besteht nämlich die Gefahr der Instrumentalisierung der Zurückgewinnungshilfe zu Zwecken jenseits des Opferschutzes. So drängt sich häufig der Verdacht auf, dass der dingliche Arrest nicht zur Wahrung der Interessen potenzieller Opfer von Straftaten beantragt wird. Vielmehr scheint Sinn und Zweck der Beantragung und des Erlasses des dinglichen Arrestes zu sein, effektiv Druck auf den Beschuldigten auszuüben[204]. Des Weiteren lässt sich bei zivilrechtlichen Auseinandersetzungen Geschädigter mit dem Beschuldigten die zunehmende Tendenz zu beobachten, die Anregung der Staatsanwaltschaft, von der Zurückgewinnungshilfe Gebrauch zu machen, als Verhandlungswaffe einzusetzen, um die Einigungsbereitschaft der Gegenpartei – also des Beschuldigten – zu erhöhen[205]. Auch die Befürchtung einer Überlastung der Strafverfolgungsorgane erscheint zumindest längerfristig nicht ganz unbegründet. Denn immer mehr Privatpersonen und Unternehmen, die tatsächlich oder aber eben auch nur vermeintlich durch Straftaten wirtschaftlich geschädigt worden sind, entdecken das Instrument der Zurückgewinnungshilfe als hilfreichen Dienst bei der Verfolgung von Zivilrechtsansprüchen. Sie versuchen daher die Staatsanwaltschaft zur Zurückgewinnungshilfe anzuregen und damit für sich einzuspannen[206].

Es bleibt daher festzuhalten, dass nicht zu schnell und zu weitgehend vom dinglichen Arrest zugunsten des Verletzten Gebrauch gemacht werden sollte. Er ist in der Regel nur angebracht, wenn der Verletzte selbst nicht oder nicht rechtzeitig seinen Anspruch durchsetzen oder zumindest sichern kann. An die Mög-

---

204 *Berndt,* a.a.O. (446).

205 *Park* (Fußn. 124), S. 353, Rdnr. 793.

206 *Park,* a.a.O.

lichkeit und Zumutbarkeit der Ergreifung zivilprozessualer Eilmaßnahmen sind strenge Anforderungen zu stellen. Insbesondere bei „erfahrenen" Gläubigern wie etwa Banken oder Versicherungen, denen über ihre Rechtsabteilungen die Inanspruchnahme zivilrechtlicher Maßnahmen ohne weiteres zuzumuten ist, sollte von der Zurückgewinnungshilfe zurückhaltend Gebrauch gemacht werden.

§ 12 Anhörung

A. Der Grundsatz des rechtlichen Gehörs

Audiatur et altera pars: Dass dem Gegner das Gehör gebührt, wussten schon die Römer[207]. Die Deutsche Verfassung verankert das Recht auf Gehör, das dem Betroffenen die Möglichkeit geben soll, auf eine bevorstehende Entscheidung Einfluss zu nehmen, in Art. 103 I GG. Es lenkt unmittelbar jede Auslegung der Verfahrensordnungen[208].

Auf den ersten Blick scheint bei einer so schwer wiegenden Maßnahme wie dem Arrest eine Anhörung des Betroffenen selbstverständlich zu sein. Der Grundsatz, dass nicht von Obrigkeits wegen über die Rechte des Einzelnen verfügt und er zum Verfahrensobjekt gemacht werden darf, muss dann in besonderem Maße gelten, wenn es sich – wie beim Arrest – um Eingriffe in verfassungsmäßige Freiheitsrechte handelt[209].

B. Möglichkeit des Verzichts auf die vorherige Anhörung

Trotz des Auftrags des Grundgesetzes, das rechtliche Gehör zu wahren, ist der Umfang für den Arrestbetroffenen durch die jeweilige Prozessordnung stark eingeschränkt. Besonders deutlich wird dies daran, dass die Entscheidung über die zivil- und strafprozessuale Arrestanordnung sogar ganz ohne vorherige mündliche und schriftliche Anhörung erfolgen kann:

Im Strafverfahren kann unter den Voraussetzungen des § 33 IV 1 StPO der Erlass des Arrestes ohne vorherige Anhörung des Betroffenen erfolgen. Denn diese Vorschrift sieht für Entscheidungen außerhalb der Hauptverhandlung[210]

---

[207] *Schumann*, NJW 1985, 1134 (1136).

[208] *Schumann*, Verfassungs- und Menschenrechtsbeschwerde, S. 202.

[209] *Dahs*, Rechtliches Gehör, S. 64.

[210] Im Laufe der Hauptverhandlung ergehende Entscheidungen (z. B. über einen Beweisantrag, § 244 VI StPO, über das Abtretenlassen des Angeklagten, § 247 StPO, oder über die Verlesung eines Protokolls, § 251 StPO) werden nach Anhörung aller Beteiligter erlassen; speziell für die dem Urteil vorausgehende Hauptverhandlung gelten die §§ 226 ff. StPO, insbesondere die §§ 230, 243 IV, 257, 258 StPO.

eine Ausnahme vom Grundsatz der Anhörung der Beteiligten (§ 33 II StPO, § 33 III StPO) vor, wenn die Anhörung den Zweck der Anordnung gefährden würde[211]. Eine vorherige Anhörung gefährdet häufig die strafprozessuale Arrestanordnung, weil sie den Betroffenen vor dem Zugriff auf sein Vermögen warnt.

Im Zivilverfahren besteht – anders als im Strafverfahren – die Möglichkeit, vor Erlass des Arrestes eine mündliche Verhandlung[212] durchzuführen, in der der Betroffene Gehör findet. Auch hier findet aber dann keine vorherige Anhörung statt, wenn das Gericht von seiner Möglichkeit Gebrauch macht, die mündliche Verhandlung entfallen zu lassen (§ 922 I 1 i. V. m. § 128 IV ZPO)[213] – also auf eine vorherige mündliche Anhörung verzichtet[214] – und dem Betroffenen zudem keine Gelegenheit zur schriftlichen Äußerung gibt, also auch eine vorherige schriftliche Anhörung nicht durchführt[215]. Diese schriftliche Anhörung ist nur dann zulässig, wenn dadurch der Zweck des Arrestes weder beeinträchtigt noch vereitelt wird[216]. Das Verfahren folgt dann insoweit § 128 III ZPO.

C. Begründung für den möglichen Verzicht

Im Strafverfahren kommt es häufig vor, dass die Wirksamkeit der Arrestmaßnahme von einem Überraschungseffekt abhängt. Dann kann die vorherige Anhörung ausgeschlossen werden, weil eine solche den von einer Arrestanordnung Betroffenen in den Stand versetzen würde, den Erfolg der Maßnahme zu vereiteln. Mit anderen Worten kann die Sicherung gefährdeter Interessen es gebieten, den Betroffenen vor Anordnung der Beschlagnahme nicht anzuhören, um ihn nicht zu warnen[217]. Im Interesse, den Gegner nicht zu warnen, liegt ein legitimes Gegeninteresse, das die Einschränkung des rechtlichen Gehörs in der Strafprozessordnung rechtfertigt und es erlaubt, die Arrestmaßnahme als Überraschungsangriff durchzuführen.

---

[211] *Maul* in Karlsruher Kommentar, § 33 Rdnr. 12.

[212] Zur mündlichen Verhandlung unten Kapitel 2 § 13.

[213] Da die Entscheidung über das Arrestgesuch gem. § 922 I ZPO durch Beschluss erfolgen kann, ermöglicht § 128 IV ZPO eine Entscheidung ohne mündliche Verhandlung.

[214] Die Entscheidung, ob eine mündliche Verhandlung durchzuführen ist, trifft das Gericht nach pflichtgemäßem Ermessen, *Grunsky* in Stein/Jonas, § 921 Rdnr. 1.

[215] Dass das Gericht, wenn es keine mündliche Verhandlung anordnet, gleichwohl dem Gegner vor der Beschlussfassung Gelegenheit zur schriftlichen Äußerung geben kann, ist h. M., vgl. statt vieler *Grunsky* in Stein/Jonas, § 922 Rdnr. 1.

[216] *Heinze* in Münchener Kommentar, § 921 Rdnr. 4.

[217] *BVerfGE* 18, 399 (404).

Im summarischen Verfahren nach §§ 916 ff. ZPO ist es neben der Absicht, den Gegner durch die Unterlassung der Anhörung nicht zu warnen, vor allem die Eilbedürftigkeit der Maßnahme, die die vorherige Anhörung des Gegners hindert. Da im Arrestverfahren gerade bezweckt wird, dass der Antragsteller zur Sicherung seiner materiellen Rechte sehr schnell eine Entscheidung erhält, kann es aus Zeitgründen geboten sein, auf einen schnellen Verfahrensabschluss hinzuwirken und deshalb von einer Anhörung abzusehen. Denn eine gründliche Gehörsgewährung ist allemal ein Problem der Zeit. Um zu vermeiden, dass das gerichtliche Verfahren und die ihm anvertrauten materiellen Rechte des Antragsstellers um ihre Durchsetzbarkeit gebracht werden, kann aufgrund der Eilbedürftigkeit der Maßnahme eine Beschleunigung des Arrestverfahrens notwendig werden, die der Gehörsgewährung entgegensteht. Von hieraus rechtfertigen sich die Einschränkungen des Gehörs in Eilverfahren.

D. Vergleich zwischen Zivil- und Strafprozessordnung im Hinblick auf rechtliches Gehör

Der Arrestbetroffene im Strafverfahren steht im Hinblick auf das Recht auf Gehör schon deshalb schlechter als im Zivilverfahren, weil es keine fakultative mündliche Verhandlung gibt.

Zudem kann nur im Arrestverfahren nach §§ 916 ff. ZPO der Anspruch auf rechtliches Gehör durch Einreichen einer so genannten *Schutzschrift* gewahrt werden. Die in der Rechtssprechung anerkannte[218] Schutzschrift[219], für die es keine gesetzliche Grundlage gibt, stellt ein vorbeugendes Verteidigungsmittel gegen einen drohenden Antrag auf Erlass eines Arrestes dar[220]. Wer befürchten muss, dass ein bestimmter Gegner einen Arrest gegen ihn beantragen wird, kann bei dem Gericht, an das der Antrag voraussichtlich gerichtet werden wird – bei mehreren in Betracht kommenden Gerichtsständen eventuell auch vorsorglich bei mehreren Gerichten – einen Schriftsatz einreichen, in dem er unter Bezeichnung des Streitverhältnisses und des Gegners und unter Hinweis auf den mutmaßlich zu erwartenden Antrag bereits vorweg seine eigene Version des Streits darlegen und glaubhaft machen kann[221]. Die schlüssige Schutzschrift kann beim Gericht so starke Zweifel säen, dass es zumindest die mündliche Verhandlung anordnet, wenn es nicht gar den Arrestantrag ablehnt[222]. Damit

---

[218] *OLG Hamburg,* MDR 1965, 755 (755); *OLG Nürnberg,* MDR 1977, 936 (936); *OLG Frankfurt,* MDR 1978, 675 (675).

[219] Die Schutzschrift ist von der Rechtsanwaltschaft im Bereich des Wettbewerbsrechts erfunden und entwickelt worden, aber auch im Arrestverfahren sehr wertvoll.

[220] *Schellhammer* (Fußn. 183), S. 840, Rdnr. 1959.

[221] *Teplitzky,* NJW 1980, 1667 (1667).

[222] *Schellhammer* (Fußn. 183), S. 840, Rdnr. 1959.

kann die Schutzvorschrift als eine Form der Gewährung des rechtlichen Gehörs angesehen werden[223].

Neben der Schutzschrift bietet zudem der ebenfalls nur im zivilrechtlichen Arrestverfahren mögliche *Widerspruch gem. § 924 ZPO* ein Mittel, sich rechtliches Gehör in Form der mündlichen Verhandlung zu erzwingen[224]. Denn bei Einlegung eines Widerspruchs gegen den ohne mündliche Verhandlung ergehenden Beschluss über die Arrestanordnung hat das Gericht gem. § 924 II 2 ZPO von Amts wegen Termin zur mündlichen Verhandlung zu bestimmen und dort kann sich der Arrestbetroffene dann rechtliches Gehör verschaffen. Das Arrestverfahren bildet bei richtigem Verständnis damit nicht einmal eine Ausnahme vom Grundsatz des rechtlichen Gehörs: Nicht die Geltung des Gehörsgrundsatzes ist aufgehoben, sondern nur der Zeitpunkt hinausgeschoben, zu dem das rechtliche Gehör gewährt wird[225].

Die Einschränkungen, die der vom Arrest Betroffene in Bezug auf die Gehörsgewährung hinnehmen muss, sind im Strafverfahren damit insgesamt noch stärker als im Arrestverfahren nach §§ 916 ff. ZPO. In Anbetracht der starken Einschränkungen und der weit reichenden Folgen des strafprozessualen Arrestes erscheint es zum Teil unverständlich, mit welchem Automatismus im Strafverfahren von einer vorherigen Anhörung abgesehen wird. In der Praxis unterbleibt die Anhörung des Betroffenen teilweise mit einer Selbstverständlichkeit, dass der Eindruck erzeugt wird, die Existenz des § 33 III StPO sowie der Umstand, dass das Unterlassen einer Anhörung nur einen an bestimmte Voraussetzungen geknüpften Ausnahmefall darstellt, seien den meisten Ermittlungsrichtern nicht bewusst. Auf vorheriges Gehör darf nur verzichtet werden, wenn der Zweck der Arrestanordnung im konkreten Fall tatsächlich gefährdet würde. Das lässt sich etwa dann nicht bejahen, wenn sich der Arrestbetroffene in Untersuchungshaft befindet und deshalb die Vollstreckung gar nicht vereiteln kann. Falls die vorherige Anhörung nach geschilderter Prüfung entfällt, muss die Anhörung sofort nachgeholt werden, sobald das ohne Gefährdung des Zwecks der Maßnahme möglich ist: Wegen der gravierenden Beeinträchtigungen durch einen dinglichen Arrest ist dem Betroffenen bereits zu dem Rechtseingriff im Arrestverfahren und nicht erst zur endgültigen Entscheidung in der Hauptverhandlung rechtliches Gehör zu gewähren; in einem Beschwerdeverfahren gegen die Anordnung des Arrestes muss stets eine nachträgliche Anhörung des Betroffenen erfolgen[226]. Dadurch kann gewährleistet werden, dass die umfangreiche Gehörsbeschränkung in der Phase der Arrestanordnung und -durchführung durch Stär-

[223] *Teplitzky* (Fußn. 221), NJW 1980, a. a. O.

[224] Im Gegensatz dazu ergeht die strafprozessuale Beschwerde, die gegen die Anordnung eines Arrestes zulässig ist, gem. § 309 I StPO ohne mündliche Verhandlung.

[225] *Waldner,* S. 109, Rdnr. 380; *Schmidt-Aßmann* in Maunz/Dürig, Art. 103 Rdnr. 93.

[226] *BVerfG,* NJW 2004, 2443 (2443) = StV 2004, 411 (411 f.).

kung des rechtlichen Gehörs an späterer Stelle kompensiert wird. In der Nachholung des Gehörs liegt ein unverzichtbares Institut, Verkürzungen des Gehörsgrundsatzes in die Maßstäbe der Verhältnismäßigkeit einzupassen; sie hat als „funktionales Äquivalent" großes Gewicht[227].

§ 13 Mündliche Verhandlung

Bereits im Rahmen der Ausführungen zur Anhörung[228] hat sich ein bedeutsamer Unterschied zwischen der der zivil- und strafprozessualen Arrestentscheidung ergeben: Erstere kann auf Grund vorheriger mündlicher Verhandlung ergehen, während Letztere stets ohne mündliche Verhandlung erfolgt. Das Fehlen einer fakultativen mündlichen Verhandlung stellt für den strafprozessual Arrestbetroffenen einen erheblichen Nachteil dar, zumal die mündliche Verhandlung nicht umsonst als „die unmittelbarste, historisch und psychologisch bestens bewährte Form" der Gewährung rechtlichen Gehörs bezeichnet wird[229]. Die Schwerpunktbildung in der Strafprozessordnung hinsichtlich der Regelung der mündlichen Verhandlung auf eine Haupt(!)verhandlung bringt hier auch Schwächen mit sich. Während des ganzen Ermittlungsverfahrens sieht die Strafprozessordnung keine mündliche Verhandlung vor[230], die Entschließung der Staatsanwaltschaft, ob sie die öffentliche Klage erhebt (§ 170 I StPO) oder ob sie das Verfahren einstellt (§ 170 II StPO), wird im schriftlichen Verfahren getroffen und auch beim Zwischenverfahren handelt es sich um ein streng schriftliches Verfahren[231].

§ 14 Form der Arrestanordnung

A. Zivilprozessualer Arrest

Auf einen zulässigen und begründeten Antrag erlässt das Gericht den zivilprozessualen Arrestbefehl. In welcher Form die Arrestanordnung ergeht hängt dabei davon ab, ob eine mündliche Verhandlung stattgefunden hat. Ohne mündliche Verhandlung erlässt das Gericht den Arrestbefehl durch Beschluss, nach mündlicher Verhandlung durch Urteil (§ 922 I ZPO).

---

227 *Schmidt-Aßmann* in Maunz/Dürig, a. a. O.

228 Oben Kapitel 2 § 12 B. und D.

229 *Waldner* (Fußn. 225), S. 40, Rdnr. 128.

230 Allerdings werden einige Ermittlungshandlungen mündlich vorgenommen. Beispielsweise ist der Beschuldigte mündlich zu vernehmen.

231 *Fezer,* Mündliche Verhandlung, S. 83.

B. Strafprozessualer Arrest

Beim strafprozessualen Arrest hängt die Form von der Zuständigkeit für die Anordnung ab: Das Gericht entscheidet durch Beschluss; die Staatsanwaltschaft erlässt eine schriftliche Verfügung[232].

§ 15 Inhalt der Arrestanordnung

A. Tenor bzw. Formel

Im Hinblick auf den Inhalt der Arrestanordnung ergeben sich zwischen zivil- und strafprozessualem Arrest keine wesentlichen Unterschiede. Denn § 111d II StPO verweist insoweit auf §§ 920 I, 923 ZPO. Die Verweisung auf § 920 I ZPO betrifft, da ein Antrag der Staatsanwaltschaft entbehrlich sein kann[233], in erster Linie die Arrestanordnung. Danach gilt hinsichtlich der inhaltlichen Anforderungen sowohl für die zivil- als auch für die strafprozessuale Arrestanordnung: Der Arrestbefehl besteht aus der einfachen Anordnung des dinglichen Arrestes über das Vermögen des Betroffenen[234], der Bezeichnung des zu sichernden Anspruchs und seiner Höhe (§ 920 I ZPO)[235] und der Feststellung der Lösungssumme (§ 923 I ZPO). Allein die zivilprozessuale Arrestentscheidung enthält darüber hinaus auch eine Kostenentscheidung, deren Inhalt sich in der Hauptsache nach den §§ 91 ff. ZPO richtet[236]. Nicht erforderlich ist ein Ausspruch über die vorläufige Vollstreckbarkeit der Arrestanordnung. Denn die sofortige Vollziehungsmöglichkeit gehört zum Sinn des ganzen Eilverfahrens und wird von § 929 ZPO vorausgesetzt. Im Übrigen werden die Vorschriften über die Sicherheitsleistung (§§ 709 f. ZPO) und über die Abwendungsbefugnis des Schuldners (§§ 711 ff. ZPO) durch die §§ 921 II, 923 ZPO verdrängt.

Eine Besonderheit besteht beim strafprozessualen Arrest im Hinblick auf die Bezeichnung des zu sichernden Anspruchs. Wenn Gründe für die Annahme gegeben sind, dass die Voraussetzungen des Verfalls von Wertersatz vorliegen, kann gem. § 111b II StPO der Arrest angeordnet werden. Gem. § 111b V StPO darf der dingliche Arrest auch ausgebracht werden, soweit dem Verletzten aus der Tat ein Anspruch erwachsen ist, dessen Erfüllung dem Täter oder Teilnehmer den Wert des aus der Tat Erlangten entziehen würde (§ 73 I 2 StGB). Bei

---

[232] *Schäfer* in Löwe/Rosenberg, § 111d Rdnr. 21; *Mayer* in KMR, § 111d Rdnr. 3.

[233] Oben Kapitel 2 § 10 B. und C.

[234] Im Rahmen des zivilprozessualen Arrestes ist auch die Anordnung des persönlichen Arrestes möglich.

[235] Bei der Zurückgewinnungshilfe ist der zu sichernde Anspruch der Ersatzanspruch des Verletzten, der, soweit bekannt, namentlich zu benennen ist.

[236] *Walker* in Schuschke/Walker, § 922 Rdnr. 8; *Schellhammer* (Fußn. 183), S. 903, Rdnr. 1967.

der Arrestanordnung braucht dabei noch nicht entschieden zu werden, ob solche Ansprüche des Verletzten oder die des Staates zu sichern sind[237].

B. Begründung

Abweichungen beim Inhalt der Arrestanordnung ergeben sich bei der Notwendigkeit einer Begründung.

Beim zivilprozessualen Arrest muss unterschieden werden: Bei Arresturteilen gehören gem. § 313 I Nr. 6, III ZPO die Entscheidungsgründe zum notwendigen Inhalt, sofern nicht Erleichterungen gem. §§ 313a, 313b ZPO eingreifen. Wird der Arrest dagegen durch Beschluss angeordnet, sind im Interesse der Verfahrensbeschleunigung keine Entscheidungsgründe erforderlich[238]. Unabhängig davon, ob die Entscheidung durch Beschluss oder durch Urteil ergeht, muss sie gem. § 922 I 2 ZPO stets dann begründet werden, wenn sie im Ausland geltend gemacht werden soll.

Etwas anderes gilt beim strafprozessualen Arrest. Hier bedarf der richterliche Beschluss gem. § 34 StPO stets einer Begründung, weil dieser mit dem Rechtsmittel der Beschwerde gem. § 304 StPO angefochten werden kann. Das *Bundesverfassungsgericht* verlangt, dass das Gericht seine Prüfung der Anordnungsvoraussetzungen mit auf den Einzelfall bezogenen Ausführungen darlegt; schematisch vorgenommene Anordnungen des dinglichen Arrestes genügen nicht[239]. Die staatsanwaltschaftliche Verfügung, die gem. § 111e II 1 StPO richterlich bestätigt werden muss, bedarf keiner Begründung. Wenn die Staatsanwaltschaft bei Gefahr im Verzug selbst zu der Anordnung befugt ist, legt sie deren Notwendigkeit in den Akten nieder[240].

§ 16 Bekanntgabe der Arrestanordnung

A. Bekanntgabe der Arrestanordnung an den Arrestbetroffenen

I. Zivilprozessualer Arrest

Bei Bekanntgabe der Arrestanordnung im Arrestverfahren nach §§ 916 ff. ZPO muss danach unterschieden werden, ob die Entscheidung in einem Verfahren mit oder ohne mündliche Verhandlung ergangen ist. Der ohne mündliche Verhandlung erlassene Arrestbeschluss wird zunächst von Amts wegen an den

237 *Schäfer* in Löwe/Rosenberg, § 111d Rdnr. 5; *Meyer-Goßner,* § 111d Rdnr. 4.

238 *Walker* in Schuschke/Walker, § 922 Rdnr. 13.

239 *BVerfG,* NJW 2005, 3630 (3631).

240 *Meyer-Goßner,* § 111d Rdnr. 9.

Gläubiger zugestellt[241], der den Beschluss dann samt Arrestgesuch gem. § 922 II ZPO[242] dem Schuldner im Parteibetrieb zuzustellen hat[243]. Das nach mündlicher Verhandlung ergehende Urteil wird gem. § 310 ZPO verkündet und gem. § 317 I ZPO beiden Parteien, mithin auch dem Schuldner, von Amts wegen zugestellt.

II. Strafprozessualer Arrest

Wird der strafprozessuale Arrest angeordnet[244], so ist die Anordnung dem Betroffenen so früh wie möglich bekannt zu machen[245]. Dies gilt insbesondere für den Fall, dass im Strafverfahren gem. § 33 IV 1 StPO der Erlass des dinglichen Arrestes zunächst ohne vorherige Anhörung des Betroffenen erfolgt. Hier muss die Anhörung nämlich nachgeholt werden, sobald das ohne Gefährdung des Zwecks der Maßnahme möglich ist. Das bedeutet, dass – da der Beschuldigte nicht bloßes Objekt staatlichen Handelns sein soll – die Anordnung des dinglichen Arrestes nach § 111e StPO dem Betroffenen – notfalls mündlich[246] – so früh wie möglich in ihrem vollen Inhalt mitgeteilt werden muss. Die Bekanntgabe der Arrestanordnung an den Betroffenen kann durch die Staatsanwaltschaft nach § 36 II 1 StPO[247] oder erst unmittelbar im Zusammenhang mit

---

241 *Schellhammer* (Fußn. 183), S. 903, Rdnr. 1964.

242 Die Vorschrift des § 922 II ZPO geht § 317 I 1 ZPO vor, *Grunsky* in Stein/Jonas, § 922 Rdnr. 5a.

243 Durch die Zustellung im Parteibetrieb wird der Beschluss erst wirksam, *Schellhammer* (Fußn. 183), S. 903, Rdnr. 1964.

244 Wird im Strafverfahren die Arrestanordnung *nicht* angeordnet, so wird dies dem Arrestbetroffenen (zunächst) nicht mitgeteilt. Der Beschuldigte erhält (erst) dann eine Mitteilung, wenn sein Verteidger Anspruch auf unbeschränkte Akteneinsicht (§ 147 II StPO) erlangt hat, da sonst das Ermittlungsverfahren der Staatsanwaltschaft gestört würde, *Schäfer* in Löwe/Rosenberg, § 111e Rdnr. 6 i. V. m. § 98 Rdnr. 19. In der Zivilprozessordnung erhält der Antragsgegner im Falle der Ablehnung des Arrestantrags keine Mitteilung über den Beschluss, soweit keine mündliche Verhandlung gem. § 922 I ZPO stattfindet. Gem. § 922 III ZPO muss der Beschluss dem Gegner nämlich nicht mitgeteilt werden, da anderenfalls die Interessen des Antragstellers gefährdet würden. Zweck des § 922 III ZPO ist es nämlich, den Schuldner nicht von dem gegen ihn laufenden Verfahren in Kenntnis zu setzen, weil sonst zu befürchten wäre, dass er weitere den Gläubiger benachteiligende Handlungen vornimmt. Dadurch, dass dem Schuldner die Zurückweisung des Arrestgesuchs nicht mitgeteilt wird, bleibt dem Gläubiger die Chance, entweder in der Rechtsmittelinstanz eine günstigere Entscheidung herbeizuführen oder sein Gesuch zu erneuern, *Grunsky* in Stein/Jonas, § 922 Rdnr. 6.

245 *Achenbach* in Alternativkommentar StPO, § 111e Rdnr. 12.

246 *Schäfer* in Löwe/Rosenberg, § 98 Rdnr. 38 i. V. m. § 111e Rdnr. 6.

247 Die vollstreckungsbedürftige Anordnung des dinglichen Arrestes durch das Gericht wird also nicht durch dieses zugestellt, sondern nach § 36 II 1 StPO der Staatsanwaltschaft übergeben, die die Bekanntmachung veranlasst. Dass die Staatsanwaltschaft ihre Entscheidungen selbst bekannt gibt, ist gesetzlich nicht bestimmt, aber selbstverständlich.

der Vollziehung der Maßnahme vorgenommen werden[248], wenn sonst der mit der Vollziehung des Arrestes erstrebte Erfolg gefährdet würde[249].

B. Bekanntgabe der Arrestanordnung an den Arrestgläubiger

I. Zivilprozessualer Arrest

Im Arrestverfahren nach §§ 916 ff. ZPO erhält der Gläubiger, der das Arrestgesuch gestellt hat, natürlich immer von der Arrestentscheidung Kenntnis: Falls sein Arrestgesuch (als unzulässig oder unbegründet) abgelehnt wird, im Wege der Verkündung und Zustellung des Urteils (§§ 310, 317 I ZPO) bzw. – falls keine mündliche Verhandlung stattgefunden hat – durch formlose Mitteilung des Arrestbeschlusses gem. § 329 II 1 ZPO; falls der Arrest aufgrund des zulässigen und begründeten Arrestgesuchs erlassen wird, im Wege der Verkündung des Urteils oder durch Zustellung des Arrestbeschlusses von Amts wegen gem. § 329 III ZPO.

II. Strafprozessualer Arrest

Ist der Staat der Gläubiger der Arrestforderung, so gibt es keine besondere Regelung der Mitteilung in den §§ 111b ff. StPO. Stellt dagegen der aus der Straftat Verletzte den Gläubiger der Arrestforderung dar, so schützt die Vorschrift des § 111 III, IV StPO diesen abweichend von den zivilprozessualen Vorschriften.

1. § 111e III, IV StPO

Die Anordnung des dinglichen Arrestes[250] muss dem durch die Tat Verletzten, soweit er bekannt ist oder im Verlauf des Verfahrens bekannt wird, gem. § 111e III StPO unverzüglich mitgeteilt werden[251], wobei die Mitteilung hier immer formlos erfolgen kann[252]. Mit dieser Mitteilung soll dazu beigetragen

---

[248] *Mayer* in Vordermayer/Heintschel-Heinegg, S. 512, Rdnr. 64; *Schäfer* in Löwe-Rosenberg, § 111e Rdnr. 12.

[249] Ist der Betroffene der Beschuldigte, so ist zu beachten, dass in der Bekanntmachung eine verjährungsunterbrechende Handlung nach § 78c I Nr. 1 StGB (Bekanntgabe der Einleitung des Ermittlungsverfahren) liegen kann, weshalb der Inhalt der Bekanntmachung aktenkundig zu machen ist, damit die persönliche und sachliche Reichweite der Unterbrechungshandlung dokumentiert ist, *Schäfer* in Löwe-Rosenberg, § 98 Rdnr. 38 i.V.m. § 111e Rdnr. 6; Einzelheiten bei *Schäfer*, Dünnebier-Festschrift, S. 544 f.

[250] Falls der strafprozessuale Arrest nicht angeordnet wird, ergeht keine Mitteilung an den Verletzten nach § 111e III, IV StPO (vgl. Wortlaut „die Anordnung des Arrestes“).

werden, dass der Verletzte unverzüglich die ihm eingeräumten Möglichkeiten zur Sicherung oder Befriedigung aus der Tat erwachsener Ansprüche ausnutzen kann[253], ihm soll also die Durchsetzung seiner Ersatzansprüche ermöglicht werden[254]. Die Mitteilung an noch unbekannte Verletzte nach § 111 IV StPO soll auch ihnen die Wahrnehmung ihrer Rechte erleichtern[255] und erfolgt, was es im Rahmen der §§ 916 ff., 310 ff. ZPO nicht gibt, durch öffentliche[256] Bekanntmachung[257].

2. *Problematik der Bekanntgabevorschriften*

Diese geschilderten Bekanntgabevorschriften nach § 111e III, IV StPO sind mit Problemen verbunden.

a) Keine besonderen Anforderungen an Art und Umfang der Benachrichtigung

Da über § 111e III, IV StPO hinaus keine besonderen Anforderungen an Art und Umfang der Benachrichtigung gestellt werden, erhält der Geschädigte üblicherweise keine Angaben zur Anzahl der Geschädigten und den zu ergreifenden rechtlichen Schritten, sondern nur Information, dass im Wege der Zurückgewinnungshilfe in bestimmter Höhe Vermögenswerte sichergestellt wurden[258]. Bei der Zurückgewinnungshilfe führt diese Mitteilung über die Sicherstellung von Vermögenswerten oft dazu, dass der Verletzte zur Realisierung seiner Ansprüche weitere finanzielle Mittel einsetzt, obwohl teilweise absehbar ist, dass die sichergestellten Werte bereits durch wenige Zugriffe vorrangiger Gläubiger verbraucht

---

251 Die Bekanntgabe ist Sache der Staatsanwaltschaft, nach Erhebung der öffentlichen Klage des jeweils mit der Sache befassten Gerichts, *Meyer-Goßner,* § 111e Rdnr. 13; andere Ansicht *Schäfer* in Löwe/Rosenberg, § 111e Rdnr. 7, der davon ausgeht, dass stets die Staatsanwaltschaft zuständig ist.

252 *Lemke* in Heidelberger Kommentar, § 111e Rdnr. 8; *Meyer-Goßner,* a.a.O. Rdnr. 1.

253 *BT-Drucks.* 7/550, S. 294.

254 *Meyer-Goßner,* § 111e Rdnr. 11; *Lemke* in Heidelberger Kommentar, § 111e Rdnr. 8.

255 *Meyer-Goßner,* a.a.O. Rdnr. 14.

256 § 111e IV StPO sieht die öffentliche Bekanntmachung des dinglichen Arrestes im Bundesanzeiger oder „in anderer geeigneter Weise", etwa durch Tageszeitung oder amtliche Aushänge, vor.

257 Da die Mitteilung an „weitere" Verletzte erfolgt, entfällt sie, wenn überhaupt kein Verletzter bekannt ist, *Schäfer* in Löwe/Rosenberg, § 111e Rdnr. 8; *Meyer-Goßner,* § 111e Rdnr. 14; andere Ansicht *Achenbach* in Alternativkommentar StPO, § 111e Rdnr. 13, der die Vorschrift auch anwenden will, wenn überhaupt kein Verletzter namentlich bekannt ist.

258 *Malitz* (Fußn. 70), NStZ 2000, 337 (339), Fußn. 24.

sein werden[259]. Leer ausgehen erfahrungsgemäß zumeist die nicht oder nicht von vornherein anwaltschaftlich vertretenen, wirtschaftlich schwächeren und gerade darum zugleich nachhaltiger Geschädigten, während Banken, Unternehmen sowie andere Opfer, die sich durchweg anwaltschaftliche Hilfe leisten können, angesichts des etwas umständlichen Verfahrens deutlich bessere Realisierungschancen haben[260]. Die mangelnde Information kann den Verletzten somit leicht in falschem Glauben wiegen. Die derzeitige Mitteilungspflicht kann somit zu einer Vertiefung der auf Opferseite bereits entstandenen Schäden führen.

Es empfiehlt sich deshalb, den Geschädigten eine umfangreiche Belehrung zu erteilen. Zumindest bedarf es des Hinweises darauf, dass keine gleichmäßige Verteilung stattfindet, eine formlose Anmeldung von Zahlungsansprüchen keinen Zweck hat und die Geschädigten einen Zulassungsbeschluss gem. § 111g II bzw. § 111h II StPO erwirken müssen, um auf die gesicherten Vermögenswerte zugreifen zu können[261].

Da der vollstreckungsrechtliche Prioritätsgrundsatz beim Zugriff auf die arrestierten Vermögenswerte im Verhältnis mehrerer zugelassener Verletzter untereinander nicht durchbrochen wird[262], hat der Rechtsanwalt unverzüglich alle notwendigen Maßnahmen zur effizienten Durchsetzung der Wiedergutmachungsinteressen seines Mandanten als Verletzten zu ergreifen. Zwar normiert § 111e III StPO für die Strafverfolgungsbehörden die Pflicht, die durch eine Straftat Geschädigten unverzüglich über die in ihrem Interesse getroffenen Sicherungsmaßnahmen zu belehren; der Wirtschaftsanwalt darf aber keinesfalls diese Benachrichtigung abwarten, sondern muss vielmehr sofort gem. § 406e I 1 StPO für seinen Mandanten Einsicht in die Ermittlungsakten nehmen, um entsprechende Kenntnisse zu erlangen[263]. Dass die verbreitete Praxis der Staatsanwaltschaften, dem Anwalt eines Verletzten die Akteneinsicht unter Bezugnahme auf die angeblich von § 111e III StPO geforderte zeitgleiche Benachrichtigung aller Geschädigten zu verweigern, rechtswidrig ist, hat jüngst das *Landgericht Düsseldorf* festgestellt[264].

---

[259] Zum Zugriff auf die arrestierten Vermögenswerte, insbesondere zur Reihenfolge der Befriedigung, unten Kapitel 4.

[260] *Heghmanns* (Fußn. 102), ZPR 1998, a. a. O.

[261] *Schmid/Winter* (Fußn. 8), NStZ 2002, 8 (14). Zum Zulassungsbeschluss vergleiche unten Kapitel 5.

[262] Die Reihenfolge der Befriedigung *im Verhältnis mehrerer Verletzter untereinander* wird nicht näher behandelt, um den Rahmen dieser Untersuchung nicht zu sprengen. Zur Geltung des Prioritätsprinzips im Verhältnis mehrerer Verletzter untereinander ausführlich *Hees* (Fußn. 31), S. 233, 128.

[263] *Kiethe/Groeschke/Hohmann,* ZIP 2003, 185 (187).

[264] *LG Düsseldorf,* Beschl. v. 5. 2. 2002 – X Qs 10/02.

b) Arrestvollzug ins Beschuldigtenvermögen ohne Wissen und Willen des Verletzten

Da § 111e III, IV StPO dem Verletzten nur die Durchsetzung seiner Ersatzansprüche ermöglichen soll, verlangt die Vorschrift nach ihrer Zielsetzung auch keine Information des Geschädigten vor dem Beginn der Arrestvollziehung[265], zumal zur Ermöglichung der Bekanntgabe nach § 111 III StPO bei unbekannten Verletzten keine Ermittlungen geführt zu werden brauchen[266]. Somit besteht die Möglichkeit, dass ohne Wissen und vielleicht auch ohne Willen des Verletzten das gesamte Vermögen des Beschuldigten in Arrest genommen wird[267].

c) Unnötige Inanspruchnahme von Justizressourcen

Des Weiteren zieht die Benachrichtigungspflicht des § 111e III StPO bei Verfahren mit einer Vielzahl von Geschädigten[268] einen beträchtlichen Aufwand nach sich. Da das Gesetz keine Ausnahme aus Verhältnismäßigkeitsgründen vorsieht[269] kann die Mitteilungspflicht zu einer unnötigen Inanspruchnahme von Justizressourcen führen[270]. Denn zunächst existieren – vor allem bei Verfahren wegen betrügerischer Geldanlagen – nicht selten extrem viele Geschädigte, die möglichst zeitgleich zu benachrichtigen sind. Zudem reagieren erfahrungsgemäß eine Vielzahl entsprechend benachrichtigter Geschädigter mit schriftlichen, telefonischen oder gar persönlich vorgetragenen Rückfragen mit der Konsequenz, dass die dadurch in Anspruch genommenen Dezernenten oft

---

[265] *Achenbach* in Alternativkommentar StPO, § 111e Rdnr. 13.

[266] So auch *Kiethe/Groeschke/Hohmann,* wistra 2003, 92 (94); *Schäfer* in Löwe/Rosenberg, § 111e Rdnr. 7.

[267] Im Arrestverfahren nach § 916 ff. ZPO erfährt der vom Arrest Betroffene im Gegensatz zum Strafverfahren vor der Durchführung des Arrestes von dem Erlass der Arrestanordnung. Denn im Falle einer mündlichen Verhandlung ergeht die Anordnung des Arrestes durch Urteil (§ 922 I ZPO), das verkündet wird (§ 310 ZPO). Falls keine mündliche Verhandlung stattfindet, ergeht die Anordnung durch Beschluss, der gem. § 329 III 2 ZPO von Amts wegen dem Gläubiger zugestellt wird, woraufhin dieser den Beschluss samt Gesuch im Parteibetrieb dem Schuldner zustellen lassen muss, damit der Beschluss wirksam wird (§ 922 II ZPO).

[268] Es sind Verfahren bekannt mit 1 Mio. € beschlagnahmten Vermögenswerten und 1100 Geschädigten, 1,5 Mio. € und gar *25.000 Geschädigten* oder auch nur 1300 € und 350 Geschädigten, *Heghmanns* (Fußn. 102), ZRP 1998, 475 (477).

[269] Im Gegensatz zu § 111e III StPO ist der vierte Absatz der Regelung eine Sollvorschrift, weshalb von der öffentlichen Bekanntgabe insbesondere abgesehen werden kann, wenn sie keinen Erfolg verspricht oder ihre Kosten in keinem vernünftigen Verhältnis zum Wert der sichergestellten Sachen stehen würden, *Meyer-Goßner,* § 111e Rdnr. 14.

[270] *Malitz* (Fußn. 70), NStZ 2000, 337 (339), Fußn. 24; zum Aufwand der Ermittlungsbehörden auch *Ciolek-Krepold,* S. 173 f., Rdnr. 362.

wochen- und monatelang die eigentlichen Ermittlungen nicht oder nur eingeschränkt führen können[271].

Es wird daher empfohlen, in § 111e III StPO für unverhältnismäßige Mitteilungen eine Ausnahme vorzusehen. Jedenfalls in der Praxis sollten darüber hinaus die einzelnen Vermögenswerte mit dem derzeitigen Aufenthaltsort dem Verletzten so genau wie möglich mitgeteilt werden, um den Geschädigten zu ermöglichen, ohne weitere zeitraubende Nachfragen bei der Staatsanwaltschaft in die Vermögenswerte vollstrecken zu können.

---

[271] *Heghmanns* (Fußn. 102), ZRP 1998, 475 (477).

Kapitel 3

Die Vollziehung der Arreste im Vergleich

§ 17 Anwendbare Vorschriften bei der Vollziehung der Arreste

Mit der Arrestanordnung ist häufig die Vollziehung des Arrestes (Arrestdurchführung) zeitlich eng verknüpft. Erst im Rahmen dieser Arrestdurchführung, bei der vorläufig auf Vermögen des Arrestbetroffenen zugegriffen wird, kommt es zur eigentlichen *Sicherung* der Vollstreckung der Arrestansprüche. Anders als die normale Zwangsvollstreckung aufgrund eines Hauptsachetitels zielt die Vollziehung des Arrestes aber nicht auf eine *Verwertung* ab.

Die Durchführung des Arrestes setzt fundierte Kenntnisse des zivilprozessualen Zwangsvollstreckungsrechts voraus. Für den zivilprozessualen dinglichen Arrest folgt dies aus § 928 ZPO, der für die Vollziehung des Arrestes auf die Vorschriften der Zwangsvollstreckung verweist. Es müssen aber zudem einige Abweichungen von der gewöhnlichen Zwangsvollstreckung beachtet werden, die in §§ 929-932 ZPO bestimmt sind. Die zivilprozessuale Arrestvollziehung kann deshalb als Unterart der Zwangsvollstreckung bezeichnet werden, für die der Arrestbefehl den Titel bildet[1]. Die so geregelte Durchführung des zivilprozessualen dinglichen Arrestes gilt im Wesentlichen auch für den strafprozessualen Arrest, weil § 111d II StPO für die Arrestvollziehung bis auf § 929 ZPO und § 934 II-IV ZPO auf die einschlägigen Bestimmungen der Zivilprozessordnung verweist (§ 111d II StPO, §§ 928, 930-932, 934 I ZPO). Ein wichtiger Unterschied zur Zivilprozessordung besteht darin, dass § 111f III StPO die Zuständigkeiten abweichend regelt. Die Durchführung des zivilprozessualen persönlichen Arrestes, der nur im Zivilverfahren möglich ist, erfolgt durch Haft oder andere Beschränkung der persönlichen Freiheit und richtet sich nach § 933 ZPO, der §§ 901, 904-913 ZPO für anwendbar erklärt.

---

[1] *Grunsky* in Stein/Jonas, Vorbem § 916 Rdnr. 42.

§ 18 Überblick über die Vergleichspunkte bei der Vollziehung der Arreste

Die Zulässigkeit der Zwangsvollstreckung aufgrund eines echten Hauptsachetitels setzt als einschneidender staatlicher Akt[2] neben einem Antrag des Gläubigers vor allem dreierlei voraus: *Titel, Klausel, Zustellung* (§ 750 I ZPO)[3]. Da die Vorschriften der zivilprozessualen Zwangsvollstreckung bei der Arrestvollziehung Anwendung finden, lässt sich anhand dieser Punkte untersuchen, inwieweit sie auch bei Arrestvollziehung vorliegen müssen (§ 19).

Die Pfändung wegen einer Geldforderung in bewegliches Vermögen sowie die Zwangsvollstreckung in unbewegliches Vermögen prüft man am besten mithilfe der Kriterien *Vollstreckungsgegenstand, Vollstreckungsorgan (Zuständigkeit), Vollstreckungsmaßnahme* und *Vollstreckungsbeteiligte*[4]. Diese Aufteilung kann – mit dem zusätzlichen Punkt *Antrag des Gläubigers* – für die Darstellung der Durchführung des Arrestes übernommen werden, zumal sich so neben den Unterschieden zwischen der strafprozessualen und zivilprozessualen Arrestdurchführung auch die Besonderheiten im Gegensatz zur herkömmlichen Zwangsvollstreckung verdeutlichen lassen (§ 20).

Für die zivilprozessuale Arrestvollziehung gelten die Vorschriften §§ 928-934 ZPO. Da § 111d II StPO nicht auf alle diese Regelungen verweist, kommt es bei der Durchführung des strafprozessualen Arrestes zu einigen Unterschieden. Die *Abweichungen, die sich aufgrund der fehlenden Verweise in § 111b II StPO* ergeben, können für den Vergleich zwischen zivil- und strafprozessualer Arrestvollziehung herangezogen werden (§ 21).

§ 19 Titel, Klausel, Zustellung

A. Titel

Der bei der Zwangsvollstreckung notwendige Hauptsachetitel[5] muss für die zivilprozessuale Arrestvollziehung nach §§ 928-934 ZPO nicht vorliegen, denn diese Bestimmungen dienen erst der Erwirkung des Vollstreckungstitels[6] oder, genauer formuliert, sie dienen der vorläufigen Sicherung, die es dem Gläubiger ermöglicht, nach Erlangung des Hauptsachetitels diesen erfolgreich zu vollstre-

---

2 *Schumann,* ZPO-Klausur, S. 247, Rdnr. 366.

3 Zu den Voraussetzungen der Zwangsvollstreckung: *Lackmann* in Musielak, Vorbem § 704 Rdnr. 19 ff.; *Gottwald,* Vorbem § 704 Rdnr. 30 ff.

4 Vgl. *Schumann* (Fußn. 2), S. 267, Rdnr. 391, 395.

5 Nicht nur gerichtliche Urteile sind Titel, sondern beispielsweise auch der Prozessvergleich des § 794 I Nr. 1 ZPO, vgl. *Schumann* a. a. O., S. 247, Rdnr. 367.

6 *Teplitzky,* JuS 1980, 882 (883).

cken[7]. Für die zivilprozessuale Arrestvollziehung muss aber ein Arrestbefehl vorliegen. Dieser stellt keinen Hauptsachetitel dar, sondern einen vorläufigen Titel, der den Gläubiger sichert, nicht befriedigt[8].

Bei der strafprozessualen Arrestvollziehung stellt die Arrestanordnung den Vollziehungstitel dar.

B. Klausel

Nach § 724 ZPO wird die normale Zwangsvollstreckung aufgrund einer vollstreckbaren Ausfertigung durchgeführt. Unter vollstreckbarer Ausfertigung versteht man diejenige Ausfertigung eines Urteils, die die Vollstreckungsklausel gem. § 725 ZPO enthält[9]. Die Vollstreckungsklausel stellt eine amtliche Bescheinigung darüber dar, dass der Titel auch vollstreckbar ist; ohne sie ist die normale Zwangsvollstreckung unzulässig und mit der Erinnerung nach § 766 ZPO angreifbar[10]. Im Rahmen der Vollziehung des zivilprozessualen dinglichen Arrestes bedarf es dagegen grundsätzlich keiner Vollstreckungsklausel, vielmehr genügt allein die dem Gläubiger erteilte einfache Ausfertigung[11]. Dies liegt daran, dass Arrestbefehle mit Erlass des Beschlusses oder Verkündung des Urteils[12] ohne weiteres sofort vollstreckbar sind[13]. Ausnahmsweise ist gem. § 929 I ZPO eine Vollstreckungsklausel notwendig, wenn die Vollziehung gegen dritte, im Arrestbefehl nicht bezeichnete Personen stattfinden soll (Fälle der titelübertragenden Vollstreckungsklausel, §§ 727-729, 738, 742, 744 f., 749 ZPO)[14]. Beim strafprozessualen Arrest findet § 929 I ZPO keine Anwendung, weil § 111d II StPO darauf nicht verweist. Das führt dazu, dass statt einer Ausfertigung hier auch eine Kopie der Arrestanordnung ausgehändigt werden kann[15]. Eine Vollziehungsklausel ist mithin im Strafverfahren ausnahmslos nicht notwendig.

---

[7] *Schuschke* in Schuschke/Walker, § 928 Rdnr. 3.

[8] *Schellhammer,* Rdnr. 876.

[9] *Schumann* (Fußn. 2), S. 248, Rdnr. 369.

[10] *Schumann,* a.a.O.

[11] *Vollkommer* in Zöller, § 929, Rdnr. 1; *Schuschke* in Schuschke/Walker, § 929 Rdnr. 1.

[12] Das den Arrest anordnende Urteil ist ohne besonderen Ausspruch nach § 929 ZPO vorläufig vollstreckbar, das Urteil, durch den der Arrest abgelehnt wird, nach § 708 Nr. 6 ZPO.

[13] Zur sofortigen Vollstreckbarkeit des Arrestbefehls, vgl. *Vollkommer* in Zöller, § 929 Rdnr. 1.

[14] *Vollkommer* in Zöller, a.a.O.

[15] *Mayer* in Vordermayer/Heintschel-Heinegg, S. 512, Rdnr. 64.

C. Zustellung

Während bei der Zwangsvollstreckung gem. § 750 I 1 ZPO der Vollstreckungstitel bereits zugestellt sein oder bei Beginn zugestellt werden muss, kann der zivilprozessuale Arrestbefehl gem. § 929 III 1 ZPO schon vor seiner Zustellung an den Schuldner vollzogen werden, wenn die Zustellung alsdann in der Frist des § 929 III 2 ZPO nachfolgt, also innerhalb einer Woche nach der Vollziehung des Arrestes und vor Ablauf der Vollziehungsfrist des § 929 II ZPO[16]; ansonsten ist eine vor Zustellung des Arrestbefehls durchgeführte Vollziehungsmaßnahme unwirksam[17]. Dies beruht darauf, dass im besonders dringlichen einstweiligen Rechtsschutzverfahren der Zugriff auf das Schuldnervermögen schon ermöglicht werden muss, bevor dieser überhaupt Kenntnis vom Arrestbefehl hat. So kann der Schuldner daran gehindert werden, noch schnell Handlungen der Vollstreckungsvereitelung oder -erschwerung vorzunehmen. Der besondere Gläubigerschutz im Eilverfahren rechtfertigt damit die Ausnahme vom dem aus dem Gebot der Rechtsstaatlichkeit folgenden Grundsatz, dass der Schuldner vor Zugriff auf sein Vermögen durch staatlichen Hoheitsakt den Grund für diesen Eingriff zur Kenntnis nehmen soll[18]. Auch wenn eine Vollziehung des Arrestes vor Zustellung des Arrestbefehls erlaubt ist, entfällt die förmliche Zustellung im Zivilverfahren nicht. Im Gegensatz dazu bedarf die Vollziehung des strafprozessualen Arrestes überhaupt keiner förmlichen Zustellung der Arrestanordnung[19], zumal § 111d II StPO nicht auf § 929 III StPO verweist. Die Arrestanordnung muss vielmehr dem Arrestbetroffenen[20] formlos bekannt gegeben werden[21], und zwar erst nach der Vollziehung des Arrestes, wenn der mit ihm erstrebte Erfolg gefährdet würde[22].

§ 20 Vollziehungsgegenstand, -maßnahme, -organ und -beteiligte sowie Antrag des Gläubigers

A. Vollziehungsgegenstand

Hinsichtlich des Vollziehungsgegenstandes gibt es zwischen zivil- und strafprozessualem Arrest keinen Unterschied. Im Rahmen der Arrestvollziehung wegen einer zu sichernden Geldforderung kann – wie im allgemeinen Vollstre-

---

16 Zur Vollziehungsfrist, vgl. unten Kapitel 3 § 21 B.

17 *Vollkommer* in Zöller, § 929 Rdnr. 25.

18 *Schuschke* in Schuschke/Walker, § 929 Rdnr. 42.

19 *Mayer* in Vordermayer/Heintschel-Heinegg, S. 512, Rdnr. 64.

20 Zum Arrestbetroffenen beim strafprozessualen Arrest oben Kapitel 2 § 8. B.

21 *Schäfer* in Löwe/Rosenberg, § 111e Rdnr. 12.

22 *Pfeiffer,* § 111e Rdnr. 3.

ckungsrecht – auf bewegliches oder unbewegliches Vermögen des Arrestbetroffenen zugegriffen werden[23]. Zum beweglichen Vermögen gehören neben Sachen alle Arten von Forderungen, für die §§ 828-863 ZPO gelten, mithin neben Geldforderungen (§§ 829 ff. ZPO) auch Ansprüche auf Herausgabe oder Leistung einer Sache (§§ 846 ff. ZPO) sowie andere Vermögenswerte (§§ 857 ff. ZPO)[24]; zum unbeweglichen Vermögen gehören Grundstücke und so genannte grundstücksgleiche Rechte wie etwa das Erbbaurecht oder das Bergeigentumsrecht.

Mit Ausnahme der weiteren Formen der Vermögensbeschlagnahme nach § 290 StPO und § 443 StPO, die wie der dingliche Arrest einen Zugriff auf das gesamte Vermögen des Beschuldigten gestatten, bedeutet die Arrestvollziehung für strafrechtliche Verhältnisse einen außergewöhnlich weitgehenden Zugriff auf das Beschuldigtenvermögen und stellt damit eine „außerordentlich einschneidende Maßnahme" dar. Zu bedenken ist insoweit zunächst, dass etwa bei der strafprozessualen Beschlagnahme nach § 111c StPO i. a. R. ein isolierter Zugriff auf den deliktsverstrickten Einzelgegenstand erfolgt, während beim Arrest auf beliebige Teile des vom Arrest Betroffenen – auf das gesamte pfändbare Vermögen[25] – zugegriffen werden kann, wenn nicht ausnahmsweise eine Beschränkung des Arrestes auf bestimmte Gegenstände erfolgt[26]. Es kommt also regelmäßig zu einer Ausdehnung des Kreises der Zugriffsobjekte. Es ist anders als bei der Beschlagnahme, bei der zumeist nur auf „tatverstrickte" Gegenstände zugegriffen werden kann, beim strafprozessualen Arrest kein bestimmter Ursprung des Vermögens vorausgesetzt, d. h., zwischen der Tat, der der Beschuldigte verdächtigt wird, und dem in Arrest genommenen Vermögen muss kein Zusammenhang bestehen. Mit anderen Worten besteht die Möglichkeit des

---

23 Über die Vermögensverhältnisse eines Beschuldigten können auf vielfältige Weise Erkenntnisse gewonnen werden. Nach §§ 111b IV, 102 ff. StPO kann zur Durchführung von Finanzermittlungen und zur Auffindung von Vermögenswerten eine *gesonderte strafprozessuale Durchsuchung* vorgenommen werden. Diese ist von der Durchsuchung durch den Gerichtsvollzieher zu unterscheiden, die dieser vornimmt, um aufgrund eines bereits bestehenden dinglichen Arrestes nach zu pfändenden Gegenständen zu suchen. Grundbuchämter, Register etc. können um *Auskunft* ersucht werden. Die *Finanzverwaltung* besitzt ebenfalls Erkenntnisse über Vermögensverhältnisse; hier können die Steuerakten wertvolle Erkenntnisse über das Vermögen des Täters bieten. Bei größeren Ermittlungsverfahren empfiehlt es sich einen *besonders geschulten polizeilichen Finanzermittler* einzusetzen, um Vermögenswerte zu ermitteln, der das gesamte bewegliche Vermögen, das Grundvermögen und die Forderungen des Beschuldigten abklärt.

24 Zu den anderen Vermögenswerten zählt zum Beispiel der Gesellschaftsanteil des Schuldners an einer KG oder OHG sowie das Anwartschaftsrecht, *Schumann* (Fußn. 2), S. 394.

25 *Achenbach,* Blau-Festschrift, S. 14.

26 Eine Beschränkung auf bestimmte Gegenstände ist zulässig, *Schäfer* in Löwe/Rosenberg, § 111d Rdnr. 18.

Zugriffs auf legal erworbenes bzw. nicht nachweislich aus Straftaten stammendes Vermögen.

Im Vergleich zur Geldstrafe (§ 40 StGB)[27], bei der der Täter zur Zahlung einer bestimmten Geldsummenstrafe verurteilt wird[28], kann beim dinglichen Arrest auf gebundenes Vermögen zugegriffen werden. Bei der Geldstrafe ist zudem die Schuldfrage des Täters bereits geklärt, während der strafprozessuale Arrest eine schuldunabhängige Vermögenskonfiskation für den Beschuldigten bewirkt. Außerdem bestimmt das Gericht die Höhe eines Tagessatzes gem. § 40 II 1 StGB unter Berücksichtigung der persönlichen und wirtschaftlichen Verhältnisse des Täters. Mit dieser individuell zu ermittelnden Tagessatz-Höhe kann zumindest versucht werden, den Wohlhabenden und den Einkommensschwachen gleich hart zu treffen, um so „Opfergleichheit" zu schaffen. Beim strafprozessual dinglichen Arrest dagegen begrenzt nur die Höhe des zu sichernden Anspruchs die Vollziehung. Das führt dazu, dass der dingliche Arrest im Einzelfall zur Sicherstellung des gesamten Vermögens des Beschuldigten führen kann. Während bei der Geldstrafe die „Strafempfindlichkeit" des Täters mitberücksichtigt wird, findet die Arrestvollziehung ohne Rücksicht auf das Einkommen und die individuellen Vermögensverhältnisse des Beschuldigten statt. Anders ausgedrückt wird der dingliche Arrest nicht danach bemessen was der Beschuldigte persönlich verkraften kann oder danach wie empfindlich dieser den Täter nach seinen persönlichen und wirtschaftlichen Verhältnissen trifft. Die wirtschaftlichen Folgen eines Arrestes für den Beschuldigten sind mitunter erheblich, häufig sogar existenzbedrohend, wenn man nur an die Außenwirkung beispielsweise von Kontenpfändungen bei Banken denkt[29]. Der dingliche Arrest umfasst auch Vermögen, das dem Beschuldigten nach dem Arrest zufällt. Für die Vermögensbeschlagnahme gem. § 443 StPO ist dies in § 443 I 2 StPO klarstellend[30] geregelt, für die Beschlagnahme nach § 290 StPO anerkannt[31]; es gilt aber auch für den dinglichen Arrest, zumal er ebenfalls eine Form der Vermögensbeschlagnahme darstellt. Damit kann also auf das gesamte gegenwärtige und zukünftige Vermögen des Arrestbetroffenen zugegriffen werden. Was für einen einschneidenden staatlichen Akt die Arrestvollziehung mit sich bringt kann damit nicht übersehen werden, zumal der Zugriff auf das Beschuldigtenvermögen bereits im Ermittlungsverfahren bei einfachem Tatverdacht erfolgen kann, mithin zu einem Zeitpunkt, indem zugunsten des Beschuldigten die Unschuldsvermutung gilt.

---

[27] Die Geldstrafe ist eine echte Strafe und nicht etwa eine strafprozessuale Zwangsmaßnahme.

[28] *Horn* in Systematischer Kommentar StGB, § 40 Rdnr. 1.

[29] *Berndt,* StV 2001, 446 (446).

[30] *Kurth* in Heidelberger Kommentar, § 443 Rdnr. 2.

[31] *Gollwitzer* in Löwe/Rosenberg, § 290 Rdnr. 14.

B. Vollziehungsmaßnahmen

Bei der normalen Zwangsvollstreckung aufgrund eines Hauptsachetitels kommen folgende Vollstreckungsmaßnahmen in Betracht: Wenn im Rahmen der Vollstreckung wegen einer Geldforderung auf körperliche Sachen zugegriffen wird, erfolgt die Vollstreckung durch Pfändung gem. §§ 803 ff. ZPO. Vollstreckungsmaßnahmen des Gerichtsvollziehers sind dabei die Wegnahme oder das Anbringen des Pfandsiegels oder eine sonstige Form der Kenntlichmachung (Aufstellen von Tafeln, Anbringen von Beschriftungen) gem. § 808 ZPO sowie die Anschlusspfändung gem. § 826 ZPO[32]. Wenn die Vollstreckung dagegen in Forderungen oder andere Vermögensrechte erfolgt, besteht die Vollsteckungsmaßnahme im Erlass eines Pfändungs- und Überweisungsbeschlusses gem. §§ 829, 835 ZPO[33]. Erfolgt die Vollstreckung dagegen in unbewegliches Vermögen[34], so stehen als Vollstreckungsmaßnahmen gem. § 866 ZPO die Zwangsversteigerung, die Zwangsverwaltung und die Eintragung einer Sicherungshypothek für die Forderung zur Verfügung. Die Vollziehungsmaßnahmen beim zivil- und strafprozessualen Arrest sind im Wesentlichen gleich, da einerseits § 928 ZPO auf die Vorschriften der Zwangsvollstreckung verweist und andererseits § 111d II StPO neben §§ 930-932, 934 I ZPO den § 928 ZPO für entsprechend anwendbar erklärt.

Es gilt allerdings eine wichtige Überlegung zu beachten: Da der Arrest nur der Sicherung der künftigen Vollstreckung dient, darf die Arrestvollziehung nicht bereits zur Befriedigung führen[35]. Die Anwendung der Vorschriften über die Zwangsvollstreckung (§111d II StPO, § 928 ZPO) kommt daher von vornherein nur insofern in Betracht, als diese den Zugriff auf Vermögen des Arrestbetroffenen bezwecken, nicht aber dessen Verwertung[36]. Konsequenterweise beschränkt daher etwa § 932 ZPO (§ 111d II StPO), die Vollziehungsmöglichkeiten des dinglichen Arrestes in unbewegliches Vermögen allein auf die Eintragung einer Sicherungshypothek (Arresthypothek) für die Forderung. Dadurch wird besonders deutlich, dass die Arrestvollziehung nur eine Sicherungsvollstreckung darstellt. Zwangsverwaltung, auch nicht mit dem eingeschränkten Ziel der Hinterlegung der laufenden Grundstückserträge, sowie Zwangsversteigerung sind somit nicht möglich[37]. Auch ein Überweisungsbeschluss nach § 835 ZPO ergeht nicht[38]. Damit fehlen dem Gläubiger der Arrestforderung alle

---

32 *Schumann* (Fußn. 2), S. 267, Rdnr. 391.

33 *Schumann,* a. a. O., S. 271, Rdnr. 395.

34 Dazu zählen bei der Zwangsvollstreckung gem. § 864 I ZPO auch eingetragene Schiffe oder Schiffsbauwerke.

35 *Vollkommer* in Zöller, § 930 Rdnr. 1.

36 *Schuschke* in Schuschke/Walker, § 930 Rdnr. 1.

37 *Schuschke* in Schuschke/Walker, a. a. O.

38 *Schuschke* in Schuschke/Walker, a. a. O. Rdnr. 9.

Befugnisse, die erst durch die Überweisung der gepfändeten Forderung verliehen werden, § 835 ZPO[39]. Die Pfändung einer Geldforderung durch Arrestvollziehung berechtigt beispielsweise den Gläubiger nicht, gem. § 836 I ZPO anstelle des Arrestbetroffenen vom Drittschuldner Zahlung an sich zu verlangen[40]. Schließlich finden auch bei der Vollziehung des dinglichen Arrestes in körperliche Sachen die Vorschriften grundsätzlich keine Anwendung, die sich auf die Befriedigung des Gläubigers beziehen. Das bedeutet, dass keine Versteigerung des Gegenstandes am Ort der Pfändung erfolgt (§§ 814, 816 II ZPO)[41] und gepfändetes Geld nicht dem Gläubiger abzuliefern ist (§ 815 I ZPO)[42]. Einen Sonderfall, in dem ausnahmsweise eine Verwertung zulässig ist, enthält § 930 III ZPO, der über § 111d II StPO auch für die strafprozessuale Arrestdurchführung gilt. Danach kann eine bewegliche körperliche Sache dann versteigert und ihr Erlös hinterlegt werden, wenn sie der Gefahr einer beträchtlichen Wertverringerung ausgesetzt ist oder die Aufbewahrung unverhältnismäßige Kosten verursachen würde. Ersteres kann beispielsweise bei leicht verderblichen Sachen oder bei Kursverfall ausgesetzten Wertpapieren bejaht werden, Letzteres bei Einlagerung sehr sperriger, aber mäßig wertvoller Gegenstände[43].

C. Antrag des Gläubigers

Ein bedeutender Unterschied hinsichtlich der Arrestdurchführung besteht darin, dass im Gegensatz zum Strafverfahren der Gläubiger nach der Zivilprozessordnung Herr des Vollziehungsverfahrens ist. Wie die normale Zwangsvollstreckung erfolgt auch die Vollziehung des zivilprozessualen dinglichen Arrestes nie von Amts wegen, sondern setzt vielmehr einen Antrag des Gläubigers voraus. Ein eigenes Tätigwerden des Gläubigers ist damit Wesensmerkmal der Vollziehung[44]. Passives Verhalten kann insbesondere im Hinblick auf § 945 ZPO (Schadensersatzanspruch) nicht als Vollziehung angesehen werden, da der Schuldner zweifelsfrei erkennen soll, dass der Gläubiger selbst die Eilbedürftigkeit nach wie vor bejaht und das Risiko des § 945 ZPO auf sich nimmt[45].

---

39 *Grunsky* in Stein/Jonas, § 930 Rdnr. 9.

40 *Schuschke* in Schuschke/Walker, § 930 Rdnr. 9.

41 Über § 825 ZPO kann bei der normalen Zwangsvollstreckung aufgrund eines Hauptsachetitels auf die Versteigerung oder zumindest auf die Einhaltung einzelner Vorschriften verzichtet werden, vgl. *Schumann* (Fußn. 2), S. 269, Rdnr. 392.

42 Da der Arrest nicht zur Befriedigung des Gläubigers führen soll, ist gem. § 930 II ZPO gepfändetes Geld sowie der im Verteilungsverfahren (§§ 872 ff. ZPO) dem Gläubiger zugewiesene Betrag zu hinterlegen, *Grunsky* in Stein/Jonas, § 930 Rdnr. 10.

43 *Grunsky* in Stein/Jonas, a. a. O.; *Schuschke* in Schuschke/Walker, § 930 Rdnr. 7.

44 *Vollkommer* in Zöller, § 928 Rdnr. 2.

45 *Schuschke* in Schuschke/Walker, § 929 Rdnr. 16.

Der Gläubiger hat deshalb beispielsweise einen Vollziehungsantrag in Form des Vollziehungsauftrags gem. § 753 I ZPO an den Gerichtsvollzieher zu stellen, wenn die Arrestvollziehung in bewegliche körperliche Sachen erfolgen soll. Auch der Pfändungsbeschluss ergeht nur auf Antrag des Gläubigers genauso wie für die Eintragung der Arresthypothek ins Grundbuch der Gläubiger einen solchen stellen muss. Für die Durchführung des strafprozessualen Arrestes bedarf es einer derartigen Initiative des mutmaßlichen Anspruchsinhabers nicht. Insbesondere muss daher für den Beginn der Arrestvollziehung der Verletzte als Gläubiger keine Anträge stellen.

D. Vollziehungsorgan (Zuständigkeit)

Bei der Durchführung des Arrestes ergeben sich für den strafprozessualen Arrest im Vergleich zum zivilprozessualen Arrest Unterschiede bezüglich der Zuständigkeit, da § 111f III StPO für die strafprozessuale Arrestvollziehung eine eigenständige Zuständigkeitsregelung trifft; es wird also (zunächst)[46] nicht auf die Vorschriften der Zivilprozessordnung verwiesen.

Die Zuständigkeiten für die Vollziehungsmaßnahmen beim dinglichen Arrest bereiten weniger Probleme, sofern es um den Zugriff auf Forderungen, Schiffe oder Schiffsbauwerke sowie um den Zugriff auf unbewegliches Vermögen geht. Dagegen herrscht hinsichtlich der Frage der Zuständigkeit für die strafprozessuale Arrestvollziehung in bewegliche Sachen Streit.

I. Zuständigkeiten für die Arrestvollziehung in Forderungen, eingetragene Schiffe oder Schiffsbauwerke sowie in unbewegliches Vermögen

Für den Erlass des Pfändungsbeschlusses ist nicht wie ansonsten bei der Zwangsvollstreckung das Vollstreckungsgericht (Amtsgericht des Schuldnerwohnsitzes) zuständig (§ 828 I, II ZPO), sondern gem. §§ 930 I 3, 919, 802 ZPO das Arrestgericht. Die Entscheidung über die Pfändung der Forderung ist dem Rechtspfleger übertragen, es sei denn der Pfändungsbeschluss ergeht zusammen mit dem Arrestbefehl (§ 20 Nr. 16 RPflG). Die Vollziehung des strafprozessualen Arrestes obliegt bei der Arrestvollziehung in Forderungen gem. § 111f III 3 StPO dem Richter bzw. – bei Gefahr im Verzug – der Staatsanwaltschaft, wobei aber auch hier die Durchführung gem. § 22 Nr. 2 RPflG, § 31 II Nr. 2 RPflG dem Rechtspfleger übertragen ist. Während für die Arrestvollziehung in Forderungen im Strafverfahren somit immer dem Rechtspfleger

---

[46] Es ist streitig, was mit in § 111f III 1 StPO unter „in § 2 der Justizbeitreibungsordnung bezeichnete Behörde" gemeint ist. Eine Meinung kommt zur Anwendbarkeit der Vorschriften der Zivilprozessordnung, vgl. zum Streit unten Kapitel 3 § 20 D. II.

obliegt, kann im Zivilverfahren auch ausnahmsweise das Arrestgericht zuständig sein.

Die Arrestvollziehung in ein eingetragenes Schiff oder Schiffsbauwerk erfolgt durch Pfändung. Diese setzt beim zivilprozessualen Arrest gem. § 931 III 1. HS ZPO die Anordnung der Pfändung durch das Arrestgericht[47] voraus; vollzogen wird die Pfändung dann gem. §§ 931 I, 808 ff. ZPO vom Gerichtsvollzieher. Er hat das Schiff oder Schiffsbauwerk in seine Bewachung und Verwahrung zu nehmen und trifft die dazu erforderlichen Maßregeln[48]. Im Strafverfahren gilt erneut § 111f III 3 StPO, d.h., für die Anordnung der Pfändung ist der Richter, bei Gefahr im Verzug, die Staatsanwaltschaft zuständig. Die Durchführung der Vollziehung ist wiederum dem Rechtspfleger übertragen (§ 20 Nr. 16 RPflG, § 22 Nr. 2 RPflG, § 31 I Nr. 2 RPflG)[49].

Die Vollziehung des dinglichen Arrestes in unbewegliches Vermögen erfolgt – wie bereits unter § 20 B. dieses Kapitels gezeigt – durch Eintragung einer Arresthypothek ins Grundbuch, (§ 111d II StPO), §§ 932 II, 867 I ZPO. In Bezug auf die Zuständigkeit gilt für den strafprozessualen Arrest nach § 111f III 2 StPO die Vorschrift des § 111f II StPO entsprechend. Das Ersuchen an das Grundbuchamt um Eintragung hat daher die Staatsanwaltschaft oder das Gericht zu stellen, wenn es den Arrest angeordnet oder bestätigt hat. Die entsprechende Anwendung des § 111f II StPO führt dazu, dass die richterlichen und staatsanwaltschaftlichen Geschäfte dem Rechtspfleger übertragen sind (§ 22 Nr. 1 RPflG, § 31 I Nr. 1 RPflG)[50]. Im Gegensatz dazu hat den Antrag auf Eintragung der Arresthypothek beim zivilprozessualen Arrest der Gläubiger gem. §§ 932 II, 867 I 1 ZPO selbst zu stellen.

II. Die Zuständigkeit für die Arrestvollziehung in bewegliche Sachen

Die Vollziehung des dinglichen Arrestes in bewegliche Sachen erfolgt durch Pfändung (§ 111d II StPO), §§ 930 I 1 und 2, 803 ff. ZPO. Hierfür ist beim zivilprozessualen dinglichen Arrest der Gerichtsvollzieher gem. §§ 928, 930 I 2, 808 I ZPO zuständig. Beim strafprozessualen Arrest ist die Zuständigkeit für die Durchführung trotz der dafür eigenständigen Regelung in § 111f III 1 StPO heftig umstritten.

---

47 Das Eintragungsersuchen nach § 931 III 2. HS ZPO stellt im Zivilverfahren das Arrestgericht, im Strafverfahren die Staatsanwaltschaft bzw. das Gericht, wenn es den Arrest angeordnet oder bestätigt hat, vgl. *Meyer-Goßner,* § 111f Rdnr. 11.

48 *Hartmann* in Baumbach/Lauterbach/Albers/Hartmann, § 931 Rdnr. 3; *Vollkommer* in Zöller, § 931 Rdnr. 1.

49 *Rudolphi* in Systematischer Kommentar StPO, § 111f Rdnr. 9.

50 *Schäfer* in Löwe/Rosenberg, § 111f Rdnr. 8.

Zwar hat sich die Zuständigkeitsfrage für diese Pfändung mit der Neufassung des § 111f III 1 StPO[51] entschärft, sie hat sich jedoch noch immer nicht geklärt, da diese Vorschrift für die Zuständigkeit weiterhin den komplizierten Verweis auf die in § 2 der Justizbeitreibungsordnung (JBeitrO) bezeichneten Behörde beinhaltet.

1. Darstellung des Meinungsstreites

Für die umstrittene Frage, auf welche Behörde der Verweis in § 111f III 1 StPO konkret abzielt, wurden bis zur Neuregelung im Wesentlichen[52] der Gerichtsvollzieher, der Vollzugsbeamte sowie die Staatsanwaltschaft angeführt.

a) Zuständigkeit der Staatsanwaltschaft

Müller[53] ging von einer originären Zuständigkeit der Staatsanwaltschaft im Ermittlungsverfahren aus und kam unter Berücksichtigung einer Zuständigkeit der Staatsanwaltschaft nach § 111f III 1 StPO, § 2 I Nr. 1 JBeitrO, § 451 StPO dazu, dass diese die mit dem Verweis gemeinte Behörde ist. Auch in den Kommentaren wurde durchweg – allerdings ohne nähere Begründung – die Staatsanwaltschaft für die nach der Justizbeitreibungsordnung zuständige Behörde gehalten, §§ 1 I Nr. 1, 2 I JBeitrO, §§ 451 I, 459, 459g StPO[54]. *Müller* ließ es sogar wie bei der Sicherstellung von Beweismittel nach §§ 94 ff. StPO auch beim dinglichen Arrest zu, dass die Staatsanwaltschaft die Arrestvollziehung durch ihre Ermittlungspersonen durchführen lässt[55].

b) Zuständigkeit des Vollziehungsbeamten

Zur Zuständigkeit des Vollziehungsbeamten gelangten diejenigen, die zu einer Anwendbarkeit der Justizbeitreibungsordnung kamen, denn nach § 6 III JBeitrO tritt der Vollziehungsbeamte anstelle des Gerichtsvollziehers.

---

[51] Gesetz vom 6.8.2002 (BGBl. I 3018).

[52] Ein Teil der Literatur kam für den Arrest in bewegliches Sachen, falls dieser die Verfahrenskosten sichert, zur Zuständigkeit der Staatskasse nach § 111f III 1 StPO, §§ 1 I Nr. 4, 2 I 1 JBeitrO, vgl. *Pfeiffer,* § 111f Rdnr. 4; *Lemke* in Heidelberger Kommentar, § 111f Rdnr. 6.

[53] *Müller,* DGVZ 2000, 81 (81 f.).

[54] *Schäfer* in Löwe/Rosenberg, § 111f Rdnr. 6; *Pfeiffer,* § 111f Rdnr. 4; *Lemke* in Heidelberger Kommentar, § 111f Rdnr. 6. Wie in Fußn. 52 erwähnt, kamen diese Autoren ausnahmsweise zur Zuständigkeit der Staatskasse, soweit es um den Arrest in bewegliche Sachen zur Sicherung der Verfahrenskosten ging.

[55] *Müller,* DGVZ 2000, 81 (82).

Zur Anwendbarkeit der Justizbeitreibungsordnung kommt man ohne weiteres, wenn man den Verweis auf die in § 2 JBeitrO bezeichnete Behörde in § 111f III 1 a.F. StPO als Verweis auf die Justizbeitreibungsordnung als Ganzes ansieht[56]. Allerdings wird dabei übersehen, dass sich der Verweis in § 111f III StPO nur auf § 2 und nicht auf die gesamte Justizbeitreibungsordnung bezieht, sodass diese jedenfalls insofern keine Anwendung findet[57].

Brettschneider[58] kommt über eine analoge Anwendung des § 459g I StPO, der auf die Justizbeitreibungsordnung verweist, zu deren Anwendung. Er geht von einer Regelungslücke aus, die dadurch entstehe, dass der Verweis auf § 2 JBeitrO einen klassischen Zirkelschluss darstelle: § 2 JBeitrO erkläre nämlich wiederum die „nach den Verfahrensgesetzen für die Vollstreckung dieser Ansprüche zuständigen Stellen" für zuständig, sodass es – weil die Strafprozessordnung nur die Zuständigkeit für die Vollstreckung rechtskräftiger Verfallsanordnungen regelt (§§ 451, 459g StPO) – bei der Zuständigkeitsregelung des § 111f III 1 StPO verbleibe und der Kreis geschlossen sei[59]. Die Regelungslücke schließt *Brettschneider* dann durch eine Analogie zur Zuständigkeitsregelung des § 459g I 2 StPO[60], weil nach § 111f III 1 StPO die Vollziehung des Arrestes nach den Vorschriften über die Pfändung in bewegliche Sachen zu bewirken sei. Da sich die dafür maßgeblichen Bestimmungen nicht nur in der Zivilprozessordnung fänden, verweise § 111f III StPO nicht ausdrücklich auf die Arrestvorschriften der Zivilprozessordnung, vielmehr sei die Anwendung der Verfahrensvorschriften der Justizbeitreibungsordnung nahe liegender[61].

c) Zuständigkeit des Gerichtsvollziehers

Für eine Zuständigkeit des Gerichtsvollziehers haben sich bisher insbesondere[62] *Bittmann* und *Glöckner*[63] stark gemacht. Sie vertreten die Ansicht, dass

---

[56] So wohl das *AG Hannover*, das sich mit der Bemerkung begnügt, aus § 111f III StPO folge die Einschlägigkeit der Justizbeitreibungsordnung, *AG Hannover*, Beschluss vom 3.5.2001, Az. 751 M 17670/01, zitiert bei *Bittmann/Glöckner*, DGVZ 2002, 1 (1) Fußn. 6; ähnlich das *LG Bonn*, das in § 111f III StPO „eine eindeutige Zuständigkeitsbestimmung" dahingehend sah, dass mit dem Verweis auf § 2 JBeitrO die Justizbehörden und damit nach § 6 JBeitrO anstelle des Gerichtsvollziehers der Vollziehungsbeamte zuständig sei, vgl. *LG Bonn*, Beschluss vom 7.11.2000, DGVZ 2001, 9 (10).

[57] So neben anderen auch *Coenen*, DGVZ 1999, 161 (162).

[58] *Brettschneider*, NStZ 2000, 180 (180 f.).

[59] *Brettschneider* (Fußn. 58), NStZ 2000, 180 (180).

[60] Offen gelassen *Brettschneider*, wistra 2001, 119 (120).

[61] *Brettschneider* (Fußn. 58), NStZ 2000, 180 (181).

[62] Zur Zuständigkeit des Gerichtsvollziehers gelangt etwa auch – allerdings ohne nähere Begründung – das *LG Aachen*, *LG Aachen*, DGVZ 2003, 23 (23 f.), sowie

der Verweis auf § 2 JBeitrO in § 111f III 1 a.F. StPO ins Leere verläuft, da dieser auf § 1 JBeitrO Bezug nehme, darin aber keine Bestimmung enthalten sei, die sich mit der Vollziehung des strafprozessualen dinglichen Arrestes befasst. Dies habe zur Folge, dass § 111f III 1 a.F. StPO gegenstandslos sei und die Strafprozessordnung deshalb keine eigenständige Zuständigkeitsregelung enthalte[64]. Anders als *Brettschneider* versucht *Bittmann* nun aber nicht eine Analogie zu vergleichbaren Verfahrensvorschriften zu bilden, sondern greift auf die gegenüber § 111f III StPO allgemeine Bestimmung des § 111b II StPO zurück. Da dieser die §§ 928, 930 I ZPO für sinngemäß anwendbar erklärt und dort geregelt ist, dass die Vollziehung des Arrestes in bewegliches Vermögen unter Geltung der Vorschriften über die Zwangsvollstreckung durch Pfändung bewirkt wird, fänden die §§ 808 ff. ZPO Anwendung[65]. Diese Bestimmungen befassen sich mit der Zwangsvollstreckung in körperliche Sachen und erklären den Gerichtsvollzieher für die Pfändung zuständig. Demnach gelangt man zur Zuständigkeit des Gerichtsvollzieher gem. §§ 111d II StPO i.V.m. §§ 928, 930 I ZPO und § 808 I ZPO.

2. Lösung des Meinungsstreites unter Berücksichtigung der Neuregelung

Bei dem Streit um den Verweis auf § 2 JBeitrO hat die Neuregelung insoweit Klarheit gebracht, als der Verweis jedenfalls nicht – wie teilweise in der Literatur vertreten wurde[66] – auf die Staatsanwaltschaft oder deren Ermittlungspersonen abzielt. Denn die Staatsanwaltschaft und deren Ermittlungspersonen sind nunmehr ohnehin bereits aufgrund ausdrücklicher Aufzählung in § 111f III 1 n.F. StPO für die Durchführung des strafprozessualen Arrestes in bewegliche Sachen zuständig, weshalb mit der in § 2 JBeitrO bezeichneten Behörde nur eine andere Person oder Institution gemeint sein kann. Da mit der Aufzählung in der Neufassung der Kreis der Personen oder Institutionen, welche die Vollziehung des Arrestes bewirken dürfen, nur erweitert werden sollte[67], lässt sich zudem der Schluss ziehen, dass sich im Übrigen an der bisherigen gesetzlichen Zuständigkeit nichts verändern sollte. Das bedeutet, es bleibt bei der Zuständigkeit des Gerichtsvollziehers, da diese Meinung vorzugswürdig ist:

Coenen, der erkennt, dass die Regelung des § 111f III 1 StPO nicht auf die Justizbeitreibungsordnung als Ganzes, sondern lediglich auf die nach ihr zuständige Behörde verweist, weswegen es bei der Zuständigkeit des Gerichtsvollziehers verbleibe, *Coenen* (Fußn. 57), DGVZ 1999, 161 (162). *Coenen* erklärt aber nicht, woraus er diese originäre Zuständigkeit des Gerichtsvollziehers ableitet.

[63] *Bittmann/Glöckner* (Fußn. 56), DGVZ 2002, 1 (1 ff.).

[64] *Bittmann/Glöckner,* a.a.O., 1 (4).

[65] *Bittmann/Glöckner,* a.a.O.

[66] Vor allem *Müller* (Fußn. 53), DGVZ 2000, a.a.O.

[67] So auch *LG Aachen,* DGVZ 2003, 23 (24).

Brettschneider, der zur Zuständigkeit des Vollziehungsbeamten gelangt, geht zunächst von einem Zirkelschluss aus. Genau genommen handelt es sich aber um einen ins Leere gehenden Verweis. Denn zu einem Zirkelschluss kommt man nur, wenn man einen Fall des § 1 I Nr. 1-3 JBeitrO für gegeben ansieht, weil § 2 I 1 JBeitrO nur dann auf die nach den Verfahrensgesetzen für die Vollstreckung dieser Ansprüche zuständigen Behörde verweist. Ein Fall des § 1 I JBeitrO liegt aber nicht vor: § 1 I Nr. 1 JBeitrO bezieht sich nur auf die Vollstreckung rechtskräftig ausgeurteilter Geldstrafen und ähnlicher Ansprüche. Die Ansprüche, die durch strafprozessualen Arrest gesichert werden, sind aber allesamt noch nicht rechtskräftig. Häufig handelt es sich sogar um Ansprüche, die erst künftig entstehen. Soll der dingliche Arrest in bewegliche Sachen eine Geldstrafe sichern, so muss zwar gem. § 111d I 2 StPO schon ein Urteil ergangen sein, was aber nicht bedeutet, dass bereits Bestandskraft gegeben ist. Auch § 1 I Nr. 2 a) JBeitrO liegt nicht vor. Zwar sollen danach „Ansprüche aus gerichtlichen Anordnungen über den Verfall und die Einziehung" vollstreckt werden, nicht jedoch vorläufige Sicherungsmaßnahmen im Hinblick auf vermeintliche Ansprüche des Staates. Überhaupt enthält § 1 JBeitrO keinerlei Regelung über die Vollziehung eines strafprozessual angeordneten dinglichen Arrestes[68]. Schon die Annahme eines Zirkelschlusses geht damit fehl.

Ferner überzeugt die analoge Anwendung des § 459g I 2 StPO nicht. Selbst bei Annahme eines Zirkelschlusses liegt nämlich schon keine Regelungslücke vor, weil auf die allgemeine Regelung des § 111d II StPO zurückgegriffen werden kann. Diese verweist zwar zunächst nur für die Form der Anordnung sowie für die Durchführung der Vollziehung des Arrestes auf die Bestimmungen der Zivilprozessordnung und regelt die Zuständigkeit für die Arrestdurchführung in bewegliche Sachen speziell in § 111f III StPO. Da § 111f III StPO jedoch im Hinblick auf den darin enthaltene Verweis auf § 2 JBeitrO leer läuft, lebt die allgemeine Verweisung des § 111d II StPO auf die dort genannten ZPO-Vorschriften wieder auf und begründet die Zuständigkeit des Gerichtsvollziehers.

Zudem ist die Anwendung der Justizbeitreibungsordnung mit der Folge der Zuständigkeit des Vollziehungsbeamten bei weitem nicht so nahe liegend, wie es *Brettschneider* annimmt. Insofern gibt es zu bedenken, dass § 111f III 1 StPO auch nach der Änderung nur auf § 2 JBeitrO verweist. Kommt man aber über § 2 JBeitrO nicht zu einer Anwendung der Justizbeitreibungsordnung als Ganzes, so erscheint es zumindest fraglich, ob der Gesetzgeber eine Anwendung der Justizbeitreibungsordnung über die Hintertür der analogen Anwendung des § 459g StPO beabsichtigte. Nahe liegend erscheint vielmehr die Zuständigkeit des Gerichtsvollziehers, zumal dies den Vorstellungen des Gesetzgebers bei der Einführung des § 111f a.F. StPO am besten entsprechen dürfte. Der für die Durchführung des Arrestes zuständige Beamte sollte nämlich über eine

---

[68] So auch *Bittmann/Glöckner* (Fußn. 56), DGVZ 2002, 1 (4).

„zweckentsprechende Ausbildung“ verfügen[69]. Über eine solche verfügt der Gerichtsvollzieher sicherlich und er hat auch aufgrund seiner Erfahrung fundierte Kenntnisse von den zivilprozessualen Pfändungsvorschriften.

Hinzuweisen bleibt auf § 260 GVGA: Geht man entgegen der hier vertretenen Meinung von der Zuständigkeit des Vollziehungsbeamten aus, bedeutet dies keinen Ausschluss der Zuständigkeit für die Gerichtsvollzieher, da für den Fall, dass kein Vollziehungsbeamter vorhanden ist[70], der Gerichtsvollzieher nach § 260 GVGA an seine Stelle tritt[71]. Dann wird der Gerichtsvollzieher in der Eigenschaft als Vollziehungsbeamter tätig.

3. Bewertung der in den Verfahrensordnungen unterschiedlichen Zuständigkeit

Zwischen dem zivil- und strafprozessualen Arrest ergibt sich in Bezug auf die Zuständigkeit für die Arrestvollziehung in bewegliche Sachen somit der Unterschied, dass für die strafprozessuale Durchführung des Arrestes nicht nur der Gerichtsvollzieher, sondern zudem die Staatsanwaltschaft und ihre Ermittlungspersonen zuständig sind. Es stellt sich die Frage, wie dieser Unterschied zu bewerten ist:

Teilweise haben die durchgeführten Vollstreckungen zur Vermögensabschöpfung im Strafverfahren gezeigt, dass es sich nicht selten um sehr umfangreiche, zeitintensive Vollstreckungen handelte, die den Gerichtsvollzieher und auch sein Büro in ganz erheblichem Maße belasten und sogar für bestimmte Zeit für andere Vollstreckungen blockierten. Insofern ist es sicherlich zu begrüßen, wenn durch die neue alternative Zuständigkeit der Staatsanwaltschaft und deren Ermittlungspersonen die Gerichtsvollzieher entlastet werden.

Die Neuregelung des § 111 III 1 StPO ist im Vergleich zur früheren Regelung, nach der wie für die zivilprozessuale Arrestvollziehung nur der Gerichtsvollzieher zuständig war, zudem praktikabler. Früher ergaben sich nämlich praktische Probleme zunächst vor allem bei Durchsuchungen zur Ermittlung von Gegenständen, die sichergestellt werden können, § 111b IV i. V. m. §§ 102 ff. StPO. Denn vor einer solchen Untersuchung kann regelmäßig nicht vorhergesehen werden, ob vor Ort die zu beschlagnahmenden, unmittelbar tat-

---

[69] In der Begründung der Bundesregierung zum Entwurf des Einführungsgesetzes zum Strafgesetzbuch heißt es, dass die Vorschriften über die Pfändung beweglicher Sachen durch die in der Justizbeitreibungsordnung bezeichneten Behörden und Beamten erfolgen (Absatz 3), die über eine zweckentsprechende Ausbildung verfügen, *BT-Drucks.* 7/550 sowie *Brettschneider* (Fußn. 58), NStZ 2000, 180 (180).

[70] Dies ist wegen des nicht flächendeckenden Personalspielraums im Justizvollstreckungsbereich keineswegs unüblich, vgl. *Coenen* (Fußn. 57), DGVZ 1999, 161 (162).

[71] *Kessel,* DGVZ 2001, 9 (10).

bezogenen Gegenstände aufzufinden sind oder nur noch Wertgegenstände des allgemeinen Tätervermögens in Arrest genommen werden können[72]. Da die Vollziehung des Arrestes in die nicht unmittelbar tatbezogenen Gegenstände vor der Neuregelung nach h. M.[73] nicht durch die Staatsanwaltschaft oder Polizei vorgenommen werden durfte, musste zu jeder Durchsuchung vorsorglich ein Gerichtsvollzieher zugezogen werden[74]. Dieses Aufwandes bedarf es nunmehr nicht mehr, da jetzt die Arrestvollziehung auch von der Staatsanwaltschaft bzw. von ihren Ermittlungspersonen selbst vorgenommen werden kann.

Praktikabler ist die Neuregelung auch insofern als die Staatsanwaltschaft und ihre Ermittlungspersonen auch bei Scheitern der Zuziehung des Gerichtvollziehers die Arrestvollziehung selber durchführen können. Gerade die früher notwendige Zuziehung des Gerichtsvollziehers führte nämlich vielfach zu Schwierigkeiten: Da nämlich kein ausreichend flächendeckender Bereitschaftsdienst zur Verfügung steht, war ein Gerichtsvollzieher kurzfristig oft nicht zu erreichen. Selbst zu den üblichen Dienstzeiten scheiterte eine schnelle Zuziehung der Gerichtsvollzieher häufig daran, dass diese im Außendienst unterwegs und generell stark belastet waren[75]. Erst recht wollen sich Gerichtsvollzieher nur ungern zu Vollstreckungshandlungen in den frühen Morgenstunden oder am Wochenende bereithalten[76].

Allerdings hat die im Vergleich zum zivilprozessualen Arrest unterschiedliche strafprozessuale Neuregelung keineswegs nur Vorteile. Zwar wird der Gerichtsvollzieher entlastet, es ist aber auch der durch die Neuregelung entstehende Mehraufwand für die Staatsanwaltschaft und deren Ermittlungspersonen zu bedenken. Ob dieser Mehraufwand mit dem derzeitigen Personalansatz im Bereich von Staatsanwaltschaft und Polizei zu bewältigen sein wird, erscheint fraglich[77].

Dass nun auch staatsanwaltschaftliche Ermittlungspersonen die Arrestpfändung bewirken können, führt zusätzlich zu Problemen, da diese über keine zweckentsprechende Ausbildung verfügen. Es gilt schließlich, legal erworbenes bzw. nicht nachweislich aus Straftaten stammendes Vermögen zu sichern. Bei der Durchführung der Arrestvollziehung muss häufig eine Vielzahl vollstreckungsrechtlicher Entscheidungen getroffen werden, die noch dazu keinen Aufschub dulden, wie beispielsweise die generellen Pfändbarkeit von bestimmten Gegenständen oder die Vornahme einer Austauschpfändung[78]. Für staatsanwaltschaftliche Ermittlungspersonen sind das allerdings grundsätzlich wesens-

---

[72] *Park,* S. 350, Rdnr. 785; *BT-Drucks.* 14/6079, S. 7.

[73] Zur von *Müller* vertretenen Mindermeinung, vgl. oben Kapitel 3 § 20 D. II. 1. a).

[74] Vgl. *Park* (Fußn. 72), a. a. O.

[75] Vgl. *Park* (Fußn. 72), a. a. O.

[76] Vgl. *Brettschneider* (Fußn. 61), NStZ 2000, 180 (180).

[77] *Huber,* Rpfleger 2002, 285 (289).

[78] Ähnlich *LG Aachen,* DGVZ 2003, 23 (24).

fremde Aufgaben, die ein fundiertes Fachwissen aus dem Bereich des Vollstreckungsrechts erfordern. Mit anderen Worten: Die Arrestvollziehung in bewegliche Sachen stellt eine polizeifremde Aufgabe dar. Bereits jetzt besteht eine erhebliche Praktikabilitätsschwäche der strafprozessualen Sicherstellungsvorschriften in den häufigen Verweisen auf die ZPO, weil Strafrechtler – seien es Richter, Staatsanwälte oder Verteidiger – regelmäßig über keine besonders guten Kenntnisse im Zwangsvollstreckungsrecht verfügen. Bei Polizeibeamten sind zwangsvollstreckungsrechtliche Wissensdefizite noch eher zu erwarten. Da die Beamten nicht über eine qualifizierte juristische Ausbildung verfügen, dürften auch spezielle zwangsvollstreckungsrechtliche Fortbildungsmaßnahmen kaum geeignet sein, ihnen die für eine ordnungsgemäße Rechtsanwendung vorausgesetzten juristischen Denkstrukturen und Arbeitstechniken in dem erforderlichen Maße zu vermitteln[79].

Die neue Zuständigkeit für die Ermittlungspersonen der Staatsanwaltschaft widerspricht dem in § 111e I StPO zugrunde liegenden Gedanken: Im Gegensatz zur Anordnung der Beschlagnahme einer beweglichen Sache nach § 111c I StPO, die nach § 111e I 2 StPO bei Gefahr im Verzug auch durch die Ermittlungspersonen der Staatsanwaltschaft vorgenommen werden kann, behält § 111e I 1 StPO die Anordnung des strafprozessualen Arrestes ausschließlich dem Richter oder Staatsanwalt vor. Der Grund dafür liegt darin, dass sich die Anordnung nicht auf einen bestimmten Gegenstand bezieht, sondern lediglich auf einen bestimmten in Gegenständen verkörperten Wert, dessen Schätzung Bewertungsprobleme hervorrufen kann. § 111e I 1 u. 2 StPO liegt damit der Gedanke zugrunde, dass der Wert, den der zu Arrestzwecken zu pfändende Gegenstand hat, nicht durch Ermittlungspersonen geschätzt werden muss[80]. Diesem sachgerechten Gedanken bei der Anordnung des dinglichen Arrestes widerspricht es, wenn für die Vollziehung des dinglichen Arrestes nun auch Ermittlungspersonen der der Staatsanwaltschaft zuständig sind, zumal auch bei der Arrestvollziehung der Wert der Gegenstände geschätzt werden muss.

Schließlich haben sich durch die Neuregelung auch nicht alle Probleme gelöst: Falls der Gerichtsvollzieher die Vollstreckung durchführt, ist seine Vergütung bei diesen Einsätzen immer noch nicht abschließend geklärt. Es wurde versäumt, im Zusammenhang mit der Einführung der neuen Zuständigkeitsregelung auch die Vergütungsregelung bei der Vermögensabschöpfung im Strafrecht neu zu regeln. Nach wie vor können vom Gerichtsvollzieher wegen § 2 I GvKostG keine Kosten erhoben werden[81]. Darüber hinaus muss noch berück-

---

[79] *Park* (Fußn. 72), S. 350 f., Rdnr. 787.

[80] *Bittmann/Glöckner* (Fußn. 56), DGVZ 2002, 1 (4).

[81] Auftraggeber des Gerichtsvollziehers für die Pfändung im Rahmen eines Arrestes ist gem. § 2 JBeitrO, §§ 451 I, 459g StPO die Staatsanwaltschaft (*Kessel,* DGVZ 2000, 184 (184); *Meyer-Goßner,* § 111f Rdnr. 8), die eine Landesbehörde ist, welche

sichtigt werden, dass der Einsatz der Büro- und Schreibkräfte des Gerichtsvollziehers auf eigene Kosten erfolgt. Da Gebühren nicht erhoben werden können, erhalten die Gerichtsvollzieher auch keine Gebührenanteile nach der Verordnung zur Abgeltung der Bürokosten der Gerichtsvollzieher[82]. Es darf somit bezweifelt werden, ob die Neuregelung wirklich einen Fortschritt bringt, zumal nach der neuen Rechtslage nun Polizeibeamte befugt sind, derartige Vollziehungsmaßnahmen durchzuführen.

E. Vollziehungsbeteiligte

Hinsichtlich der Vollziehungsbeteiligten gibt es an sich keine großen Besonderheiten im Vergleich zur normalen Zwangsvollstreckung. Beteiligte sind zunächst der Gläubiger der (mutmaßlichen) Arrestforderung[83] sowie der Arrestbetroffene[84]. Außer dem Gläubiger und dem Arrestbetroffenen kann aber auch ein Dritter Vollziehungsbeteiligter sein. Bei der Vollziehung des Arrestes in bewegliche Sachen kann dies beispielsweise derjenige sein, der die Sache gem. §§ 928, 809 ZPO freiwillig herausgibt, im Falle einer Arrestvollziehung in Forderungen derjenige Dritte, gegen den sich der gepfändete Anspruch wendet (Drittschuldner).

§ 21 Unterschiede aufgrund fehlender Verweise in § 111d II StPO

A. Fehlende Verweisung auf § 929 I, III ZPO (Klausel, Zustellung)

§ 111b II StPO verweist nicht auf § 929 I, III ZPO. Die Folgerungen, die sich daraus im Hinblick auf die *Vollstreckungsklausel* und die *Zustellung* der Arrestanordnung ergeben, wurden in diesem Kapitel bereits unter § 19 erläutert.

---

gemäß § 2 I GvKostG von der Zahlung der Kosten (Gebühren und Auslagen) befreit ist. Daher kann von ihr auch kein Vorschuss (§ 4 GvKostG) erhoben werden, da ein Vorschuss bei einem kostenbefreiten Auftraggeber ausgeschlossen ist und auch eine Entnahme aus dem Vollstreckungserlös kommt nicht in Betracht (*Kessel*, DGVZ 2000, 184 (184 f.), zumal es sich bei der Arrestvollziehung um eine vorläufige Maßnahme handelt, bei der noch keine Versteigerung oder Verwertung von eingelagerten Gegenständen erfolgen darf.

[82] *Kessel* (Fußn. 71), DGVZ 2001, a. a. O.

[83] Zu den Gläubigern des Arrestanspruchs oben Kapitel 2 § 3 A. II.

[84] Dazu, wer Arrestbetroffener ist, oben Kapitel 2 § 8.

B. Fehlende Verweisung auf § 929 II ZPO (Vollziehungsfrist)

Die zeitliche Dringlichkeit, auf die das einstweilige Rechtschutzverfahren beruht, birgt die Gefahr von Fehlentscheidungen in sich, zumal gem. § 920 II ZPO Arrestanspruch und Arrestgrund nicht zu beweisen, sondern bloß glaubhaft zu machen sind (§ 294 ZPO)[85].

Noch wirkungsvoller als im Rechtsbehelfsverfahren werden die dem Gegner nachteiligen Folgen einer möglichen Fehlentscheidung dann verhindert, wenn es erst gar nicht zu einer Vollziehung des Arrestes kommt[86]. Einen solchen Fall regelt der mangels Verweisung in § 111b II StPO nur beim zivilprozessualen Arrest anwendbare § 929 II ZPO, wonach die Vollziehung des zivilprozessualen Arrestes unstatthaft ist, wenn seit dem Wirksamwerden der Eilanordnung ein Monat verstrichen ist (so genannte Vollziehungsfrist). Der Gläubiger muss also innerhalb der Monatsfrist durch ein Tätigwerden zur Vollziehung bekennen[87], wozu nach h.M. aber der Antrag auf Vollziehung ausreicht[88]. Die Regelung einer Vollziehungsfrist verhindert eine Arrestvollziehung unter solchen Umständen, die von denen zur Zeit der Arrestanordnung gegebenen wesentlich verschieden sind, und es wird insbesondere die Fortwirkung des Arrestgrundes zum Zeitpunkt der Vollziehung sichergestellt[89]. Letztlich wird also dem Grundsatz Genüge getan, dass der Anordnungsgrund nicht nur Voraussetzung für den Erlass, sondern auch für die Vollziehung der Eilanordnung ist[90]. Zudem wird verhindert, dass der Gläubiger Arrestbefehle „auf Vorrat" erwirkt, um sie als ständiges Druckmittel zu benutzen und bei Bedarf jederzeit einsetzen zu können[91]. Die Vorschrift dient damit ersichtlich dem Schuldnerschutz und trägt damit insgesamt zu einer ausgewogenen Berücksichtigung der beiderseitigen Interessen bei[92].

Eine derartige Vollziehungsfrist gibt es beim strafprozessualen Arrest nicht, weil § 111d II StPO nicht auf die §§ 929 II ZPO verweist. Dieser Umstand

---

[85] Vgl. zur Glaubhaftmachung und der Gefahr von Fehlentscheidungen oben Kapitel 2 § 5.

[86] *Walker,* S. 364, Rdnr. 566.

[87] *Walker* (Fußn. 86), S. 371, Rdnr. 577.

[88] *BGH,* WM 1990, 2089 (2090); *Schuschke* in Schuschke/Walker, § 929 Rdnr. 19. Der Gläubiger muss eine konkrete Vollziehungsmaßnahme (Pfändung einer Sache, Erlass eines Pfändungsbeschlusses, Eintragung einer Arresthypothek) eingeleitet haben; diese muss aber selbst nicht innerhalb der Vollziehungsfrist abgeschlossen sein. Mit Ablauf der Frist wird die Vollziehung unstatthaft und der Titel verfällt der Aufhebung gem. § 927 StPO.

[89] *Vollkommer* in Zöller, § 929 Rdnr. 3; *Grunsky* in Stein/Jonas, § 929 Rdnr. 2.

[90] *Walker* (Fußn. 86), S. 366, Rdnr. 568.

[91] *OLG Schleswig,* NJW 1972, 1056 (1057); *Walker,* a. a. O.

[92] Vgl. *OLG Frankfurt,* NJW-RR 1987, 764 (764); *Walker* (Fußn. 86), a. a. O.

führt aber nicht zu einem geringeren Schutz des Beschuldigten. Denn gem. § 111f III StPO haben die für die Durchführung des dinglichen Arrestes zuständigen Organe nach der Anordnung des Arrestes das Erforderliche zu veranlassen, d.h. die weiter erforderlichen Maßnahmen zur zwangsweisen Durchsetzung der Arrestanordnung einzuleiten[93]. Die Vollziehung des strafprozessualen Arrestes erfolgt nach seinem Erlass von Amts wegen, d.h. unabhängig von einem Antrag des Gläubigers. Im Hinblick auf den Verhältnismäßigkeitsgrundsatz wird man zudem fordern müssen, dass der Zeitraum zwischen Anordnung des Arrestes und dessen Durchführung nicht zu groß bemessen werden darf, damit der Gefahr entgegengewirkt wird, dass die Vollziehung des Arrestes unter ganz veränderten Verhältnissen stattfindet. Die strafprozessuale Ausgestaltung der Einleitung der Arrestvollziehung gewährleistet den Schuldnerschutz somit ebenso wie die Regelung der zivilprozessualen Vollziehungsfrist, zumal aufgrund der Verpflichtung zur Durchführung der Arrestanordnung natürlich auch verhindert wird, dass die Arrestanordnung lediglich als Druckmittel verwendet wird, das bei Bedarf eingesetzt werden kann.

Das Fehlen einer Vollziehungsfrist im Rahmen des strafprozessualen Arrestes führt aber dazu, dass der mutmaßlich Verletzte als Gläubiger besser gestellt ist als der Gläubiger beim zivilprozessualen Arrest. Denn die Vollziehungsfrist wirkt als eine immanente zeitliche Begrenzung des dem Gläubiger gewährten Rechtsschutzes[94]. Der Gläubiger muss, um die Vollziehung des Arrestes zu erreichen, den Antrag auf Vollziehung stellen, während beispielsweise im Strafverfahren die Zurückgewinnungshilfe und damit die Vollziehung des dinglichen Arrestes zugunsten des Verletzten unter Umständen auch dann stattfindet, wenn der mutmaßlich Geschädigte über einen längeren Zeitraum untätig geblieben ist und insbesondere keine erkennbaren zivilrechtlichen Schritte gegen den Beschuldigten zur Geltendmachung möglicher Ansprüche eingeleitet hat[95].

Auch in der Zivilprozessordnung hätte der Gesetzgeber eine Regelung schaffen können, wonach die Vollziehung der Eilanordnung sogleich nach ihrem Erlass von Amts wegen durchgeführt werden muss[96]. Davon wurde aber zu Recht Abstand genommen. Schon angesichts der Schadensersatzregelung des § 945

---

[93] Man kann von einer Verpflichtung zur *Durchführung* des strafprozessualen Arrestes sprechen. Die *Anordnung* des strafprozessualen Arrestes steht dagegen im Ermessen des zuständigen Organs. Zum Ermessen bei der Arrestanordnung oben Kapitel 2 § 11.

[94] *Heinze* in Münchener Kommentar, § 929 Rdnr. 3.

[95] Bei längerer Untätigkeit des Geschädigten nach Erlass einer Arrestanordnung trotz Kenntnis des Beschuldigten kommt aber eine Aufhebung des zum Zwecke der Zurückgewinnungshilfe erlassenen strafprozessualen Arrestes in Betracht, vgl. *Berndt* (Fußn. 29), StV 2001, 446 (446) und unten Kapitel 4 § 22 B. II. 2. a).

[96] So ausdrücklich der 1931 vom Reichsjustizministerium veröffentlichte Entwurf der Zivilprozessordnung in §§ 1005, 1020, 1023 Nr. 11; vgl. die Begründung dazu auf S. 556 f. des Entwurfs.

ZPO muss hier nämlich im Gegensatz zum Strafverfahren der Gläubiger Herr des Vollziehungsverfahrens sein[97]. Die Notwendigkeit des einstweiligen Rechtsschutzes beruht auf der zeitlichen Dringlichkeit. Bei einem eigenen abwartenden Verhalten des Gläubigers liegt diese nicht vor. Vielmehr ist dann davon auszugehen, dass der Gläubiger mangels Dringlichkeit das Hauptverfahren abwarten kann[98]. Für die Begrenzung des dem Gläubiger gewährten Rechtsschutzes gem. §§ 929 II, 927 StPO besteht mithin dann eine Rechtfertigung.

C. Fehlende Verweisung auf § 933 ZPO (persönlicher Arrest)

Wegen der fehlenden Verweisung des § 111d II StPO auf § 933 ZPO gibt es im Strafverfahren keinen strafprozessualen persönlichen Arrest. Beim zivilprozessualen Arrest gibt es dagegen neben dem dinglichen auch einen persönlichen Arrest[99]. Bisher wurde hinsichtlich der Arrestvollziehung nur der dingliche Arrest erwähnt, weil er den Normalfall darstellt und der persönliche Arrest ihm gegenüber subsidiär ist, d.h., nur für den Fall angeordnet werden kann, dass der dingliche Arrest keine ausreichende Sicherheit gewährt[100]. Zudem bietet sich nur der dingliche Arrest als Vergleich mit dem Arrest im Strafverfahren an, weil es dort eine Entsprechung für den persönlichen Arrest gerade nicht gibt.

Der persönliche Arrest lässt sich wie folgt kurz beschreiben: Seine Zulässigkeit ist an strenge Voraussetzungen geknüpft (§ 918 ZPO). Er sucht durch Einschränkung der persönlichen Freiheit die Sicherung der Ansprüche zu erreichen, wenn der dingliche Arrest nicht zur Sicherung führt (§§ 928, 933, 901, 904-913 ZPO). Der persönliche Sicherheitsarrest (§ 918 ZPO) besteht nach dem Ermessen des Arrestgerichts in der Anordnung der Haft von längstens 6 Monaten (vgl. § 913 S. 1 ZPO) oder anderen Beschränkungen der persönlichen Freiheit[101], wie etwa Hausarrest[102] oder Wegnahme des Reisepasses bzw. Auslandsvisums[103]. Die Vollziehung des persönlichen Arrestes erfolgt aufgrund dieser vom Arrestgericht getroffenen Anordnungen nach §§ 753, 909, 828 ZPO durch den Gerichtsvollzieher[104]. Für den Vollzug der Sicherungshaft als solche gelten §§ 171-175 StVollzG[105].

---

97 *Walker* (Fußn. 86), a.a.O.

98 *Walker* (Fußn. 86), S. 366, Rdnr. 567.

99 Zur Unterscheidung zwischen dinglichem und persönlichem Arrest bereits oben Kapitel 1 § 1 B. I.

100 *Teplitzky,* JuS 1980, 882 (884); *Schreiber,* Jura 2000, 492 (493).

101 *Grunsky* in Stein/Jonas, § 933 Rdnr. 1.

102 *Hartmann* in Baumbach/Lauterbach/Albers/Hartmann, § 933 Rdnr. 2.

103 *Vollkommer* in Zöller, § 933 Rdnr. 1.

104 *Grunsky* in Stein/Jonas, § 933 Rdnr. 2.

105 *Heinze* in Münchener Kommentar, § 933 Rdnr. 2.

D. Fehlende Verweisung auf § 934 I-IV ZPO (Aufhebung der Arrestvollziehung)

Außer auf §§ 929, 933 ZPO verweist die Vorschrift des § 111d II StPO schließlich auch nicht auf § 934 II-IV ZPO. Diese Vorschriften befassen sich mit der Aufhebung der Arrestvollziehung. Die Darstellung der Aufhebungsmöglichkeiten beim zivil- und strafprozessualen Arrest wird im folgenden Kapitel 4 im Rahmen der Ausführungen zur Arrestdauer und zu den Rechtsbehelfen beim Arrest vorgenommen. Dort wird auch kurz auf § 934 ZPO eingegangen[106].

---

[106] Unten Kapitel 4 § 22 B. II. 1. a).

Kapitel 4

Arrestdauer, Rechtsbehelfe und Ersatzansprüche

Die Arrestanordnung und -vollziehung ermöglicht die Sicherung der Vollstreckung von Arrestforderungen. Der Arrestgläubiger kann sich aber nicht darauf verlassen, dass das Vermögen des Arrestbetroffenen stets bis zu seiner endgültigen Befriedigung gesichert bleibt, da es aus verschiedenen Gründen zur Aufhebung des Arrestes kommen kann. Insbesondere kann der Arrestbetroffene mit Rechtsbehelfen die Aufhebung des Arrestes erreichen und so Dauer und Wirkung des oft folgenschweren Arrestes beenden. Bei einem ungerechtfertigten Arrest bzw. einem Arrest, der sich durch das Verfahrensergebnis als nachträglich nicht erforderlich erweist, stehen dem Arrestbetroffenen unter Umständen Ersatzansprüche zu, die die nachteiligen Folgen einer Fehlentscheidung ausgleichen sollen.

§ 22 Arrestdauer

A. Zeitliche Geltung des zivilprozessualen Arrestes

Auf Antrag des Gläubigers hin kann es zur Anordnung und Vollziehung des zivilprozessualen Arrestes kommen. Der Arrest bleibt dann solange wirksam, bis er aufgehoben wird. Die Aufhebung des Arrestes erfolgt nicht von Amts wegen, vielmehr ist die Einlegung von Rechtsbehelfen erforderlich. Welche Rechtsbehelfe im Einzelnen in Betracht kommen, wird unter § 23 dieses Kapitels behandelt. Ein Rechtsbehelf soll aber schon an dieser Stelle erwähnt werden. Es handelt sich um den nach § 927 StPO möglichen Antrag des Schuldners auf Aufhebung des Arrestes wegen veränderter Umstände. Die Umstände müssen sich dabei nach Erlass des Arrestes derart geändert haben, dass eine Voraussetzung für den Arrest fehlt[1]. Dafür gibt es drei Möglichkeiten: Der Gläubiger hat seinen Anspruch verloren, der Arrestgrund ist entfallen oder der Schuldner bietet eine taugliche Ersatzsicherheit an. Der Hauptfall eines veränderten Umstandes ist das rechtskräftige Obsiegen des Schuldners im Hauptsacheverfahren[2]. Der einstweilige Rechtsschutz muss hier enden, weil es nicht

---

[1] *Huber* in Musielak, § 927 Rdnr. 6; *Schellhammer,* S. 913, Rdnr. 1997.

mehr zu einem Hauptsacherechtsschutz kommen kann, dessen Durchsetzung zu sichern wäre; es fehlt endgültig am Arrestanspruch[3]. Diese Abhängigkeit des einstweiligen Rechtsschutzes vom Hauptsacherechtsschutz hätte der Gesetzgeber auch durch eine Regelung sichern können, wonach mit der rechtskräftigen Abweisung des Antrags im Hauptsacheverfahren die einstweilige Maßnahme automatisch gegenstandslos würde. Dass er diese Konstruktion nicht gewählt hat, ist nur mit dem Gesichtspunkt der Rechtssicherheit zu erklären, der dafür spricht, eine existente gerichtliche Entscheidung auch ausdrücklich durch ein Gericht aufzuheben[4]. Eine lediglich vorläufig vollstreckbare Hauptsacheentscheidung zugunsten des Schuldners kann zwar, muss aber nicht zu einer Aufhebung nach § 927 ZPO führen. Es kommt auf die Erfolgsaussichten des Gläubigers in der Rechtsmittelinstanz an, die im Aufhebungsverfahren zu prüfen sind[5]. Solange noch eine realistische Möglichkeit besteht, dass der Gläubiger den begehrten Rechtsschutz in der Rechtsmittelinstanz erreichen wird, besteht grundsätzlich auch noch ein Sicherungsbedürfnis.

B. Zeitliche Geltung des strafprozessualen Arrestes

I. Grundsätzliche Geltung bis zum rechtskräftigen Abschluss des Verfahrens

Der strafprozessuale Arrest kann bei Vorliegen der Voraussetzungen bereits mit Beginn des Ermittlungsverfahrens angeordnet und vollzogen werden. Er wirkt grundsätzlich nur bis zum rechtskräftigen Abschluss des Verfahrens, in dem er ergeht[6]. Ausnahmsweise verliert er seine Wirkung aber bereits früher[7]. Dies ist der Fall, wenn erfolgreich Rechtsbehelfe gegen den Arrest eingelegt werden. Abgesehen von den später zu behandelnden Rechtsbehelfen[8] kann der strafprozessuale Arrest vor rechtskräftigem Abschluss des Verfahrens aber auch aus anderen Gründen aufgehoben werden.

---

2 *BGH,* NJW 1978, 2157 (2158).

3 Dies gilt aber nur für die Klageabweisung wegen Unbegründetheit. War die Hauptsacheklage lediglich unzulässig, kommt es für eine Aufhebung darauf an, ob eine zulässige Klage noch innerhalb der gem. § 926 I ZPO gesetzten oder noch zu setzenden Frist möglich ist, *Grunsky* in Stein/Jonas, § 927 Rdnr. 6.

4 *Walker,* S. 355, Rdnr. 548.

5 *BGH,* WM 1976, 134 (134).

6 *BGH* 29, 13 (15); *OLG Düsseldorf,* NStZ-RR 2002, 173 (173).

7 Ausnahmsweise kann der Arrest auch über die Rechtskraft des Urteils hinaus wirken, vgl. dazu *OLG Stuttgart,* Rpfleger 2005, 214 (214) = NStZ 2005, 222 (222); *Nack* in Karlsruher Kommentar, § 111e Rdnr. 14; *Hees,* Zurückgewinnungshilfe, S. 203.

8 Zu den Rechtsbehelfen gegen Arrestanordnung und -vollziehung: unten Kapitel 4 § 23.

II. Aufhebung des Arrestes vor rechtskräftigem Abschluss des Verfahrens

1. Aufhebung der Arrestvollziehung

a) Hinterlegung der Lösungssumme

Wie sich aus dem Verweis des § 111d II StPO auf § 934 I ZPO ergibt, ist die Arrestvollziehung aufzuheben, wenn der in der Arrestanordnung genannte Geldbetrag (Lösungssumme) hinterlegt wird. Der Hinterlegung der Lösungssumme stehen die Beibringung einer Bankbürgschaft und die Hinterlegung von Wertpapieren gleich[9].

b) Notlage des Beschuldigten nach § 111d III StPO

Falls der Arrest nur wegen einer Geldstrafe oder wegen der voraussichtlich entstehenden Verfahrenskosten angeordnet wurde, ist die Arrestvollziehung ferner bei der Notlage des Beschuldigten nach § 111d III StPO aufzuheben. Die Aufhebung setzt aber einen Antrag des Beschuldigten an das Gericht voraus, das den Arrest angeordnet hat[10].

2. Aufhebung der Arrestanordnung

Die Arrestanordnung ist immer dann aufzuheben, wenn die Voraussetzungen für die Anordnung nicht mehr gegeben sind[11]. Entfall des Arrestgrundes und Entfall des Arrestanspruches bilden dabei die häufigsten Aufhebungsfälle[12].

a) Entfall des Arrestgrundes

Die Arrestanordnung muss daher vor allem aufgehoben werden, wenn der Arrestgrund entfällt. Dies ist beispielsweise der Fall, wenn es der mutmaßlich Tatgeschädigte für einen unangemessen langen Zeitraum[13] nach der Arrestan-

---

[9] *Meyer-Goßner,* § 111d Rdnr. 17.

[10] *Meyer-Goßner,* § 111d Rdnr. 21 f.

[11] *OLG Düsseldorf,* NStZ-RR, 2002, 173 (173); *Pfeiffer,* § 111e Rdnr. 7; *Nack* in Karlsruher Kommentar, § 111d Rdnr. 11.

[12] Ein unverhältnismäßiger dinglicher Arrest muss ebenfalls aufgehoben werden. Nach einer Entscheidung des *OLG Kölns* können beispielsweise unnötige Verfahrensverzögerungen erheblichen Ausmaßes, die aus der Sphäre des Staates kommen, zur Unverhältnismäßigkeit führen, *OLG Köln,* NStZ 2005, 400 (400). Das Gericht begründet die Unverhältnismäßigkeit des Arrestes mithin nicht mit der absoluten Dauer des laufenden Strafverfahrens, sondern mit der Dauer der von der Justiz zu vertretenden Verzögerung, vgl. *Marel,* StV 2004, 414 (414).

ordnung nicht für notwendig erachtet, etwas zur Geltendmachung möglicher Ersatzansprüche zu unternehmen[14]. Denn dann besteht staatlicherseits keinerlei Veranlassung (mehr), vermeintliche Opferinteressen auch nur vorläufig zu sichern; der Arrestgrund, der in der Eilbedürftigkeit der Maßnahme liegt, entfällt durch die Untätigkeit derjenigen, die es angeht[15].

Der strafprozessuale Arrestgrund entfällt dagegen nicht, wenn bereits ein zivilprozessualer Arrest hinsichtlich derselben Arrestansprüche erwirkt worden ist. Für das zivilrechtliche Arrestverfahren ist allgemein anerkannt, dass ein bereits anderweitig erwirkter Arrest nach Ablauf der Vollziehungsfrist weder der Zulässigkeit eines neuen Arrestantrags noch der Bejahung eines Arrestgrundes entgegensteht[16]. Diese Rechtslage gilt bei sinngemäßer Anwendung der den Arrestgrund beim dinglichen Arrest regelnden Bestimmung des § 917 ZPO auch für die Arrestanordnung im Strafverfahren nach § 111d StPO[17]. Ein strafprozessualer Arrest kann also neben bereits bestehenden zivilprozessualen Sicherungsmitteln Bestand haben[18].

b) Entfall des Arrestanspruchs

Bei der Aufhebung des Arrestes wegen des Wegfalls des Arrestanspruchs lassen sich mehrere Fälle unterscheiden.

---

13 Eine exakte zeitliche Grenze, bei deren Überschreitung der Arrest aufzuheben ist, lässt sich nicht befürworten, vielmehr sind die Umstände des Einzelfalls entscheidend: Das *OLG Düsseldorf* hält jedenfalls nach Ablauf von fast zwei Jahren den Arrest für nicht mehr gerechtfertigt (*OLG Düsseldorf,* Beschluss vom 20.2.2002 – 2 Ws 375–377/01). Das *LG Düsseldorf* hat bereits nach einem Zeitraum von fünf Monaten das Bestehen eines Arrestgrundes verneint, da die mutmaßlich Tatgeschädigten keine erkennbaren zivilrechtlichen Schritte zur Geltendmachung möglicher Ansprüche gegen den Beschuldigten eingeleitet hatten (*LG Düsseldorf,* StV 2001, 446). Das *LG Hildesheim* sieht für die Aufrechterhaltung des Arrestes schon nach Ablauf von drei Monaten seit Arrestanordnung keinen Anlass mehr, wenn die juristisch beratenen und im Wirtschaftsleben sehr erfahrenen mutmaßlich Geschädigten ohne weiteres in der Lage waren, sich selbst um die Sicherung bzw. Durchsetzung ihrer Ansprüche zu kümmern (*LG Hildesheim,* StraFo 2003, 166 (167).

14 *OLG Düsseldorf,* Beschl. vom 20.2.2002 – 2 Ws 375–377/01; *LG Hildesheim,* StraFo 2003, 166 (167); *Leipold,* NJW-Spezial 2006, 39 (40); *Marel* (Fußn. 12), StV 2004, 414 (415); *Rönnau,* StV 2003, 581 (583); *Berndt,* StV 2001, 446 (446).

15 *Berndt,* StV 2001, a. a. O.

16 Vgl. nur *Walker* in Schuschke/Walker, § 917 Rdnr. 8; *OLG Köln* NJW 2004, 2397 (2397).

17 *OLG Köln,* a. a. O.; *Leipold,* NJW-Spezial 2004, 186 (186).

18 Die gegenteilige Auffassung vertritt *Marel,* der von einem fehlendem Sicherungsbedürfnis ausgeht, wenn der Verletzte bereits einen zivilprozessualen Arrestbefehl besitzt, *Marel* (Fußn. 12), StV 2004, a. a. O.

aa) Freispruch durch erstinstanzliches Urteil

Ein Arrestanspruch ist zu bejahen, wenn Gründe für die Annahme bestehen, dass in der zukünftigen Hauptverhandlung auf Wertersatzverfall erkannt werden wird[19]. Liegen jedoch nach sechs Monaten – bei Verlängerung nach neun Monaten – keine dringenden Gründe für diese Annahme vor, so ist der Arrest nach § 111d III StPO aufzuheben. Deshalb muss es zur Aufhebung des Arrestes kommen, wenn der Beschuldigte durch das Urteil erstinstanzlich freigesprochen wird, weil dann die dringenden Gründe i. S. d. § 111b III StPO und damit die Voraussetzungen der Fortdauer des dinglichen Arrestes entfallen.

bb) Keine Anordnung von Wertersatzverfall oder -einziehung im erstinstanzlichen Urteil

Selbst wenn durch das erstinstanzliche Urteil eine Verurteilung erfolgt, ist der Arrest aufzuheben, wenn von der Anordnung des Wertersatzverfalls oder der Wertersatzeinziehung abgesehen wird[20]. Hierfür kann die Vorschrift des § 120 I 2 StPO entsprechend angeführt werden (Aufhebung des Haftbefehls). Mit Erlass des Urteils lässt sich nämlich vermuten, dass die Voraussetzungen für Wertersatzverfall oder Wertersatzeinziehung nicht mehr vorliegen, weshalb für eine Aufrechterhaltung des dinglichen Arrestes kein Bedarf mehr besteht und eine solche eine unverhältnismäßige Beeinträchtigung der Rechte des Arrestbetroffenen wäre. Eine wichtige Ausnahme von dieser Aufhebung des Arrestes nach Urteilserlass kommt dann in Betracht, wenn im Urteil lediglich deshalb nicht auf Wertersatzverfall erkannt wurde, weil Ansprüche des Verletzten i. S. d. § 73 I 2 StGB entgegenstehen. Dann fragt sich nämlich, ob gem. § 111i StPO eine Aufrechterhaltung des Arrestes bis zu drei Monaten über den Urteilserlass hinaus erreicht werden kann. Diese äußerst umstrittene und bedeutsame Frage wird sogleich unter § 22 B. III. behandelt.

cc) Ausscheiden von Wertersatzverfall während des Strafverfahrens gem. § 73 I 2 StGB

Zuvor ist die eben geschilderte Situation, dass im Urteil lediglich deshalb nicht auf Wertersatzverfall erkannt wird, weil Ansprüche eines Verletzten i. S. d. § 73 I 2 StGB vorliegen, von dem Fall abzugrenzen, dass sich das Ausscheiden einer Anordnung von Wertersatzverfall wegen § 73 I 2 StGB während des Strafverfahrens herausstellt. Bei einer solchen Sachlage kommt es nicht zur

---

[19] Vgl. bereits oben Kapitel 1 § 2 C. IV. 1.; Kapitel 2 § 3 A. I.

[20] *Nack* in Karlsruher Kommentar, § 111e Rdnr. 16; *Rönnau* (Fußn. 14), StV 2003, 581 (583), Fußn. 15.

Aufhebung des Arrestes, weil dieser gem. § 111b V StPO auch zugunsten des Verletzten ausgebracht werden kann. Der Richter wird deshalb lediglich die Begründung der Arrestanordnung dem Ermittlungsergebnis anpassen[21].

III. Aufrechterhaltung des dinglichen Arrestes nach Urteilserlass

1. Einführung in die Problematik des § 111i StPO

Die Frage, ob ausnahmsweise gem. § 111i StPO die Aufrechterhaltung des Arrestes bis zu drei Monaten über den Urteilserlass hinaus erreicht werden kann, berührt die zeitliche Geltung des Arrestes und ist deshalb sowohl für den Arrestbetroffenen als auch für den Gläubiger der Arrestforderung von enormer Bedeutung. Das mag auch ein konkreter Fall verdeutlichen, den das *OLG Hamm* zu entscheiden hatte: Dort hatte der Senat zwei Arrest- und Pfändungsbeschlüsse gem. § 111i StPO um drei Monate verlängert und damit zahlreichen durch einen rechtskräftig festgestellten Kapitalanlage-Betrug geschädigten Privatanlegern die Möglichkeit verschafft, weiterhin in das in Höhe von ca. 18,5 Millionen Euro gesicherte Vermögen zu vollstrecken.

Bezüglich des Geltungsbereiches des § 111i StPO besteht jedenfalls dahingehend Einigkeit, dass nach dieser Vorschrift die Beschlagnahme über den Urteilserlass hinaus aufrechterhalten werden kann. Danach kann, wenn im Urteil lediglich deshalb nicht auf *Verfall* erkannt wird, weil Ansprüche eines Verletzten i.S.d. § 73 I 2 StGB entgegen stehen, die *Beschlagnahme* bis zu drei Monaten verlängert werden. § 111i StPO will es dem Verletzten ermöglichen, einen (zivilrechtlichen) Titel hinsichtlich des ihm entstandenen Schadens noch nach Erlass des Urteils zu verschaffen, das an sich zur Aufhebung der Beschlagnahmeanordnung führen muss. Dem Verletzten, der in der Vergangenheit das ihm Mögliche und Zumutbare getan hat, um sich wenigstens vorläufig einen vollstreckbaren Titel zu beschaffen, soll hiermit zur Wahrnehmung seiner Rechte noch einmal Fristverlängerung gewährt werden.

Heftig umstritten ist dagegen, ob § 111i StPO auch beim dinglichen Arrest Anwendung findet. Die Diskussion wird dabei durch die beiden nicht aufeinander abgestimmten Satzteile des § 111i StPO ausgelöst, der im ersten Halbsatz neben dem „Verfall" auch den „Wertersatzverfall" erwähnt, im Weiteren die Aufrechterhaltung der Sicherstellung nur für die „Beschlagnahme nach § 111c StPO" vorsieht. Der Verfall von Wertersatz kann aber allein durch dinglichen Arrest gem. § 111d StPO gesichert werden[22].

---

[21] So auch *Lemke* in Heidelberger Kommentar StPO, § 111e Rdnr. 12; *Nack* in Karlsruher Kommentar, § 111e Rdnr. 16.

[22] Oben Kapitel 1 § 2 C. I.

2. *Der Meinungsstand*

a) Sinnvolle Auslegung des § 111i StPO

Eine starke Literaturansicht[23] geht davon aus, dass § 111i StGB sinnvoll ausgelegt werden könne. Die Erwähnung des Verfalls von Wertersatz in § 111i StPO sei nämlich deshalb nicht überflüssig, weil ein fälschlicherweise nach § 111c StPO beschlagnahmter Gegenstand auch für die Vollstreckung wegen Wertersatzverfalls herangezogen werden könne. Nach dieser Ansicht ist § 111i StPO damit nicht auf die in der Praxis häufigen Fälle anwendbar, in denen die Vermögenssicherung zutreffend im Wege des dinglichen Arrestes erfolgte.

b) Redaktionsversehen

Teile der Rechtsprechung und des Schrifttums stellen sich auf den Standpunkt, dass dem Gesetzgeber in § 111i StPO ein Versehen unterlaufen sei (Redaktionsversehen des Gesetzgebers). Derartige Versehen des Gesetzgebers sind im Wege der Auslegung entsprechend der juristischen Auslegungsmethoden zu berichtigten[24]. Über die Frage, wie aber der Wortlaut des § 111i StPO zu berichtigen ist, sind sich die Vertreter eines Redaktionsversehens uneinig.

aa) Berichtigende Streichung des Verfalls von Wertersatz in § 111i StPO

Nach einer Ansicht[25] sei § 111i StPO ohne den im ersten Halbsatz erwähnten „Verfall von Wertersatz" zu lesen, weil diese Passage versehentlich in die Vorschrift des § 111i StPO aufgenommen worden sei. Demnach sei der Anwendungsbereich der Regelung auf den sicheren Kern des Wortlauts zu beschränken, mithin § 111i StPO nur bei der Beschlagnahme anzuwenden.

bb) Berichtigende Aufnahme des dinglichen Arrestes in § 111i StPO

Nach anderer Ansicht[26] sei § 111i StPO umgekehrt im zweiten Halbsatz um den „dinglichen Arrest gem. § 111d StPO" zu ergänzen, weil der Gesetzgeber diese Passage trotz der Erwähnung des Wertersatzverfalls am Anfang des Satzes

---

[23] *Schäfer* in Löwe/Rosenberg, § 111i Rdnr. 2; *Pfeiffer,* § 111i Rdnr. 2; *Rudolphi* in Systematischer Kommentar StPO, § 111i Rdnr. 2; *Berg,* S. 20, Fußn. 74.

[24] *Bydlinski,* S. 393; *Engisch,* S. 224; *Fikentscher,* S. 658.

[25] *Meyer* in Löwe/Rosenberg, 23. Auflage, § 111i Rdnr. 2; *Kleinknecht,* 34. Auflage, § 111i Rdnr. 4.

[26] *OLG Hamm,* StV 2003, 548 (549 f.) = *OLG Hamm,* wistra 2002, 234 (235 f.).

später im Satz vergessen habe. Danach findet also § 111i StPO auch beim dinglichen Arrest Anwendung.

c) Analoge Anwendung des § 111i StPO

Kommt man mit einer Auslegung nicht weiter, so stellt sich die Frage, ob § 111i StPO analog auf den dinglichen Arrest angewendet werden kann. Unter Annahme einer planwidrigen Regelungslücke und einer Vergleichbarkeit der Interessenslagen wird dies von Rechtsprechung und Literatur teilweise bejaht[27]. Auch nach dieser Ansicht gilt § 111i StPO somit für den dinglichen Arrest.

d) Keine Anwendung des § 111i StPO auf den dinglichen Arrest

Schließlich gibt es sowohl in der Rechtsprechung[28] als auch in der Literatur[29] die Meinung, dass eine sinnvolle Auslegung des § 111i StPO nicht möglich sei, ein Redaktionsversehen nicht vorliege und eine Analogie mangels Regelungslücke ausscheide. Danach findet § 111i StPO keine Anwendung auf den dinglichen Arrest.

3. Eigener Lösungsansatz

a) Unterscheidung zwischen üblicher Normauslegung, Redaktionsversehen und Analogie

Zur Beantwortung der Frage, ob die Aufrechterhaltung der Sicherstellung nach Urteilserlass gem. § 111i StPO auch dann möglich ist, wenn die Sicherung von Ansprüchen mutmaßlich Tatgeschädigter im Wege des dinglichen Arrestes erfolgte, bedarf es der strikten Unterscheidung zwischen der üblichen Wortlautauslegung eines Gesetzes, der Analogie und dem besonderen Fall des Redaktionsversehens. Die allgemein übliche Auslegung einer Norm erfolgt bekanntermaßen nach den juristischen Auslegungsmethoden und versucht die im Hinblick auf den zu beurteilenden Fall störenden Vagheiten einer Norm zu beseitigen. Nach der ganz h.M. endet diese Möglichkeit der Interpretation beim weitesten nach dem Sprachgebrauch noch „möglichen Wortsinn" der gesetzlichen Norm, während darüber hinaus unter Umständen eine Analogie eingreift[30]. Einen besonderen Fall stellt das so genannte Redaktionsversehen dar, weil bei

---

[27] *LG Berlin,* StV 2004, 123 (124); *Nack* in Karlsruher Kommentar, § 111i Rdnr. 2; *Schmid/Winter,* NStZ 2002, 8 (11); *Peglau,* wistra 2002, 376 (377).

[28] *LG Bochum,* StV 2003, 548 (549).

[29] *Rönnau* (Fußn. 14), StV 2003, 581 (586).

[30] *Bydlinski,* S. 467 f.

dessen Vorliegen gerade über den (klaren) Wortlaut hinaus das gesetzgeberische Versehen berichtigt wird. Der unrichtige Gesetzeswortlaut wird hier richtig gestellt. Dies hat im Wege der Auslegung entsprechend der juristischen Auslegungsmethoden zu erfolgen. Mithin handelt es sich beim Redaktionsversehen um eine noch als „Auslegung" zu qualifizierende Durchsetzung des wahren Gesetzeswillens gegenüber einem „versehentlich fehlerhaften Gesetzesausdruck"[31]. Demgegenüber kommt die Analogie nur in Betracht, wenn im Wege der Auslegung kein Ergebnis erzielt werden kann. Der Analogieschluss ist dabei dann zulässig, wenn eine planwidrige Regelungslücke vorliegt und die Interessenslagen vergleichbar sind.

Die dargelegte Unterscheidung zwischen Gesetzesauslegung, Redaktionsversehen und Analogie wird bei der Diskussion um die Anwendbarkeit des § 111i StPO teilweise übersehen. So nehmen das *LG Bochum* und *Peglau* zu Unrecht an, es läge bei Bejahung eines Redaktionsversehens eine planwidrige Regelungslücke vor. Denn bei Annahme eines gesetzgeberischen Versehens sind nicht die Analogievoraussetzungen zu prüfen, sondern es hat eine Gesetzesberichtigung im Wege der Auslegung zu erfolgen. *Rönnau* erkennt zwar, dass die Berichtigung eines Redaktionsversehens durch Auslegung zu erfolgen hat[32], doch merkt er an, die Vertreter eines Redaktionsversehens hätten ersichtlich bereits den durch den Wortlaut abgesteckten Einzugsbereich des § 111i StPO verlassen und befürworteten die Schließung einer als unbefriedigend empfundenen Lücke durch Analogie[33]. Damit scheint er zu verkennen, dass dem Redaktionsversehen gerade eine „Überschreitung" des (fehlerhaften) Wortlauts immanent ist, mithin die im Wege der Auslegung erfolgende Korrektur des gesetzgeberischen Versehens nicht durch den nach dem Sprachgebrauch noch möglichen Wortsinn begrenzt wird.

b) Ablehnung der Lösung über die herkömmliche Wortlautdeutung

Die Literaturansicht, wonach ein fälschlicherweise beschlagnahmter Gegenstand auch für die Vollstreckung wegen Wertersatzverfall herangezogen werden könne, ist abzulehnen. Sie basiert auf der sonderbaren Meinung, der Gesetzgeber habe (sozusagen vorbeugend) für den Fall rechtswidriger, aber wirksamer Sicherstellungsmaßnahmen gem. § 111c StPO (statt nach § 111d StPO) die Folgen für mutmaßlich Tatgeschädigte abschwächen wollen[34]. Außerdem sind nach dieser Wortlautdeutung die in der Praxis vorwiegenden Fälle nicht erfasst, in denen die Sicherstellung korrekt durch dinglichen Arrest erfolgt.

---

[31] *Engisch*, S. 224.

[32] *Rönnau* (Fußn. 14), StV 2003, 581 (586).

[33] *Rönnau*, a. a. O. (585 f.).

[34] *Rönnau*, a. a. O. (585).

Durch die herkömmliche Wortlautauslegung lässt sich kein akzeptables Ergebnis erzielen.

c) Annahme eines Redaktionsversehens

Es stellt sich damit die Frage, ob ein Redaktionsversehen angenommen werden kann. Dabei handelt es sich um einen „versehentlichen Gesetzesausdruck" bzw. um einen „nachweislichen Erklärungsirrtum der gesetzgebenden Organe". Das Versehen kann dabei schon vor oder bei der Beschlussfassung erfolgen (Redaktionsversehen i. e. S.), aber auch erst vor Erlass des Gesetzes[35].

Bereits ein Blick auf die Gesetzesbegründung zu § 111i StPO legt ein Versehen des Gesetzgebers nahe. Denn dort wird nur von „Verfall" gesprochen, während im späteren Gesetzesentwurf dann zusätzlich von „Verfall des Wertersatzes" die Rede ist[36]. Überdies sprechen auch die nicht abgestimmten Satzteile des § 111i StPO für ein Versehen des Gesetzgebers. Denn bei Sicherung des Verfalls von Wertesatz, bei dem es sich um einen Geldanspruch gegen den Beschuldigten handelt, kann naturgemäß keine Beschlagnahme, sondern nur der dingliche Arrest angeordnet werden. Die beiden Satzteile des § 111i StPO entsprechen sich also offensichtlich nicht, was ebenfalls auf ein Versehen des Gesetzgebers hindeutet, zumal eine sinnvolle Wortlautdeutung nicht erzielt werden kann. Weiter lässt sich für einen „versehentlichen Gesetzesausdruck" anführen, dass im Gesetzgebungsverfahren offenbar wenig Zeit zur Verfügung stand, was bereits seinerzeit kritisiert wurde[37]. Dieser Umstand macht ein Versehen wahrscheinlicher.

d) Korrektur des Redaktionsversehens durch Auslegung

Das festgestellte Versehen des Gesetzgebers ist durch Auslegung zu berichtigen.

aa) Historische Auslegung

Dass in der Gesetzesbegründung zu § 111i StPO nur von „Verfall" und nicht – wie im Gesetzesentwurf – auch von „Verfall des Wertersatzes" die Rede ist, spricht zunächst eher dafür, die Vorschrift durch Streichung der Passage über den Wertersatzverfall zu berichtigen. Denn dies deutet darauf hin, dass der Gesetzgeber den Wertersatzverfall ursprünglich nicht im Blickfeld hatte. Folgende Passage zur Vorschrift des § 111i StPO[38] ergibt ein anderes Bild:

---

35 Vgl. *Fikentscher,* S. 658.

36 *BT-Drucks.* 7/550, S. 295.

37 Stellungnahme des BR, *BT-Drucks.* 7/550, S. 746.

„Im Interesse von Verletzten kann allenfalls unter Umständen die Sicherstellung während eines vertretbaren Zeitraums weiter aufrechterhalten bleiben (§ 111i), sofern die Zeit bis zum Abschluss der Hauptverhandlung zu kurz war, um die gegebenen Zugriffsmöglichkeiten auszunützen."

Hier wird nicht zwischen Beschlagnahme und dinglichem Arrest unterschieden, sondern von „Sicherstellung" gesprochen wird. Der Gesetzgeber meint mit Sicherstellung dabei beide Maßnahmen, da er kurz vor dem Zitat die Beschlagnahme und den dinglichen Arrest gemeinsam als Sicherstellung bezeichnete. Der Gesetzgeber wollte § 111i StPO also eigentlich allgemein auf Sicherstellungen anwenden, hat aber versehentlich vergessen, den dinglichen Arrest gem. § 111d StPO im zweiten Halbsatz des § 111i StPO zu erwähnen. Dies zeigt sich auch daran, dass nach der zitierten Stelle im Interesse des Verletzten eine Verlängerung der Sicherstellung nur in Betracht kommen sollte, wenn die Zeit zu kurz war, um die „Zugriffsmöglichkeiten" auszunützen. Eine Zugriffsmöglichkeit besteht aber nicht nur gem. § 111g StPO, sondern zudem nach § 111h StPO, also auch dann, wenn der dingliche Arrest nach § 111d StPO vollzogen wurde.

bb) Systematische Auslegung

Dafür, dass der Gesetzgeber einem Versehen unterlag, als er nicht auch auf § 111d StPO Bezug genommen hat, obwohl er im Einleitungssatz auch den Verfall von Wertersatz erwähnt hat, spricht auch die systematische Auslegung. Nach dem Grundgedanken des § 73 I 2 StGB soll dem Verletzten im Strafverfahren die Befriedigung der ihm aus der Tat erwachsenen Ansprüche weitgehend ermöglicht werden. Dieser Gedanke der Schadloshaltung des Verletzten liegt auch dem Gesamtkonzept der §§ 111b ff. StPO zugrunde. Dies zeigt sich insbesondere daran, dass der Verletzte nach §§ 111g, 111h StPO bei seinem Zugriff auf das sichergestellte Vermögen des Arrestbetroffenen privilegiert werden soll. Der Gedanke der Schadloshaltung des Verletzten lässt sich aber nur verwirklichen, wenn die Verlängerungsmöglichkeit des § 111i StPO auch in den Fällen des dinglichen Arrestes Anwendung findet, zumal die Geschädigten nach Urteilserlass in der Regel noch etwas Zeit brauchen, um ihre Ansprüche geltend zu machen. Ohne Sicherstellung ist das Vermögen des Arrestbetroffenen oftmals schnell veräußert oder verschwunden und wird so dem Zugriff des Verletzten entzogen.

---

[38] *BT-Drucks.* 7/750, S. 292.

cc) Teleologische Auslegung

Schließlich spricht auch der bereits zitierte Zweck des § 111i StPO für eine Gesetzeskorrektur in der Hinsicht, dass über den Wortlaut des § 111i StPO hinaus auch eine Verlängerung des dinglichen Arrestes stattfinden kann. Denn § 111i StPO soll dem Verletzten, der in der Vergangenheit das ihm Mögliche und Zumutbare getan hat, um sich wenigstens vorläufig einen vollstreckbaren Titel zu beschaffen, zur Wahrnehmung seiner Rechte noch einmal eine Fristverlängerung gewähren. Es ist aber kein nachvollziehbarer Grund ersichtlich, warum dem Verletzten nicht auch bei Sicherstellung durch dinglichen Arrest eine derartige Schonfrist zugebilligt werden sollte.

dd) Ergebnis

Den nicht aufeinander abgestimmten Satzteilen in § 111i StPO, der im ersten Halbsatz neben dem „Verfall" auch den „Wertersatzverfall" erwähnt, im weiteren Verlauf die Aufrechterhaltung der Sicherstellung aber nur für die „Beschlagnahme nach § 111c StPO" vorsieht, liegt ein Redaktionsversehen des Gesetzgebers zugrunde. Das Redaktionsversehen muss streng von der herkömmlichen Wortlautauslegung und der Analogie abgegrenzt werden. Vorliegend muss das Versehen des Gesetzgebers durch Auslegung korrigiert werden. Die notwendige Auslegung hat dabei ergeben, dass § 111i StPO insofern zu berichtigen ist, als über den Wortlaut der Norm hinaus eine Verlängerungsmöglichkeit auch dann erfolgen kann, wenn die Sicherstellung durch dinglichen Arrest stattfand. § 111i StPO muss daher so gelesen werden, als ob korrespondierend zum im Einleitungssatz erwähnten Verfall von Wertersatz später in der Vorschrift auf den dinglichen Arrest gem. § 111d StPO Bezug genommen würde. Zur Vermeidung von Auslegungsschwierigkeiten des § 111i StPO kann eine Klarstellung des Gesetzgebers durch ausdrückliche Bezugnahme auf § 111d StPO empfohlen werden.

§ 23 Rechtsbehelfe gegen die Arrestanordnung

Bei den Ausführungen der zeitlichen Geltung des zivil- und des strafprozessualen Arrestes ergab sich, dass der Arrest durch Rechtsbehelfe aufgehoben werden kann[39]. Bei den Rechtsbehelfen gegen den zivil- und strafprozessualen Arrest muss zwischen Rechtsbehelfen gegen die Arrestanordnung einerseits und gegen die Arrestvollziehung andererseits unterschieden werden.

---

[39] Oben Kapitel 4 § 22 B. I.

A. Rechtsbehelfe gegen die zivilprozessuale Arrestanordnung

Welcher Rechtsbehelf gegen die zivilprozessuale Arrestanordnung statthaft ist, hängt davon ab, ob über den Arrestantrag durch Urteil oder durch Beschluss entschieden wird. Wird durch Urteil entschieden, so kann dagegen wie üblich die Berufung (bei Versäumnisurteil Einspruch) eingelegt werden. Eine Revision scheidet dagegen nach § 542 II 1 ZPO aus. Wird demgegenüber durch Beschluss entschieden, so muss differenziert werden: Wird der Arrestantrag abgewiesen, steht dem Gläubiger gem. § 567 I Nr. 1 ZPO die sofortige Beschwerde zu. Demgegenüber ist gegen einen stattgebenden Beschluss der Widerspruch gem. § 924 I ZPO gegeben. Der Widerspruch hat keinen Devolutiveffekt, sondern führt dazu, dass das erlassende Gericht nunmehr einen Termin zur mündlichen Verhandlung bestimmt und durch Urteil entscheidet (§§ 924 II 2, 925 I ZPO). Gegen dieses Urteil besteht wiederum die Möglichkeit einer Berufung (bei Versäumnisurteil Einspruch).

Der Schuldner hat zwei weitere Rechtsbehelfe: Auf seinen Antrag hat das Gericht gem. § 926 I ZPO dem Gläubiger aufzugeben, binnen einer bestimmten Frist Klage in der Hauptsache zu erheben, soweit diese noch nicht anhängig ist. Kommt der Gläubiger dieser Anordnung nicht nach, kann der Schuldner gem. § 926 II ZPO beantragen, den Arrestbefehl aufzuheben. Daneben kann der Schuldner gem. § 927 ZPO wegen veränderter Umstände die Aufhebung des Arrestes beantragen.

B. Rechtsbehelfe gegen die strafprozessuale Arrestanordnung

Ein anderer Rechtsschutz gegen die Arrestanordnung ergibt sich beim strafprozessualen Arrest, weil dort Rechtsbehelfe der Strafprozessordnung zum Zuge kommen. So steht dem Betroffenen gegen nicht richterliche Anordnungen des Arrestes der Rechtsbehelf des § 111e II 3 StPO zu. Er kann also jederzeit die Entscheidung des für die Anordnung an sich zuständigen Richters beantragen. Gegen richterliche Entscheidungen ist dagegen die Beschwerde nach § 304 StPO gegeben[40]. Gegen die richterliche Ablehnung des dinglichen Arrestes besteht für die Staatsanwaltschaft die Möglichkeit der Beschwerde gem. § 304

[40] Die Beschwerde gegen die richterliche Arrestanordnung ist auch gegen richterliche Entscheidungen des Ermittlungsrichters des Bundesgerichtshofes und des Oberlandesgerichts im ersten Rechtszug zulässig (§ 304 IV u. V StPO), da mit „Beschlagnahme" in § 304 IV StPO auch der dingliche Arrest erfasst ist, vgl. *BGHSt* 29, 13 (13 ff.); *BGH*, NStZ 1982, 188 (190). Bei Vorliegen eines berechtigten Interesses ist die Beschwerde auch gegen bereits erledigte richterliche Anordnungen zulässig, *Rudolphi* in Systematischer Kommentar, § 111e Rdnr. 19.

StPO, wenn durch die richterliche Entscheidung ein Antrag der Staatsanwaltschaft auf Anordnung oder die nachträgliche richterliche Bestätigung des dinglichen Arrestes abgelehnt wird[41].

§ 24 Rechtsbehelfe gegen die Arrestvollziehung

A. Rechtsbehelfe gegen die zivilprozessuale Arrestvollziehung

Die Rechtsbehelfe gegen die zivilprozessuale Arrestvollziehung ergeben sich überwiegend aus dem Verweis des § 928 ZPO auf §§ 704 ff. ZPO; daneben findet gem. § 11 I RPflG das nach den allgemeinen verfahrensrechtlichen Vorschriften zulässige Rechtsmittel Anwendung. Es bietet sich für die Darstellung der Rechtsbehelfe an, eine Unterscheidung danach vorzunehmen, ob sie für den Gläubiger, den Schuldner oder für Dritte gegeben sind.

I. Rechtsbehelfe des Gläubigers

Dem Gläubiger steht gegen die Ablehnung der Vollziehung durch den Gerichtsvollzieher die Erinnerung gem. § 766 ZPO zu. Soweit der Rechtspfleger oder der Richter einen Vollziehungsantrag zurückweist, hat der Gläubiger dagegen die Möglichkeit der sofortigen Beschwerde gem. §§ 567 I, 793 ZPO. Lehnt das Grundbuchamt einen Antrag ab, ist allein die Beschwerde gem. § 71 GBO, § 11 I RPflG gegeben.

II. Rechtsbehelfe des Schuldners

Dem Schuldner steht die Erinnerung gem. § 766 ZPO zu, wenn er die Verletzung von Regeln des förmlichen Vollziehungsrechts durch den Gerichtsvollzieher oder durch Vollziehungsmaßnahmen des Rechtspflegers rügen will. Demgegenüber sind Entscheidungen des Rechtspflegers, die förmliches Vollstreckungsrecht verletzen, ebenso solche des Richters, mit der sofortigen Beschwerde gem. §§ 567 I, 793 ZPO anzufechten. Die Beschwerde nach § 71 GBO, § 11 I RPflG ist gegen Eintragungen im Grundbuch gegeben. Will der Schuldner materiell-rechtliche Einwendungen gegen den durch den Arrest gesicherten Anspruch erheben, so muss er dies mit einem Antrag gem. § 927 ZPO tun, da das Aufhebungsverfahren als das speziellere und einfachere Verfahren die Vollstreckungsgegenklage gem. § 767 ZPO verdrängt.

---

[41] *Schäfer* in Löwe/Rosenberg, § 111e Rdnr. 24, § 98 Rdnr. 62.

III. Rechtsbehelfe Dritter

Dritte können den Verstoß gegen Verfahrensregeln, die auch ihrem Schutze dienen (z.B. §§ 809, 811 Nr. 1 ZPO), mit der Erinnerung gem. § 766 ZPO rügen. Rechte an Gegenständen, in die ein dinglicher Arrest vollzogen wurde, können mit der Drittwiderspruchsklage gem. § 771 ZPO bzw. mit der Vorzugsklage gem. § 805 ZPO geltend gemacht werden.

B. Rechtsbehelfe gegen die Vollziehung des strafprozessualen Arrestes

Äußerst schwierig zu beantworten ist die Frage, welche Rechtsbehelfe bei Einwendungen gegen die Vollziehung des strafprozessualen Arrestes zur Verfügung stehen. In Betracht kommen vor allem wegen des Verweises des § 111d II StPO auf die Zivilprozessordnung einerseits die soeben dargestellten Rechtsbehelfe der Zivilprozessordnung, andererseits die noch aufzuführenden Rechtsbehelfe der Strafprozessordnung. Es ist außergewöhnlich, dass gerade so eine bedeutsame Frage wie der Rechtsschutz gegen die Arrestvollziehung bisher kaum behandelt wurde. Eine obergerichtliche Klärung des Problems erfolgte bislang nicht. Nur das *AG Saarbrücken* hat in einem Fall der Arrestvollziehung durch Pfändung von Schmuckstücken entschieden, dass sich ein Dritter mit der Drittwiderspruchsklage im Zivilrechtswege gegen eine Pfändung wenden könne[42]. Das *LG Saarbrücken* hat dem widersprochen und die Beschwerde gem. § 304 StPO als zulässigen Rechtsbehelf angesehen. In einer Anmerkung zu den beiden Entscheidungen folgte *Leuger* dem Amtsgericht Saarbrücken[43]. Die Kommentarliteratur hilft für die Frage, ob gegen die Arrestvollziehung die Rechtsbehelfe der Straf- oder der Zivilprozessordnung Anwendung finden, nicht viel weiter. Zwar befürwortet sie einheitlich Ersteres, doch begnügt sie sich mit der bloßen Feststellung, dass die zivilprozessualen Rechtsbehelfe nicht stattfänden, ohne dafür Gründe anzugeben. Allein *Nack* führt an, es seien nach der Systematik der Strafprozessordnung alle im laufenden Ermittlungs- und Strafverfahrens anfallenden Entscheidungen dem Strafrichter, nicht dem Zivilrichter übertragen[44]. Da sich die Kommentarliteratur der Anwendung der strafprozessualen Rechtsbehelfe bedient, werden diese nun im Folgenden zunächst aufgeführt. Wegen der uneinheitlichen Anwendung der strafprozessualen Rechtsbehelfe beschränkt sich die Aufführung auf die überwiegende Meinung. Danach erfolgt die Klärung der Frage, ob die dargestellten strafprozessualen Rechtsbehelfe tatsächlich Anwen-

[42] *AG Saarbrücken*, wistra 2000, 194 (194 ff.).

[43] *Leuger*, wistra 2002, 478 (478 ff.).

[44] *Nack* in Karlsruher Kommentar, § 111e Rdnr. 19.

dung finden oder ob nicht doch der zivilprozessuale Rechtsschutz vorzuziehen ist.

I. Rechtsbehelfe im Falle der Anwendung des strafprozessualen Rechtsschutzes

Nach überwiegender Ansicht der Kommentarliteratur müsse bei Einwendungen gegen die Arrestvollziehung hinsichtlich des zu ergreifenden Rechtsbehelfs unterschieden werden.

Grundsätzlich könne richterliche Entscheidung beantragt werden. Zuständig sei dabei der Richter, der im Zeitpunkt der Entscheidung für die Anordnung der Maßnahme zuständig wäre[45]. Es gelte insofern nichts anderes als für Anfechtung der nichtrichterlichen Arrestanordnung, weil dort gem. § 111e II 3 StPO der Betroffene ebenfalls die richterliche Entscheidung beantragen kann.

Für Einwendungen gegen Vollziehungsmaßnahmen des Richters sei die Beschwerde gem. § 304 StPO der richtige Rechtsbehelf[46]. Dies gelte über § 11 I RPflG auch für Einwendungen gegen Maßnahmen des anstelle des Richters tätig gewordenen Rechtspflegers[47].

Gegen Maßnahmen des Rechtspflegers der Staatsanwaltschaft sei schließlich zunächst der formlose Rechtsbehelf gem. § 31 VI 1 RPflG gegeben[48], über den die Staatsanwaltschaft entscheidet. Gegen diese Entscheidung der Staatsanwaltschaft finde gem. § 111e II 3 StPO analog Antrag auf gerichtliche Entscheidung statt[49]. Die Entscheidung des Richters könne dann wiederum mit der Beschwerde gem. § 304 StPO angefochten werden[50].

II. Die Frage nach der Anwendbarkeit der strafprozessualen Rechtsbehelfe

Es fragt sich, ob die eben dargestellten strafprozessualen Rechtsbehelfe bei Einwendungen gegen die Arrestvollziehung wirklich anzuwenden sind oder ob nicht doch der zivilprozessuale Rechtsschutz vorzuziehen ist.

---

45 *Nack* in Karlsruher Kommentar, § 111f Rdnr. 6, § 111e Rdnr. 19; *Lemke* in Heidelberger Kommentar, § 111e Rdnr. 12.

46 *Meyer-Goßner,* § 111f Rdnr. 14; *Pfeiffer,* § 111f Rdnr. 6.

47 *Mayer* in KMR, § 111e Rdnr. 20; *Meyer-Goßner,* § 111f Rdnr. 14.

48 *Pfeiffer,* § 111f Rdnr. 6; *Rudolphi* in Systematischer Kommentar StPO, § 111g Rdnr. 1; *Schäfer* in Löwe/Rosenberg, § 111g Rdnr. 11.

49 *Mayer* in KMR, § 111e Rdnr. 20; Pfeiffer, § 111g Rdnr. 6.

50 *Mayer* in KMR, a. a. O.

1. Enge zeitliche Verbundenheit zwischen Arrestanordnung und -durchführung

Die Anordnung des strafprozessualen Arrestes und dessen Vollziehung liegen, insbesondere bei Gefahr im Verzug, zeitlich eng beieinander. Dies legt eigentlich eine möglichst einheitliche Rechtschutzzuständigkeit nahe. Da gegen die Arrestanordnung unstreitig die Anfechtung nach strafprozessualen Rechtsbehelfen erfolgt, spricht dieser Gesichtspunkt eher für die Anwendung der strafprozessualen Rechtsbehelfe. Andererseits gilt es zu bedenken, dass das Gesetz streng zwischen der Anordnung und der Durchführung des Arrestes unterscheidet. Zum einen bestimmen sich die Voraussetzungen für die Arrestanordnung nach §§ 111b, 111d I StPO, während die Vollziehung des Arrestes über den Verweis des § 111d II StPO auf die Zivilprozessordnung geregelt ist. Zum anderen sind die Kompetenzen für die Anordnung des Arrestes einerseits und für die Durchführung andererseits in § 111e und § 111f StPO unterschiedlich geregelt. Wegen der strikten Trennung zwischen Anordnung und Durchführung des Arrestes erscheint eine unterschiedliche Behandlung im Hinblick auf den Rechtsschutz keinesfalls ausgeschlossen.

2. Systematik der Strafprozessordnung

Für die Anwendung der strafprozessualen Rechtsbehelfe könnte sprechen, dass – wie *Nack* anführt – nach der Systematik der Strafprozessordnung alle im laufenden Ermittlungs- und Strafverfahren anfallenden Entscheidungen dem Strafrichter übertragen sind[51]. Dies gilt allerdings bestenfalls für Entscheidungen, die in Bezug auf strafprozessuale Maßnahmen anfallen. Bei der Vollziehung des dinglichen Arrestes handelt es sich aber nicht mehr um eine solche. Zwar stellt die Anordnung des dinglichen Arrestes eine strafprozessuale Maßnahme dar, die der Zuständigkeit der Strafgerichtsbarkeit unterfällt. Die Vollziehung des dinglichen Arrestes wurde aber dem Verfahren zur Vollstreckung einer Geldforderung in der Zivilprozessordnung nachgebildet[52]. § 111b II StPO verweist für die Vollziehung des Arrestes nämlich auf die Zivilprozessordnung, sodass deren Vollziehungsmaßnahmen Anwendung finden. Eine Pfändung in Vollziehung des strafprozessualen Arrestes unterliegt beispielsweise gem. § 111d II StPO, § 930 ZPO denselben Grundsätzen wie jede andere Pfändung[53]. Die Vollziehung des Arrestes ist daher keine strafprozessuale Maß-

---

[51] Das *OLG Rostock* sowie *Hofmann* und *Riedel* haben nach Vorlage dieser Arbeit als Dissertation ebenfalls die Systematik der Strafprozessordnung als Argument gegen die Anwendung der zivilprozessualen Rechtsbehelfe angeführt, *OLG Rostock,* MDR 2005, 770 (771), *Hofmann/Riedel,* wistra 2005, 405 (405).

[52] *BT-Drucks.* 7/550, S. 497.

[53] Zu den Vollziehungsmaßnahmen beim Arrest oben Kapitel 3 § 20 B.

nahme. Dafür mag auch sprechen, dass der Gesetzgeber zur Bezeichnung der Sicherstellung wegen Geldforderungen den der Strafprozessordnung bisher fremden und aus der Zivilprozessordnung entlehnten Begriff des dinglichen Arrestes benutzt hat. Die Vollziehung der strafprozessualen Arrestanordnung hat mit dem Strafverfahren nur insoweit zu tun, als sich aus diesem der Vollziehungstitel ergibt.

3. Der Verweis des § 111d II StPO auf die Zivilprozessordnung

Entscheidend für die Frage, welche Rechtsbehelfe gegen die Arrestvollziehung statthaft sind, dürfte vielmehr die Vorschrift des § 111d II StPO sein. Gem. § 111d II StPO sind bestimmte Vorschriften der Zivilprozessordnung sinngemäß anzuwenden. Das gilt nach den allgemeinen Regeln der juristischen Methodenlehre allerdings nur insoweit, als die Strafprozessordung nicht selbst abweichende Bestimmungen trifft. Eine solche findet sich in § 111f StPO. Dort werden aber weder die Art und Weise der Durchführung des Arrestes noch die Rechtsschutzmöglichkeiten gegen diese, sondern ausschließlich die Zuständigkeit für die Arrestvollziehung geregelt. Für die Durchführung der Vollziehung des Arrestes und für die Rechtsschutzmöglichkeiten verweist damit § 111d II StPO auf die Zivilprozessordnung, und zwar insbesondere auf § 928 ZPO. Die Vorschrift des § 928 ZPO sieht vor, dass die Regelungen über die Zwangsvollstreckung entsprechend Anwendung finden, soweit nicht die nachfolgenden Paragraphen abweichende Vorschriften enthalten. Von den dem § 928 ZPO nachfolgenden Paragraphen sind nach der Verweisungsnorm des § 111d II StPO die §§ 930 bis 932 und 934 I ZPO sinngemäß anwendbar, mithin keine Vorschriften, die sich mit den Rechtsschutzmöglichkeiten befassen. Deshalb kommt der erste Halbsatz des § 928 ZPO zum Tragen, wonach die zwangsvollstreckungsrechtlichen Vorschriften gelten, also die Vorschriften nach §§ 704 ff. ZPO und damit insbesondere die zivilprozessualen Rechtsbehelfe.

Etwas anderes ergibt sich nicht daraus, dass § 111d II StPO nur eine „sinngemäße“ Anwendung der zivilprozessualen Vorschriften vorsieht. Auch für die Vollstreckung einer von einem Strafgericht festgestellten Geldstrafe gelten nach § 459 StPO, § 6 JBeitrO die Vorschriften der Zivilprozessordnung bloß „sinngemäß“. Dennoch kommen bei Einwendungen gegen die Art und Weise der Zwangsvollstreckung während des Beitreibungsverfahrens unstreitig zwangsvollstreckungsrechtliche Rechtsbehelfe zur Anwendung[54]. Die sinngemäße Anwendung kann zwar dazu führen, dass bestimmte zivilprozessuale Vorschriften modifiziert angewendet werden müssen, d.h. aber nicht, dass die betroffenen Vorschriften überhaupt nicht zur Geltung gelangen. Denn ansonsten wäre ja überhaupt nicht auf diese verwiesen worden. Da § 111d II StPO über § 928

---

[54] *Fischer* in Karlsruher Kommentar, § 459 Rdnr. 7; *Meyer-Goßner,* § 459 Rdnr. 7.

ZPO auf die Vorschriften über die zwangsvollstreckungsrechtlichen Rechtsbehelfe verweist, müssen diese – jedenfalls im Grundsatz – angewendet werden, wenn dadurch auch bestimmte Modifikationen nicht auszuschließen sind.

4. *Keine Regelung der Zuständigkeit des Strafrichters für Einwendungen gegen die Arrestvollziehung in §§ 111d ff. StPO*

Hätte der Gesetzgeber bei Einwendungen gegen die Arrestvollziehung die Zuständigkeit des Strafrichters gewollt, hätte er dies – etwa in einem zweiten Satz des § 111d II StPO – zum Ausdruck gebracht. Für eine andere Frage, die ebenfalls die Vollziehung des dinglichen Arrestes betrifft, hat der Gesetzgeber dies ja auch getan. So eröffnet § 111h II 1 StPO für die Entscheidung über die Zulassung, die dem Verletzten die vorrangige Befriedigung in arrestierte Grundstücke gewähren soll[55], die Zuständigkeit des Strafrichters. Das Fehlen einer entsprechenden Regelung für die Zuständigkeit des Strafrichters bei Einwendungen gegen die Arrestvollziehung zeigt, dass die Zuständigkeit des Strafrichters nicht dem Willen des Gesetzgebers entspricht.

Gleiches ergibt sich auch mit Blick auf die §§ 111e, 111f StPO. Während für den strafprozessualen Arrest § 111e StPO die Anordnungskompetenz regelt, bestimmt sich die Vollziehungskompetenz nach § 111f StPO. Nach § 111e II 2 StPO kann der Betroffene gegen die nicht richterliche Anordnung des Arrestes jederzeit die Entscheidung des für die Anordnung an sich zuständigen Strafrichters beantragen[56]. § 111f StPO sieht einen entsprechenden Antrag auf richterliche Entscheidung gegen die Arrestvollziehung aber gerade nicht vor. Daraus lässt sich erkennen, dass eine Zuständigkeit des Strafrichters bei Einwendungen gegen die Arrestvollziehung nicht gewollt ist.

5. *Eingeschränkte Rechtsschutzmöglichkeiten*

Vergleicht man die Rechtsschutzmöglichkeiten gegen die Arrestvollziehung, so zeigt sich die Zivilprozessordnung gegenüber der Strafprozessordnung viel detaillierter ausgearbeitet. Damit geht einher, dass bei der grundsätzlichen Anwendung der zivilprozessualen Rechtsbehelfe die Betroffenen einen ausgefeilteren Rechtsschutz genießen, was angesichts der Schwere des Eingriffs durch die Arrestvollziehung nur von Vorteil sein kann. Insbesondere Dritten, die Eigentumsrechte an den beim Beschuldigten arrestierten Vermögensgegenständen gel-

---

[55] Zu § 111h StPO unten Kapitel 5 § 27 B.

[56] Vgl. *Rudolphi* in Systematischer Kommentar StPO, § 111e Rdnr. 12; *Schäfer* in Löwe/Rosenberg, § 111e Rdnr. 21; *Mayer* in KMR, § 111e Rdnr. 5.

tend machen wollen, steht mit der Drittwiderspruchsklage sogar ein eigener Rechtsbehelf zu.

Demgegenüber muss der strafprozessuale Rechtsschutz als weitaus weniger ausgereift eingestuft werden. Selbst wenn man die Anwendung des strafprozessualen Rechtsschutzes gegen die Arrestvollziehung befürwortet, erscheint es teilweise äußerst fraglich, ob die einzelnen Rechtsbehelfe tatsächlich statthaft sind.

Nach dem über die §§ 111e, 111f StPO Ausgeführten muss dies zunächst für die grundsätzliche Möglichkeit eines Antrags auf richterliche Entscheidung gelten. Da in § 111f StPO kein Antrag auf richterliche Entscheidung gegen die Arrestvollziehung geregelt ist, spricht dies eher gegen seine Statthaftigkeit. Jedenfalls fehlt für einen beträchtlichen Teil des Rechtsschutzes gegen die Arrestvollziehung eine ausdrückliche gesetzliche Regelung.

Letzteres gilt im Grunde genauso für Einwendungen gegen Maßnahmen des Rechtspflegers der Staatsanwaltschaft. Denn darüber entscheidet zwar zunächst der Staatsanwalt gem. § 31 VI 1 RPflG; welcher Rechtsbehelf aber gegen die Entscheidung des Staatsanwaltes eingelegt werden kann ist gesetzlich wiederum nicht geregelt[57].

Auch soweit die Kommentarliteratur die Beschwerde gem. § 304 StPO für Einwendungen gegen Vollziehungsmaßnahmen des an Stelle des Richters tätig gewordenen Rechtspflegers als den richtigen Rechtsbehelf ansieht, stößt dies auf erhebliche Bedenken. Denn die Arrestvollziehung stellt weder einen Beschluss noch eine Verfügung des Gerichts dar, was die Beschwerde nach § 304 I StPO aber voraussetzt. Die einzelnen Vollziehungsmaßnahmen bedürfen selbst keiner richterlichen Entscheidung und es handelt sich auch nicht um solche.

Darüber hinaus erscheint die Anwendung der Beschwerde aus verfassungsrechtlichen Gesichtspunkten äußerst bedenklich. Der Beschwerdeführer hat im Beschwerdeverfahren gem. §§ 304 ff. StPO gegen die Arrestvollziehung nämlich keinen Anspruch auf Durchführung einer mündlichen Verhandlung. Denn nach ständiger Rechtsprechung des *Bundesverfassungsgerichts* gibt Art. 103 I GG keinen Anspruch auf eine bestimmte Form der Anhörung, insbesondere nicht darauf, dass nur aufgrund mündlicher Verhandlung entschieden werde. Auch nach Art. 6 I 1 MRK muss die Anhörung nicht in mündlicher Verhandlung stattfinden. Es ist somit Sache des Gesetzgebers, inwieweit er in einem bestimmten Verfahren einen Anspruch auf mündliche Verhandlung geben will[58]. Gem. § 309 I StPO ergeht die Entscheidung im Beschwerdeverfahren ohne mündliche Verhandlung, also im schriftlichen Verfahren. Das bedeutet, dass –

---

[57] *OLG Karlsruhe,* Rpfleger 1992, 447 (447).

[58] *BVerfGE* 5, 303 (307); 11, 232 (234); 15, 249 (256); 15, 303 (307); 21, 73 (77); 25, 352 (357); 31, 364 (370); 36, 85 (87); 60, 175 (210 f.), 89, 381 (391).

falls man tatsächlich die Beschwerde gem. § 304 StPO als richtigen Rechtsbehelf ansieht – bereits zu Beginn des Ermittlungsverfahrens aufgrund eines lediglich einfachen Tatverdachts[59] Vermögen des Arrestbetroffenen ohne dessen vorherige Anhörung (§ 33 IV StGB)[60] in Millionenhöhe arrestiert werden könnte und dieser dann nicht einmal nach Einlegung des zulässigen Rechtsbehelfes das Recht hätte, sich in einer mündliche Verhandlung Gehör zu verschaffen. Erfolgt der Zugriff im Rahmen der Arrestvollziehung versehentlich nicht auf Vermögen des Arrestbetroffenen, sondern auf Gegenstände, die einem Dritten gehören, so stünde auch ihm, der mit der Straftat und dem zugrunde liegende Strafverfahren nichts zu tun hat, kein Anspruch auf mündliche Verhandlung zu. Es ist schwer vorstellbar, dass eine derart weitgehende Einschränkung des rechtlichen Gehörs im Sinne des Gesetzgebers sein soll.

6. Sachnähe

Die Strafgerichte dürften bei der Beurteilung der Vollziehung des Arrestes auch nicht die sachnäheren Gerichte sein. Der mit dem Ermittlungsverfahren befasste Strafrichter besitzt zwar in der Regel die bessere Sachkenntnis hinsichtlich des zugrunde liegenden Ermittlungsvorganges. Die eigentliche Vollziehung des strafprozessualen Arrestes ist aber dem Verfahren zur Vollstreckung einer Geldforderung in der Zivilprozessordnung nachgebildet und damit ein der üblichen Tätigkeit der Strafgerichte mehr oder weniger fremder Bereich. Insbesondere wenn Dritte Eigentumsrechte an beim Beschuldigten arrestierten Gegenständen geltend machen, kann der Zivilrichter im Wege der Drittwiderspruchsklage auf für ihn üblichem juristischen Gebiete darüber entscheiden[61].

III. Ergebnis

Bei Einwendungen gegen die Arrestvollziehung finden insbesondere wegen des Verweises des § 111d II StPO auf die zivilprozessualen Vollstreckungsrechtsbehelfe – jedenfalls im Grundsatz[62] – diese Anwendung und nicht das

---

[59] Zum Wahrscheinlichkeitsgrad des einfachen Tatverdachts beim Arrest und zu der damit verbundenen Problematik oben Kapitel 2 § 5.

[60] Zum Verzicht auf eine vorherige Anhörung gem. § 33 IV StPO oben Kapitel 2 § 12 B.

[61] In einem nach Abgabe dieser Arbeit veröffentlichten Beschluss hat das *OLG Naumburg* – wie der Verfasser – das Argument der Sachnähe herangezogen. Danach sei die Sachkenntnis des Strafgerichts auf die Schuld- und Straffrage konzentriert. Es sei daher auch prozessökonomisch unvertretbar, das Strafgericht – etwa im Falle von Pfändungen diverser Gegenstände, hinsichtlich derer sich im Laufe des Verfahrens entsprechend viele Dritte einer Eigentumsstellung berühmen – mit der Entscheidung über entsprechende Eigentumsansprüche Dritter – bei geltendem Amtsermittlungsgrundsatz – zu befassen, *OLG Naumburg,* Rpfleger 2004, 733 (733).

strafprozessuale Rechtsschutzsystem. Das bedeutet unter anderem, dass Dritte ihre Rechte im Wege der Drittwiderspruchsklage geltend machen können. Damit ist der strafprozessuale dem zivilprozessualen Arrest auch im Hinblick auf die Rechtsbehelfe gegen die Arrestvollziehung nachgebildet. Insgesamt ist damit der strafprozessuale Arrest der Zivilprozessordnung noch viel weiter angenähert, als bisher angenommen wurde[63].

§ 25 Ersatzansprüche bei ungerechtfertigtem bzw. rechtswidrigem Arrest

A. Die Ansprüche gem. § 945 ZPO und § 2 II Nr. 4 StrEG

Welche Rechtsbehelfe zur Aufhebung des Arrestes zur Verfügung stehen, wurde soeben unter § 24 dieses Kapitels ausführlich behandelt. Zum Schutz des Schuldners sind diese aber unter Umständen nicht genügend. Selbst wenn es aufgrund von Rechtsbehelfen zur Aufhebung des Arrestes kommt, entsteht dem Arrestbetroffenen nämlich nicht selten bereits durch den Arrestvollzug ein erheblicher Schaden. Das Gesetz sieht Ersatz des durch einen Arrest entstandenen Schadens für den zivilprozessualen Antragsgegner in § 945 ZPO und für den strafprozessual Beschuldigten in § 2 StrEG vor. § 945 ZPO verpflichtet den Gläubiger dem Schuldner gegenüber zum Ersatz des sich aus der Vollziehung des Arrestes entstandenen Schadens, wenn sich die Anordnung des Arrestes als von Anfang an ungerechtfertigt erweist, d.h., wenn zum Zeitpunkt der Anord-

---

[62] Keine Anwendung findet bei materiell-rechtlichen Einwendungen des Schuldners gegen den durch Arrest gesicherten Anspruch der Antrag gem. § 927 ZPO, weil § 111b II ZPO darauf nicht verweist. Allerdings dürfte anstelle des § 927 ZPO die *Vollstreckungsgegenklage* gem. § 111d II StPO, §§ 928, 767 ZPO statthaft sein. Wegen der nur „sinngemäßen" Anwendung der zivilprozessualen Vorschriften über § 111d II ZPO sind einzelne Modifikationen bei den Vollstreckungsrechtsbehelfen nicht ausgeschlossen.

[63] Der *BGH* hat nach der Vorlage dieser Arbeit als Dissertation in einem aktuellen Beschluss (*BGH*, NJW 2006, 65 ff.) die hier vertretene Meinung im Hinblick auf den Rechtsbehelf der Drittwiderspruchsklage bestätigt: Danach ist die Zivilgerichtsbarkeit zuständig für die Entscheidung über eine Drittwiderspruchsklage, mit der sich ein Dritter gegen eine Maßnahme zur Vollziehung eines im Strafverfahren angeordneten dinglichen Arrestes wendet. Zur Begründung führt der BGH – wie der Verfasser der Arbeit – den Verweis des § 111d II StPO auf die Zivilprozessordnung und die Sachnähe der Zivilgerichte an. Darüber hinaus weist der BGH darauf hin, dass von strafprozessualen Maßnahmen betroffene Dritte auch in anderen Fällen auf den Zivilrechtsweg verwiesen werden. So kann das Opfer einer Straftat nach beendetem Adhäsionsverfahren beispielsweise seine Rechtsverfolgung in den Fällen des § 406 III 3 und 4 StPO vor den Zivilgerichten fortsetzen. Wegen der Sachnähe der Zivilgerichte verweist die Rechtsordnung den Dritten mit seinem Interventionsrecht auch in anderen Fällen der Vollstreckung nicht zivilprozessualer Titel durch andere Funktionsträger als Gerichtsvollzieher auf den Weg der Drittwiderspruchsklage: Etwa sieht § 262 I 1 AO die Klage vor den ordentlichen Gerichten vor.

nung des Arrestes[64] die Voraussetzungen für dessen Erlass nicht vorlagen[65]. Entsprechend hat der Staat gem. § 2 II Nr. 4 StrEG Schäden zu erstatten, die dem Beschuldigten[66] aufgrund eines Arrestvollzugs entstehen, der sich im Nachhinein als nicht vom Verfahrensergebnis gedeckt herausstellt[67]. Dem Haftungsgrund nach handelt es sich beim Entschädigungsanspruch um einen dem Staatshaftungsrecht zuzuordnenden, besonders ausgestalteten Aufopferungsanspruch[68]. Auch die verschuldensunabhängige Schadensersatzpflicht nach § 945 ZPO wird teilweise als Aufopferungshaftung bezeichnet[69]. Andererseits wird auch von Gefährdungshaftung[70], Veranlassungshaftung[71], Garantiehaftung[72], Risikohaftung[73] oder von Haftung aus unerlaubter Handlung im weiteren Sinne[74] gesprochen. Da sich aus der umstrittenen Einordnung nach dem Haftungsgrund

---

64 *Dunkl* in Rechtsschutz-Handbuch, S. 102, Rdnr. 441; *Vollkommer* in Zöller, § 945 Rdnr. 8; *Grunsky* in Stein/Jonas, § 945 Rdnr. 17.

65 Allerdings ist zu beachten, dass das alleinige Fehlen bestimmter Voraussetzungen nicht ausreicht, um einen Schadensersatzanspruch zu begründen. So folgt allein aus der unrichtigen Annahme einer Prozessvoraussetzung nach h. M. kein Schadensersatzanspruch (*Walker,* § 945 Rdnr. 12; *Grunsky* in Stein/Jonas, § 945 Rdnr. 21; andere Ansicht: *Hartmann* in Baumbach/Lautermann/Albers/Hartmann, § 945 Rdnr. 5; *Fischer,* Merz-Festschrift, S. 90), da die bei den einstweiligen Maßnahmen typische Gefährdung des Antragsgegner, die durch § 945 ZPO ausgeglichen werden soll, nicht darin liegt, dass zu Unrecht eine Prozessvoraussetzung bejaht wird, sondern in der unrichtigen Beurteilung der materiell-rechtlichen Lage bzw. Gefahr der Rechtsvereitelung (*Grunsky* in Stein/Jonas, § 945 Rdnr. 21). Auch allein die fehlende Glaubhaftmachung von Anordnungsgrund oder Anordnungsanspruch begründet nach h. M. noch keinen Schadensersatzanspruch (*Baur,* S. 105; *Heinze* in Münchener Kommentar, § 945 ZPO Rdnr. 23; *Huber* in Musielak, § 945 Rdnr. 3; andere Ansicht: *RGZ* 143, 118 (120); *Hartmann* in Baumbach/Lauterbach/Albers/Hartmann, § 945 Rdnr. 5). In diesem Fall hätte zwar kein Arrest ergehen dürfen, doch soll der Schuldner nicht gegen Beweislastschwierigkeiten des Gläubigers geschützt werden, sondern dagegen, dass zu Unrecht in seine Sphäre eingegriffen wird. Bei nur unzureichender Glaubhaftmachung ist die Maßnahme aber im Ergebnis zu Recht angeordnet worden, weshalb ein Schadensersatzanspruch ausscheidet (*Grunsky* in Stein/Jonas, § 945 Rdnr. 22).

66 Dritten, wie beispielsweise dem Sicherungseigentümer eines beim Beschuldigten arrestierten PKW oder demjenigen, der in seinen Räumen den Vollzug einer Arrestanordnung zu dulden hat, gewährt das Gesetz über die Entschädigung für Strafverfolgungsmaßnahmen keinen Entschädigungsanspruch, weshalb diese nur dann Entschädigung erhalten, wenn dies in speziellen Gesetzen vorgesehen ist, *Meyer,* StrEG, Einleitung, Rdnr. 51.

67 *Matt,* RPfleger 1997, 466 (466).

68 *BGHZ* 103, 113, *Peters,* S. 368 f.; *Tiedemann,* MDR 1964, 971 (971 f.).

69 *Baur,* S. 110.

70 *BGHZ* 30, 123 (127); 85, 110 (113).

71 *BGH,* NJW 1993, 1076 (1078).

72 *Roth,* NJW 1972, 921 (926).

73 *Vogg,* S. 18; *Heinze* in Münchener Kommentar, § 945 Rdnr. 2.

74 *Vollkommer* in Zöller, § 945 Rdnr. 3; *Hartmann* in Baumbach/Lauterbach/Albers/Hartmann, § 945 Rdnr. 1.

nach allgemeiner Meinung keine Rechtsfolgen ableiten lassen[75], erfolgt nachstehend keine Entscheidung über den Streit.

B. Wesentliche Unterschiede der Ersatzansprüche

I. Voraussetzungen der Ansprüche

1. Negative anspruchsausschließende Voraussetzung des § 3 StrEG

Die Schadensersatzpflicht des § 945 ZPO besteht, wenn sich die Anordnung des Arrestes als von Anfang an ungerechtfertigt herausstellt. Demgegenüber besteht – wenn sich der strafprozessuale Arrest durch das Verfahrensergebnis nachträglich als nicht erforderlich erweist – nach dem Gesetz über die Entschädigung von Strafverfolgungsmaßnahmen nur grundsätzlich eine obligatorische Entschädigungspflicht. In Fällen, in denen das Verfahren nach einer Ermessensvorschrift endgültig eingestellt worden ist, schränkt nämlich § 3 StrEG die obligatorische Entschädigungspflicht für den Vollzug des Arrestes in doppelter Weise ein: Zum einen liegt es im Ermessen des Gerichts, ob überhaupt eine Entschädigung gewährt werden soll, zum anderen kann eine Entschädigung nur ausnahmsweise gewährt werden, wenn der potenzielle Schaden im Verhältnis zur Intensität des Vollzugs der Maßnahme im konkreten Fall in einem auffallenden Missverhältnis steht (sog. Billigkeitserfordernis)[76]. § 3 StrEG stellt damit eine Einschränkung für den Betroffenen dar (negative anspruchsausschließende Voraussetzung), die es im Rahmen des Schadensersatzanspruchs gem. § 945 ZPO nicht gibt.

2. Anspruchsausschluss gem. § 5 StrEG

Ein weiterer Unterschied zwischen dem Anspruch aus § 945 ZPO und dem aus § 2 II Nr. 4 StrEG ergibt sich im Hinblick auf die Folgen eines schuldhaften Verhaltens des Arrestbetroffenen. Hat nämlich der Arrestschuldner den Anschein einer Arrestgefahr schuldhaft herbeigeführt oder durch sein späteres Verhalten hervorgerufen, so wird der Schadensersatzanspruch gem. § 945 ZPO wegen Mitverschuldens des Schuldners grundsätzlich nur in seiner Höhe nach § 254 I BGB gemindert[77]. Angesichts der gesetzlichen Risikoverteilung des § 945 ZPO kommt ein vollständiger Wegfall des Schadensersatzanspruches

---

[75] Vgl. *Walker* in Schuschke/Walker, § 945 Rdnr. 3; *Grunsky* in Stein/Jonas, § 945 Rdnr. 2; *Stolz*, S. 26.

[76] *Meyer*, StrEG, § 3 Rdnr. 1.

[77] *Walker* in Schuschke/Walker, § 945 Rdnr. 26; *Heinze* in Münchener Kommentar, § 945 Rdnr. 14.

nicht einmal bei überwiegendem Mitverschulden des Schuldners in Betracht, sondern nur bei dessen Alleinverschulden[78]. Eine den Gläubiger zusätzlich zu seiner Risikohaftung treffende Verschuldensquote wird berücksichtigt, indem diese mit der Risikohaftung des Gläubigers zusammengerechnet wird, was dazu führt, dass es selbst bei einem groben Mitverschulden des Schuldners nicht zu einem vollständigen Wegfall des Schadensersatzanspruches kommt[79].

Demgegenüber handelt es sich bei § 5 StrEG, insbesondere bei der Generalklausel des § 5 II 1 StrEG, um einen zwingenden Ausschlussgrund, der dem Alles-oder-Nichts-Prinzip unterliegt. Wenn also die Voraussetzungen für einen Ausschluss der Entschädigung gegeben sind, insbesondere wenn und soweit der Beschuldigte den Arrest vorsätzlich oder fahrlässig verursacht hat (§ 5 II 1 StrEG), entfällt bereits der Entschädigungsanspruch selbst vollständig, zumal eine Quotelung der Mitverursachung (sog. Haftungsquoten) nicht stattfindet. Denn den Gesetzgebungsmaterialien kann ein solcher Wille des Gesetzgebers an keiner Stelle entnommen werden und auch der Wortlaut des Gesetzes ist eindeutig[80]. Aus den Worten „wenn und soweit" des § 5 II 1 StrEG folgt nur, dass die Ausschlussvoraussetzungen nur für einen Teil des Vollzugs der Maßnahme vorliegen können, es ist also nur ein nach Zeitabschnitten messbarer Teil gemeint und keine Haftungsquote[81].

II. Durchsetzung der Ansprüche

Neben den Voraussetzungen ergeben sich auch bei der Durchsetzung der Ansprüche gem. § 945 ZPO und § 2 II Nr. 4 StrEG Unterschiede.

Der zum bürgerlichen Recht gehörende Schadensersatzanspruch gem. § 945 ZPO ist im ordentlichen Verfahren nach allgemeinen Grundsätzen geltend zu machen[82].

Wesentlich schwieriger gestaltet sich dagegen die Durchsetzung des grundsätzlich gegebenen Entschädigungsanspruchs gem. § 2 II Nr. 4 StrEG, da das komplizierte Entschädigungsverfahren nach dem Gesetz über die Entschädigung für Strafverfolgungsmaßnahmen beachtet werden muss. Das Entschädigungsverfahren teilt sich in drei unterschiedlichen Regeln unterliegende Hauptabschnitte auf: das der Strafprozessordnung zuzuordnende und grundsätzlich deren Regeln unterworfene Grundverfahren (§§ 1-6 StrEG, 8, 9 StrEG), das dem Verwaltungsverfahren zuzuordnende Betragsverfahren (§§ 7, 10-12 StrEG) und das

78 *Walker* in Schuschke/Walker, a. a. O.

79 *Grunsky* in Stein/Jonas, § 945 Rdnr. 11.

80 *Meyer,* StrEG, § 5 Rdnr. 5.

81 *Meyer,* a. a. O. Rdnr. 37.

82 *Grunsky* in Stein/Jonas, § 945 Rdnr. 36.

den Regeln der Zivilprozessordnung unterliegende Zivilverfahren (§ 13 StrEG). Im Entschädigungsverfahren hat der Beschuldigte zahlreiche Fristen einzuhalten. Bereits im Grundverfahren hat er unter Umständen die kurze Antragsfrist gem. § 9 I 3 StrEG zu beachten, im Verwaltungsverfahren gilt es, die so genannte Anmeldefrist gem. § 10 I 1 StrEG und die absolute Ausschlussfrist[83] gem. § 12 StrEG zu wahren. Im Zivilverfahren muss der Beschuldigte schließlich noch die dreimonatige Ausschlussfrist gem. § 13 I 2 StrEG zur Erhebung der Klage einhalten.

III. Inhalt und Umfang der Ansprüche

Inhalt und Umfang des Schadensersatzanspruchs gem. § 945 ZPO und des Entschädigungsanspruchs gem. § 2 II Nr. 4 StrEG richten sich nach den allgemeinen Regeln der §§ 249 ff. BGB[84], wobei aber bei Letzterem die allgemeinen Regeln durch die spezielle Bestimmung des § 7 StrEG modifiziert sind[85].

1. Keine Naturalrestitution

Eine wichtige Modifikation des allgemeinen Schadensersatzrechts im Anwendungsbereich des § 7 StrEG besteht darin, dass nach dem Gesetz über die Entschädigung für Strafverfolgungsmaßnahmen – anders als beim Schadensersatzanspruch gem. § 945 ZPO, der grundsätzlich auf Naturalrestitution gerichtet ist[86] – nur Entschädigung in Geld geleistet wird, eine Naturalrestitution also nicht möglich ist[87]. Da durch die Naturalrestitution die Position des Geschädigten gestärkt wird und sie sein Integritätsinteresse ausgleichen soll, ist die reine Geldentschädigung nach dem Gesetz über die Entschädigung für Strafverfolgungsmaßnahmen für den Geschädigten weniger vorteilhaft. Im Einzelfall kann die fehlende Möglichkeit einer Naturalrestitution sogar zu einem nicht zu unterschätzenden Nachteil für den Betroffenen führen. Er kann nämlich beispielsweise keine öffentliche Rehabilitierung, etwa durch Bekanntmachung in der Presse oder durch Aushang, verlangen[88]. Dabei kann gerade diese Form der Naturalrestitution für ihn durchaus erstrebenswert sein, um so den ehrenrührigen Vorwurf einer Straftat beseitigen zu können und um seine Ehre wiederher-

---

[83] Dazu, dass es sich bei § 12 StrEG um eine absolute Ausschlussfrist handelt, vgl. *Matt* (Fußn. 67), RPfleger 1997, S. 466 (468); *Kunz* in Schätzler/Kunz, § 12 Rdnr. 2.

[84] *Grunsky* in Stein/Jonas, § 945 Rdnr. 8; *Heinze* in Münchener Kommentar, § 945 Rdnr. 13; *Meyer,* StrEG, § 7 Rdnr. 5; *Matt* (Fußn. 67), RPfleger 1997, 466 (468).

[85] *Meyer,* StrEG, a.a.O.

[86] *Walker* in Schuschke/Walker, § 945 Rdnr. 25.

[87] *Meyer,* StrEG, 3. Auflage, § 7 Rdnr. 6.

[88] *Kunz* in Schätzler/Kunz, § 7 Rdnr. 3.

zustellen, vor allem bei Personen, an dessen Urteil dem Betroffenen am meisten liegt.

2. *Kein Ersatz immaterieller Schäden*

Beim Ersatzanspruch gem. § 2 II Nr. 4 StGB werden keine immateriellen Schäden ersetzt[89]. Denn das Gesetz über die Entschädigung für Strafverfolgungsmaßnahmen gibt Ansprüche auf Ersatz des immateriellen Schadens nur in dem in § 7 III StrEG genannten Ausnahmefall des Freiheitsentzuges aufgrund strafgerichtlicher Entscheidung[90], also im Fall des § 1 StrEG; beim strafprozessualen Arrest handelt es sich aber um eine Maßnahme nach § 2 StrEG[91].

3. *Begrenzung beim Ersatz mittelbarer Schäden*

Im Rahmen des Schadensersatzanspruchs gem. § 945 ZPO wird der durch die Vollziehung des Arrestes adäquat kausal verursachte, unmittelbare oder mittelbare Schaden ersetzt[92], zumal es für den Umfang des zu ersetzenden Schadens grundsätzlich keine Bedeutung hat, ob der Schaden unmittelbar an dem verletzen Rechtsgut selbst oder an anderen Rechtsgütern des Geschädigten eingetreten ist[93]. Mittelbare Schäden sind zwar auch nach dem Gesetz über die Entschädigung für Strafverfolgungsmaßnahmen erstattungsfähig[94], allerdings gilt es folgende Begrenzung zu beachten: Im Normbereich des Gesetzes über die Entschädigung für Strafverfolgungsmaßnahmen sind nur unmittelbar auf die haftungsbegründende Handlung (also den Vollzug des Arrestes i. S. d. § 2 StrEG) beruhende Vermögenseinbußen erstattungsfähig. Mittelbare Schäden, die nicht „durch“, sondern nur „aus Anlass“ des Arrestes entstanden sind, fallen nicht (mehr) in den Schutzbereich der StrEG-Vorschriften und sind deshalb nicht erstattungsfähig[95]. Ein solcher Fall liegt beispielsweise vor, wenn der Schaden erst entstanden ist, als der Arrest schon erledigt war, etwa erst dann ein Rechtsanwalt beauftragt wurde[96].

---

[89] Gem. § 253 II BGB, § 945 ZPO kommt dagegen vor allem beim persönlichen Arrest ein Schmerzensgeldanspruch des Schuldners in Betracht, *Heinrichs* in Palandt, § 253 Rdnr. 5.

[90] *Meyer,* StrEG, § 7 Rdnr. 34.

[91] Die Zubilligung einer Entschädigung auf Grundlage des § 253 II BGB kommt zwar grundsätzlich auch bei einer Staatshaftung in Betracht, doch schließt § 7 III StrEG als Modifikation und lex specialis der § 249 ff. BGB den Ausgleich des immateriellen Schadens, der über die dort bestimmte Ausnahme hinausgeht, aus.

[92] *BGHZ* 96, 1 (2); *Heinze* in Münchener Kommentar, § 945 Rdnr. 13.

[93] *Heinrichs* in Palandt, Vorbem § 249 Rdnr. 15.

[94] *Meyer,* StrEG, § 7 Rdnr. 11.

[95] *BGH,* MDR 1979, 562 (562); *OLG Hamm,* MDR 1988, 414 (414); *Meyer,* StrEG, § 7 Rdnr. 12.

C. Ergebnis

Der Vergleich der beiden Ansprüche ergibt, dass der Beschuldigte im Gegensatz zum Arrestschuldner hinsichtlich der Entschädigung eine nicht unerheblich schlechtere Position innehat. Diese äußert sich nicht nur bei Umfang und Voraussetzungen des Anspruchs, sondern vor allem auch bei dessen Durchsetzung, zumal das schwierige mehrgliedrige StrEG-Verfahren mit einer Vielzahl von strengen Fristen zu beachten ist. Es verwundert daher nicht, dass in der Praxis der Betroffene, der einen ihm grundsätzlich vom Strafgericht zuerkannten Entschädigungsanspruch „in Euro und Cent" realisieren will, im Betragsverfahren erkennen muss, dass ein Erfolg im Grundverfahren sich mehr oder weniger als Phyrrussieg herausstellt[97].

[96] Ein Unterschied ergibt sich auch aus § 7 II StrEG, wonach Entschädigung nur geleistet wird, wenn der nachgewiesene Vermögensschaden den Betrag von 25 Euro übersteigt. Eine derartige Untergrenze gibt es für den Schadensersatzanspruch gem. § 945 ZPO nicht.

[97] *Meyer,* JR 2001, 244 (244).

Kapitel 5

Vollstreckungsrechtlicher Zugriff auf arrestiertes Vermögen

Beim zivil- wie auch strafprozessualen Arrest erfolgt die Sicherung der Vollstreckung der Ansprüche durch eine Arrestanordnung, auf deren Grundlage die Arrestvollziehung in das Vermögen des Arrestbetroffenen stattfindet, d. h., es wird vorläufig auf Vermögenswerte zugegriffen. Da Arrestanordnung und Arrestvollziehung lediglich der Sicherung der Zwangsvollstreckung von Ansprüchen dienen, kann damit aber eine Befriedigung grundsätzlich noch nicht erzielt werden. Zur Befriedigung der Gläubiger müssen den Arrestvollziehungen vielmehr noch grundsätzlich Zwangsvollstreckungsmaßnahmen nachfolgen, durch die auf die arrestierten Vermögenswerte zugegriffen wird.

Bei der nachfolgenden Darstellung des vollstreckungsrechtlichen Zugriff auf arrestiertes Vermögen steht die Befriedigung von Ansprüchen des Verletzten nach §§ 111g, 111h StPO im Mittelpunkt. Anhand dieser Vorschriften wird zunächst allgemein das weitere Vorgehen des Verletzten nach einer strafprozessualen Arrestanordnung und -vollziehung beschrieben (§ 26). Bei der eigentlichen Darstellung der §§ 111g, 111h StPO geht es dann darum, die gesetzlich geregelten Bevorrechtigungen für den Verletzten aufzuzeigen, die diesem bei seinem Zugriff auf die sichergestellten Vermögenswerte des Beschuldigten zugute kommen (§ 27). Nach dem Überblick über die §§ 111g, 111h StPO, der dabei gleichzeitig geschaffen werden soll, schließt sich die schwierige Problematik an, ob dem Verletzten über die ausdrücklich gesetzlich geregelten Fälle hinaus zusätzlich Privilegien zukommen (§ 28). Schließlich werden eventuell auftauchende Unterschiede und Gemeinsamkeiten zwischen dem vollstreckungsrechtlichen Zugriff des Verletzten nach einem strafprozessualen Arrest und dem Zugriff des Gläubigers nach einem zivilprozessualen Arrest dargestellt (§ 29).

§ 26 Zugriff des Verletzten nach zivilprozessualen Regeln

Dem Verletzten können aus der Straftat Ansprüche gem. § 73 I 2 StGB erwachsen sein, die durch Beschlagnahme oder dinglichen Arrest gesichert werden können. Will der Verletzte zu seiner Befriedigung im Wege der Zwangsvollstreckung oder der Arrestvollziehung auf die sichergestellten Gegenstände zugreifen, so findet er häufig ein Konkurrenzverhältnis vor: Interesse an einer Befriedigung aus dem häufig sehr begrenzten Beschuldigtenvermögen haben neben dem Verletzen nämlich auch noch der sicherstellende Staat hinsichtlich seiner Zahlungsansprüche gegen den Verletzten, gegebenenfalls nicht geschädigte Gläubiger des Beschuldigten sowie weitere – oft sehr zahlreiche – Verletzte. Es wird daher zu Recht teilweise von einem *Wettlauf der Gläubiger* um das Beschuldigtenvermögen gesprochen. Dieser Wettlauf wird entscheidend durch die Vorschriften der §§ 111g, 111h StPO beeinflusst. Diese Regelungen beruhen auf dem Grundgedanken des § 73 I 2 StGB, dass dem Verletzten im Strafverfahren die Befriedigung der ihm aus der Straftat erwachsenen Ansprüche weitgehend ermöglicht werden soll[1], weshalb sie den Verletzten bei seinem Zugriff auf die sichergestellten Gegenstände des Beschuldigten privilegieren. Die vorrangige Befriedigung der Opferansprüche ist dabei jedenfalls deshalb sachlich gerechtfertigt, weil Opfer häufig über finanzielle Einbußen hinaus Schäden durch die Straftat erlitten haben und das Strafrecht aus diesem Grund – wie auch wegen des konkreten Fehlschlags seiner Rechtsgüterschutzbemühungen und des Versagens seiner präventiven Strafdrohungen im Einzelfall – dem Verletzten gegenüber im besonderen Maße verpflichtet ist[2]. Die Bevorrechtigung des Verletzten geht aber nicht soweit, dass die Strafverfolgungsorgane die zu Gunsten des Verletzten sichergestellten Vermögenswerte ohne weiteres an ihn auskehren, auch wenn die in der Praxis nach § 111e III StPO erforderliche Mitteilung über die Sicherstellung von Vermögenswerten im Wege der Zurückgewinnungshilfe das Opfer häufig in diesem Glauben wiegt[3]. Die Bestimmungen der §§ 111g, 111h StPO ersparen dem Verletzten nämlich nicht, dass er sich für den Zugriff auf die sichergestellten Vermögenswerte des Täters einen Titel beschaffen[4] und Zwangsvollstreckungsmaßnahmen in die sichergestellten Vermögensgegenstände bewirken muss[5]. Bei der Zwangsvollstreckung obliegt es dem Verletzten also ebenso wie den anderen zivilrechtlichen Gläubigern nach einem zivilprozessualen Arrest selbst, sich aktiv um die zu seinen Gunsten

---

1 *BT Drucks.* 7/550, S. 294, 295, Anm. zu § 111g und § 111h StPO; *Meyer-Goßner,* § 111g Rdnr. 1; vgl. zum Zweck des § 73 I 2 StGB auch schon oben Kapitel 1 § 2 C. II. 1. c).

2 *Heghmanns,* ZRP 1998, 475 (478).

3 Zur Problematik der Bekanntgabevorschriften nach § 111e III, IV StPO oben Kapitel 2 § 16 B. II. 2.

4 *BT-Drucks.* 7/550, S. 294; *BGH,* NJW 2000, 2027 (2027); *Lemke* in Heidelberger Kommentar, § 111g Rdnr. 2; *Nack* in Karlsruher Kommentar, § 111g Rdnr. 2; *Heghmanns* (Fußn. 2), ZRP 1998, 475 (476); *Köper,* NJW 2004, 2485 (2485).

5 Eine Ausnahme vom Erfordernis eines Titels bildet § 111k StPO, der hinsichtlich seiner Voraussetzungen und seiner Reichweite heftig umstritten ist, *Malitz,* NStZ 2000, 337 (339), Fußn. 23: Bei der Durchsetzung eigentumsrechtlicher Herausgabeansprüche in § 111k StPO ist es den Strafverfolgungsorganen erlaubt, beschlagnahmte Sachen nicht an den letzten Gewahrsamsinhaber, dem gegenüber an sich die Rückgabe geschuldet wäre, sondern unmittelbar an den geschädigten Eigentümer herauszugeben.

sichergestellten Vermögenswerte zu bemühen[6]. Die Sicherstellung von Tätervermögen zu Gunsten des Verletzten konnte noch erfolgen, ohne dass der Verletzte seine Ansprüche aus der Tat geltend macht, weil die Strafverfolgungsbehörden durch die Zurückgewinnungshilfe eine Vollstreckungssicherung stellvertretend für den Geschädigten betreiben. Den vollstreckungsrechtlichen Zugriff auf die sichergestellten Vermögenswerte muss der Verletzte dagegen selbst nach zivilprozessualen Regeln vornehmen. Das Strafverfahrensrecht sieht somit über die Sicherstellung hinausgehende Bemühungen der Strafverfolgungsbehörden zur Durchsetzung der Ansprüche der durch die Straftat Verletzten nicht vor[7]. Die strafprozessual ermöglichte Zurückgewinnung erfolgt damit letztlich qua zivilprozessualer Zwangsvollstreckung unter Übernahme zivilprozessualer Verteilungskriterien[8] und nicht auf Grundlage eines eigenständigen strafrechtlichen Verfahrens zur Verteilung sichergestellter Vermögenswerte.

Dass sich der Verletzte wegen seines Anspruchs aus der Straftat einen Titel besorgen und die Zwangsvollstreckung in das sichergestellte Beschuldigtenvermögen betreiben muss, ist letztlich nicht zu beanstanden, weil das Strafrecht wegen des Gebots der Widerspruchsfreiheit der Rechtsordnung nicht mehr Rechte gewähren kann, als dem Geschädigten zivilrechtlich zustehen[9]. Müsste sich der Verletzte keinen Titel beschaffen, so wäre zudem eine abschließende Entscheidung im Rahmen des Strafverfahrens jedenfalls nicht vor dessen Abschluss zu erreichen[10]. Außerdem wäre – verzichtete man auf das Erfordernis eines Titels – eine anderweitige Überprüfung des aus der Straftat erwachsenen Anspruchs notwendig, was zu unvertretbaren Verzögerungen führen kann, während andererseits eine unzureichende Überprüfung zu ungerechtfertigter Benachteiligung Dritter führen kann[11].

§ 27 Gesetzlich geregelte Bevorrechtigungen in §§ 111g, 111h StPO

Die §§ 111g, 111h StPO halten Regelungen zur vorrangigen Befriedigung des Verletzten bereit. Dem Wortlaut nach befasst sich § 111g StPO mit der vorrangigen Befriedigung bei der Beschlagnahme, § 111h StPO dagegen mit der beim dinglichen Arrest.

---

[6] *Schmid/Winter*, NStZ 2002, 8 (10); *Malitz* (Fußn. 5), NStZ 2000, 337 (339).

[7] *Kiethe/Groeschke/Hohmann*, ZIP 2003, 185 (186).

[8] *Heghmanns* (Fußn. 2), ZRP 1998, 475 (477).

[9] *Malitz* (Fußn. 5), NStZ 2000, 337 (339); vgl. auch *Heghmanns* (Fußn. 2), ZRP 1998, a. a. O.

[10] *BT-Drucks.* 7/550, S. 294.

[11] *BT-Drucks.*, a. a. O.

A. § 111g StPO

I. Bevorrechtigung des Verletzten aus § 111g I StPO

Eine Bevorrechtigung des Verletzten beim Zugriff auf beschlagnahmte Gegenstände ergibt sich bereits aus dem vorangestellten Absatz 1 des § 111g StPO, wonach die Beschlagnahme eines Gegenstandes nicht gegen eine Verfügung des Verletzten wirkt. Die Beschlagnahme eines Gegenstandes hat gem. § 111c V 1. HS StPO nämlich grundsätzlich die Wirkung eines (relativen) Veräußerungsverbots i.S.d. §§ 136, 135 I 2 BGB zu Gunsten des Justizfiskus[12]. Das bedeutet, dass ab dem Zeitpunkt der Beschlagnahme alle nachfolgenden Verfügungen des Verletzten, des Beschuldigten und anderer Gläubiger gegenüber dem Justizfiskus relativ unwirksam sind. Hiervon macht § 111g I StPO für den Verletzten eine Ausnahme: Greift dieser im Wege der Zwangsvollstreckung oder der Arrestvollziehung[13] auf beschlagnahmte Gegenstände zu, so ist die Verfügung des Verletzten dem Justizfiskus gegenüber nicht unwirksam[14]. Damit ergibt sich insofern eine Bevorrechtigung des Verletzten aus § 111g I StPO, als das Veräußerungsverbot des § 111c V StPO Vollstreckungsmaßnahmen des Verletzten nicht entgegensteht und er somit unbeeinträchtigt durch die staatliche Sicherstellung auf den beschlagnahmten Gegenstand zugreifen kann. Da diese Bevorrechtigung aber nur bestimmten Gläubigern zukommen soll, nämlich Verletzten, denen aus der Straftat ein Anspruch erwachsen ist, wird in Absatz 2 Satz 1 einschränkend geregelt, dass die Vollstreckungsmaßnahme des Verletzten einer Zulassung bedarf. Das Zulassungsverfahren, bei dem nach § 111g II 2 StPO eine Entscheidung durch Beschluss getroffen wird, hat damit eine Art „Filterfunktion", weil damit aus den vollstreckenden Gläubigern die allein bevorrechtigten Verletzten herausgesondert werden[15].

II. Bevorrechtigung des Verletzten aus § 111g III 1 StPO

Nach der Zulassung der Vollstreckungsmaßnahme des Verletzten ergibt sich für ihn eine weitere Bevorrechtigung aus § 111g III 1 StPO. Diese Vorschrift regelt, dass das Veräußerungsverbot nach § 111c V StPO vom Zeitpunkt der Beschlagnahme an auch zu Gunsten des zugelassenen Verletzten gilt, der während der Dauer der Beschlagnahme in den beschlagnahmten Gegenstand die Zwangsvollstreckung betreibt oder den Arrest vollzieht. Demnach sind alle der

---

[12] *Meyer-Goßner,* § 111c Rdnr. 10.

[13] Zur Frage des zivilprozessualen Arrestgrundes trotz strafprozessualer Sicherung im Wege der Beschlagnahme oder des dinglichen Arrestes, vgl. *Köper* (Fußn. 4), NJW 2004, 2485 (2486 f.).

[14] *Meyer-Goßner,* § 111g Rdnr. 2.

[15] *Hees,* Zurückgewinnungshilfe, S. 92.

Beschlagnahme nachfolgenden, zwischenzeitlichen Verfügungen über den beschlagnahmten Gegenstand auch dem Verletzten gegenüber nach §§ 136, 135 I 2 BGB (relativ) unwirksam; Vollstreckungen anderer Gläubiger werden damit praktisch verhindert[16]. § 111g III 1 StPO verschafft dem zugelassenen Verletzten somit eine Privilegierung gegenüber dritten Gläubigern, indem der Verletzte sich zuerst befriedigen kann. Es kann daher auch von einer „Vorrangfunktion" der Zulassung gesprochen werden, wonach sich der vollstreckende Verletzte aufgrund des ab der Beschlagnahme wirkenden Veräußerungsverbots vor anderen Gläubigern aus dem beschlagnahmten Gegenstand befriedigen können soll[17].

B. § 111h StPO

§ 111h StPO behandelt den vorrangigen Zugriff des Verletzten auf arrestiertes Vermögen des Beschuldigten. Während § 111g StPO aber den Zugriff auf sämtliche beschlagnahmte Vermögensgegenstände des Beschuldigten normiert, regelt § 111h StPO nach seinem Wortlaut nur den Fall, dass der Verletzte im Wege der Zwangsvollstreckung oder Arrestvollziehung auf arrestierte *Grundstücke* zugreift.

Die den Verletzten bei seinem vollstreckungsrechtlichen Zugriff auf arrestierte Grundstücke begünstigende Wirkung des § 111h StPO kann wie folgt beschrieben werden: Die Vollziehung des strafprozessualen Arrestes gem. § 111d StPO in ein Grundstück begründet nach ganz h.M. eine Sicherungshypothek des Justizfiskus[18]. Betreibt der Verletzte später wegen eines aus der Straftat erwachsenen Anspruchs die Zwangsvollstreckung oder vollzieht er einen Arrest in das arrestierte Grundstück, so kann er zunächst nur eine Sicherungshypothek im Rang hinter dem Justizfiskus erwerben. Denn für die Rangfolge der Sicherungshypotheken gilt grundsätzlich das vollstreckungsrechtliche Prioritätsprinzip, d.h., es kommt darauf an, wer gem. §§ 932, 867 ZPO, § 879 BGB als Erster im Grundbuch eingetragen ist. Da der Staat mit der Arrestierung des Grundstücks eine erstrangige Sicherungshypothek erwirbt, erhält der Verletzte gem. § 879 I BGB immer nur eine nachrangige Sicherungshypothek[19]. Die Bedeutung des § 111h StPO liegt nun darin, dass der Verletzte, der wegen seines aus der Straftat erwachsenen Anspruches auf das arrestierte Grundstück zugreift, nach § 111h I 1, 4 StPO i.V.m. § 880 BGB verlangen kann, dass die durch den Arrestvollzug begründete Sicherungshypothek des Justizfiskus hinter seiner Sicherungshypothek im Rang zurücktritt. Nach vollzogener Rangände-

[16] *Meyer-Goßner,* § 111g Rdnr. 6; *Hees* (Fußn. 15), S. 93.

[17] *Hees,* a.a.O.

[18] *Meyer-Goßner,* § 111h Rdnr. 1.

[19] *Hees* (Fußn. 15), S. 207.

rung kann sich der Verletzte dann vorrangig vor dem Justizfiskus aus den arrestierten Grundstücken des Beschuldigten befriedigen. Letztlich kann über § 111h StPO also eine Abänderung des Prioritätsprinzips zu Gunsten des Verletzten erreicht werden. Allerdings bedarf die Rangänderung gem. § 111h II 1 StPO auch einer Zulassung, welcher wie bei § 111g II StPO eine „Filterfunktion" zukommt; es soll also auch hier gewährleistet werden, dass die Rangänderung nur denjenigen Verletzten zugute kommt, denen aus der Straftat ein Anspruch erwachsen ist, nicht aber anderen, „normalen" Gläubigern[20]. Nach Zulassung des Verletzten i. S. d. § 111h II StPO kann der Verletzte gegenüber dem Justizfiskus den Rangrücktritt der Sicherungshypothek des Justizfiskus verlangen. Auf sein Verlangen hin, wird die Rangänderung beim Grundbuchamt eingetragen (§ 111h II 2 i. V. m. § 111g III 3 StPO); es bedarf dabei keiner zusätzlichen Zustimmung des Grundstückseigentümers, was sich aus § 111h I 3 StPO ergibt. Die Rangänderung bewirkt, dass die Vollstreckungsmaßnahme des Verletzten der Sicherungshypothek aus dem dinglichen Arrest vorgeht, also das Recht des Verletzten Vorrang vor dem Recht des Justizfiskus hat. Anders ausgedrückt: Es erfolgt ein schlichter Rangtausch unmittelbar benachbarter Sicherungsrechte mit dinglicher Wirkung.

Die das Prioritätsprinzip abändernde Wirkung des § 111h StPO ist aber nicht auf das Verhältnis zwischen dem Justizfiskus und dem Verletzten begrenzt, vielmehr kann sich der Verletzte auch vor anderen, „normalen" Gläubigern befriedigen. Bestehen nämlich nach dem Prioritätsprinzip zunächst vorrangige Zwischenrechte anderer Gläubiger, die vor dem Verletzten in das Grundstück vollstreckt haben, so erfolgt der Rangtausch mit dem Justizfiskus mit der Einschränkung des § 111h I 4 StPO i. V. m. § 880 V BGB, dass der Status der Zwischenrechte in jeden Fall ohne irgendeinen Vor- oder Nachteil erhalten bleibt. Der Verletzte kann sich also vorrangig vor anderen Zwischenrechten bis zum vollen Betrag der Sicherungshypothek des Justizfiskus sichern und aus dem Grundstück befriedigen[21].

Wie bei § 111g StPO kann der Zulassung nach § 111h II StPO somit letztlich neben der geschilderten „Filterfunktion" auch eine „Vorrangfunktion" zugesprochen werden, weil sich zugelassene Verletzte über § 111h I StPO vorrangig vor dem Justizfiskus und vor anderen, „normalen" Gläubiger aus arrestierten Grundstücken befriedigen können. Dabei hat der gewährte Vorrang gem. § 111h I 2 StPO sogar ausnahmsweise dauerhafte Wirkung, weil bei Untergang der durch dinglichen Arrest begründeten Sicherungshypothek infolge Aufhebung des Arrestes die Sicherungshypothek des Verletzten nicht wieder an seine

---

[20] *Hees* (Fußn. 15), S. 208 f.; der Begriff des „normalen Gläubigers" wird im Folgenden für Gläubiger des Beschuldigten verwendet, die nicht durch die Straftat verletzt sind.

[21] *Hees* (Fußn. 15), S. 211.

frühere Rangstelle zurückfällt, so wie es nach allgemeiner Meinung eigentlich bei Untergang des zurücktretenden Rechts der Fall ist.

§ 28 Gesetzlich nicht geregelte Bevorrechtigungen

Während § 111g StPO den Zugriff des Verletzten im Wege der Zwangsvollstreckung oder Arrestvollziehung auf sämtliche beschlagnahmte Gegenstände regelt, befasst sich § 111h StPO nach seinem Wortlaut nur mit dem Zugriff auf arrestierte Grundstücke; unerwähnt bleiben hingegen grundstücksgleiche Rechte i. S. d. § 870 BGB sowie jegliches bewegliche Vermögen, also bewegliche Sachen, Forderungen und andere Vermögensrechte.

Weitgehende Einigkeit besteht dahingehend, dass § 111h StPO auch Anwendung finden soll, wenn der dingliche Arrest in grundstücksgleiche Rechte und in bestimmte bewegliche Sachen, nämlich in eingetragene Luftfahrzeuge, Schiffe und Schiffsbauwerke[22] vollzogen ist. Gerade für den praktisch wesentlich bedeutsameren Teil des sonstigen Vermögens, insbesondere für sonstige bewegliche Sachen und Forderungen, ist dagegen äußerst umstritten, ob und gegebenenfalls inwieweit der Verletzte über eine analoge Anwendung des § 111h bzw. des § 111g StPO in den Genuss einer vorrangigen Befriedigung kommen soll. Nachdem dieser Frage bisher kaum Beachtung geschenkt wurde, hat eine aktuelle Entscheidung des *LG Kempten*[23] eine rege Diskussion in Gang gesetzt, ohne dass sich dabei ein richtungweisendes Ergebnis abgezeichnet hätte. Als Beispiel für die Problematik wird daher nachstehend vorab der der Entscheidung des *LG Kempten* zugrunde liegende Sachverhalt vorgestellt und daraufhin der bisherige Meinungsstand zu dem Problem dargestellt sowie ein eigener Lösungsansatz versucht.

A. Beispielsfall: Die Entscheidung des LG Kempten

In dem der Entscheidung des LG Kempten zugrunde liegenden Verfahren hatte der Ermittlungsrichter zum Zwecke der Rückgewinnungshilfe auf Antrag der Staatsanwaltschaft den dinglichen Arrest in das Vermögen des Beschuldigten M wegen einer zu sichernden Forderung in Höhe von zwei Millionen Euro angeordnet. Der später rechtskräftig verurteilte M hatte als Geschäftsführer der S unter anderem einen Betrag von 1, 5 Millionen Euro veruntreut, den er von dem Geschäftskonto auf sein Privatkonto überwiesen hatte. Die Arrestvollziehung erfolgte durch Pfändung einer dem Beschuldigten zustehenden Forderung (Guthabensaldos des Privatkontos des M). Bei noch bestehendem Arrest (Verlängerungsanordnung § 111i StPO) pfän-

---

[22] Auch bei eingetragenen Luftfahrzeugen, Schiffen und Schiffsbauwerken besteht nämlich wie bei Grundstücken die Möglichkeit eines Rangtausches (§ 26 LuftfzgG; § 26 SchiffsRG); vgl. hierzu *Huber,* Rpfleger 2002, 285 (294).

[23] *LG Kempten,* ZIP 2003, 548.

deten daraufhin zunächst mehrere nicht unmittelbar aus der Straftat geschädigte Gläubiger in das Privatkonto des M und erst später aufgrund eines Anerkenntnisurteils auch der Insolvenzverwalter der geschädigten S, sodass sich die Geschädigte S an letzter Rangstelle befand. Um trotz der letzten Rangstelle den Vorrang vor den sonstigen Gläubigern des M zu erhalten, beantragte der Insolvenzverwalter gem. § 111g II StPO die Zulassung der Zwangsvollstreckung in das durch die Vollziehung des Arrestes gepfändete bewegliche Vermögen des M. Das LG Kempten erließ in analoger Anwendung des § 111g II StPO die begehrte Zulassungsentscheidung mit der in § 111g III StPO bezeichneten Wirkung.

Das *LG Kempten* hatte das Problem zu lösen, ob der Geschädigten S ein vorrangiges Befriedigungsrecht an der durch dinglichen Arrest gesicherten Forderung eingeräumt werden kann und wie weit dieses vorrangige Befriedigungsrecht gegebenenfalls geht. Mithin ging es um die Frage, ob – wenn man ein vorrangiges Befriedigungsrecht annimmt – der Verletzte sich nur vorrangig vor dem Justizfiskus befriedigen kann oder auch vorrangig vor anderen Gläubigern, denen aus der Straftat nicht unmittelbar ein Anspruch erwachsen ist.

Vor der Beantwortung der Frage ist es hilfreich, sich die grundsätzliche Reihenfolge der Befriedigung zu vergegenwärtigen, wie sie sich ohne ein vorrangiges Befriedigungsrecht des Verletzten ergibt. Für die Befriedigung der Ansprüche der Gläubiger gilt hinsichtlich der Rangfolge zwischen Staat, Verletzten und „normalen" Gläubigern über § 111d II StPO, §§ 930 I 2, 804 I ZPO grundsätzlich das vollstreckungsrechtliche Prioritätsprinzip, d.h., eine frühere Pfändung geht der späteren Pfändung vor[24]. Wird der strafprozessuale Arrest in bewegliche Sachen, Forderungen und andere Vermögensrechte vollzogen, entsteht deshalb nach h.M. zunächst ein Pfandrecht für den Justizfiskus[25]. Die grundsätzliche Rangfolge der Pfandrechte richtet sich dann nach der zeitlichen Abfolge der nachfolgenden Pfändungen. Erwirbt beispielsweise nach der Arrestvollziehung zunächst ein Gläubiger ein Pfandrecht, der nicht aus der Tat verletzt ist, und erst dann der Verletzte, so befindet sich der Verletzte an letzter Rangstelle hinter dem Justizfiskus und dem „normalen" Gläubiger. Gerade in dieser Situation erlangt die Frage einer vorrangigen Befriedigung des Verletzten besondere Bedeutung.

---

[24] Zur Definition des Prioritätsprinzips: *Stöber* in Zöller, § 804 Rdnr. 5.

[25] Anderer Auffassung ist *Müller-Wüsten,* der davon ausgeht, dass bei der Arrestvollziehung zur Sicherung von Verletztenansprüche das Arrestpfandrecht zu Gunsten des Verletzten entsteht, *Müller-Wüsten,* ZIP 2003, 689 (690). Dazu sogleich unten Kapitel 5 § 28 B. I. Vertreter der h.M. sind: *Hees* (Fußn. 15), S. 255; *Huber/Savini,* ZIP 2003, 548 (549).

B. Meinungsstand

I. Vorrangige Befriedigung durch Anwendung des Prioritätsprinzips

Müller-Wüsten hält für die vorrangige Befriedigung des Verletzten nur ein Zulassungsverfahren gem. § 111g II StPO analog erforderlich, in dem geprüft werden soll, ob dem Verletzten aus der Straftat ein Anspruch erwachsen ist[26]. Im Übrigen gelangt er zu einer vorrangigen Befriedigung des Verletzten vor dem Justizfiskus und vor „normalen" Gläubigern bereits durch schlichte Anwendung des Prioritätsprinzips. Entgegen der h. M. geht er nämlich davon aus, dass bei der Vollziehung des dinglichen Arrestes zur Sicherung des Anspruchs des Verletzten das Arrestpfandrecht nicht zugunsten des Justizfiskus, sondern zugunsten des Verletzten entsteht. Denn gem. §§ 111d II StPO i. V. m. §§ 930 I, 804 ZPO erwerbe der „Gläubiger" durch die Pfändung ein Pfandrecht, und Gläubiger der Arrestforderung sei im Falle der Zurückgewinnungshilfe der Verletzte, dem aus der Straftat ein Anspruch erwachsen ist (§ 73 I 2 StGB). Die Zulassung gem. § 111g II StPO analog, die das Vorliegen eines vollstreckbaren Titels voraussetzt, führe dazu, dass sich das Arrestpfandrecht des Verletzten in ein Vollstreckungspfandrecht umwandle, dessen Rang sich nach dem Zeitpunkt der Arrestpfändung bestimme[27].

Damit gibt es nach *Müller-Wüsten* kein Pfandrecht des Justizfiskus, weshalb es im Verhältnis von Verletzten und Staat ohnehin zu keinem Konkurrenzverhältnis kommt. Da sich der Rang des Vollstreckungspfandrecht des Verletzten nach dem Zeitpunkt der Arrestpfändung im Rahmen der Arrestvollziehung richtet, geht dieses schon nach dem vollstreckungsrechtlichen Prioritätsprinzips anderen Pfandrechten nachfolgender Gläubiger vor. Mithin muss *Müller-Wüsten* nicht etwa § 111h I StPO oder § 111g III 1 StPO analog anwenden, um – in Abänderung des Prioritätsprinzips – im Verhältnis des Verletzten zu anderen Gläubigern eine vorrangige Befriedigung des Verletzten zu erreichen.

II. Vorrangige Befriedigung durch Aufhebung des Arrestes

Huber und *Savini* vertreten die Ansicht, dass zur vorrangigen Befriedigung des Verletzten nur die vollständige oder teilweise Aufhebung des Arrestes möglich sei[28]. Denn jegliche Analogie, sei es zu § 111g oder zu § 111h StPO, scheide mangels Regelungslücke aus[29].

---

[26] *Müller-Wüsten* (Fußn. 25), ZIP 2003, 689 (689 f.).

[27] *Müller-Wüsten,* a. a. O. (690).

[28] *Huber/Savini* (Fußn. 25), ZIP 2003, 548 (548 ff.).

[29] *Huber Savini,* a. a. O. (551); so auch – allerdings ohne Begründung – *Nack* in Karlsruher Kommentar, § 111h StPO Rdnr. 1; *Köper,* der ebenfalls eine Analogie zu § 111g oder § 111h StPO ablehnt, ist der Ansicht, dass das Gesetz deswegen keinen

Nach dieser Ansicht kann sich der Verletzte nur vorrangig vor dem Justizfiskus aus den arrestierten Sachen, Forderungen oder Vermögenswerten befriedigen. Denn die Aufhebung der Arrestanordnung und -pfändung beseitigt zwar das vorgehende Arrestpfandrecht des Justizfiskus an dem betreffenden Gegenstand[30], wobei zugleich dessen Rang verloren geht[31]. Dadurch wird eine Befriedigung des Verletzten vor dem Justizfiskus ermöglicht. Ansonsten bewirkt die Beseitigung des Pfandrechts des Justizfiskus aber nur ein Aufrücken aller nachgehenden Pfändungspfandrechte[32], sodass es die durch das Prioritätsprinzip gem. § 804 III ZPO begründete Rangfolge zwischen den nachrangigen Gläubigern und dem Verletzten damit nicht zu seinen Gunsten abgeändert wird.

III. Anspruch auf vorrangige Befriedigung in analoger Anwendung des § 111h StPO

Nach Ansicht von *Meyer-Goßner* und der früheren Ansicht von *Huber*[33] sei eine vorrangige Befriedigung des Verletzten über eine analoge Anwendung des § 111h StPO zu erzielen[34]. Während *Meyer-Goßner* seine Meinung nicht näher begründet, argumentierte *Huber* wie folgt: Da eine Regelungslücke vorliege[35], könne § 111h StPO analog angewendet werden. Allerdings bedürfe es keines richterlichen Zulassungsbeschlusses gem. § 111h I 1 StPO analog. Dem Geschädigten sei vielmehr ein vorrangiges Recht zur Befriedigung an den sichergestellten Gegenständen analog §§ 111h I 1, II 2 i. V. m. § 111g II 3 u. 4 StPO einzuräumen. Der tatsächliche Umfang dieses Anspruchs sei dabei vom Einzelfall abhängig, wobei mitunter die vorzeitige (Teil-)Aufhebung der Arrestvollziehung oder eine schuldrechtliche Rangvereinbarung in Betracht komme.

Auch diese Ansicht kann somit dem Verletzten allenfalls im Verhältnis zum Staat zu einer vorrangigen Befriedigung verhelfen, nicht aber gegenüber ande-

---

Vorrang für die Geschädigten hinsichtlich der Vollstreckungsmöglichkeiten vorsieht, weil der Staat im Rahmen des dinglichen Arrestes anders als bei der Beschlagnahme nicht nur auf das illegal, sondern auch auf das legal erworbene Vermögen des Täters zugreifen könne, *Köper* (Fußn. 4), NJW 2004, 2485 (2485 f.); nach *OLG Frankfurt* setze § 111g StPO voraus, dass gerade eine Beschlagnahme gem. § 111b StPO erfolgt ist, sodass andere Formen der Sicherstellung nicht unter den Anwendungsbereich der Vorschrift fielen, *OLG Frankfurt a. M.*, NStZ-RR 1996, 301 (302).

30 *Reichold* in Thomas/Putzo, § 930 Rdnr. 2.

31 *Putzo* in Thomas/Putzo, § 804 Rdnr. 8.

32 *Putzo* in Thomas/Putzo, a. a. O.

33 *Huber* vertritt mit *Savini* in ZIP 2003 (Fußn. 25), 548 (552) nunmehr die soeben in diesem Kapitel unter § 27 B. II. aufgeführte Meinung.

34 *Meyer-Goßner*, 111h Rdnr. 4 sowie *Huber* (Fußn. 22), Rpfleger 2002, a. a. O. unter der Überschrift „§ 111h analog?“ und seine Zusammenfassung auf S. 295, wonach eine „analoge Anwendung des § 111h StPO erforderlich“ sei.

35 *Huber* (Fußn. 22), Rpfleger 2002, a. a. O.

ren Gläubigern, die zeitlich vor dem Verletzten ein Pfändungspfandrecht erwirkt haben: Für die Aufhebung der Arrestanordnung und -pfändung ist dies bereits ausgeführt worden[36]. Aber auch die von *Huber* vorgeschlagene schuldrechtliche Rangrücktrittsvereinbarung, zwischen dem Justizfiskus und dem Verletzten so zu verfahren, als hätten die Rechte die gewünschte Reihenfolge, bringt ebenfalls keine Abänderung des Prioritätsprinzips zwischen Gläubiger und Verletzten. Zwar sind Rangrücktrittsvereinbarungen mit schuldrechtlicher Wirkung allgemein zulässig[37], eine Vereinbarung zu Lasten eines Zwischenberechtigten, indem der schlechterrangige Verletzte im Rang vor diesem befriedigt wird, kann damit jedoch nicht erreicht werden, weil die gesetzliche Regelung des § 804 III ZPO der schuldrechtlichen Vereinbarung immer vorgeht[38].

IV. Vorrang der Verletztenansprüche durch Anwendung des Rechtsgedanken aus § 111h StPO

Einen ähnlichen wie den eben beschriebenen Weg schlägt *Hees* ein. *Hees* möchte zunächst in einem Zulassungsverfahren gem. § 111h StPO analog prüfen, ob die Voraussetzungen des § 73 I 2 StGB vorliegen[39]. Ist dies der Fall, müsse der Staat in Anwendung des Rechtsgedanken aus § 111h StPO i.V.m. § 73 I 2 StGB (Vorrang der Verletztenansprüche vor den staatlichen Zahlungsansprüchen) die Vollstreckung des Verletzten zulassen, diesem die uneingeschränkte Vollsteckung in die arrestierten Gegenstände ermöglichen und von eigenen Vollstreckungsmaßnahmen absehen[40]. Hierzu habe er geeignete Maßnahmen zu ergreifen, die im Regelfall dahingingen, die Anordnung des dinglichen Arrestes und die Arrestpfändung aufzuheben[41]. Gegebenenfalls müssten zur Sicherung weiterer Verletztenansprüche oder noch bestehender eigener Zahlungsansprüche (z.B. wegen Geldstrafe) Arrestpfändungen neu vorgenommen werden[42]. Eine vorrangige Befriedigung vor anderen „normalen“ Gläubigern könne der Verletzte allerdings nicht erreichen, weil mangels planwidriger Regelungslücke weder § 111h I 1 StPO noch § 111g III 1 StPO analog anwendbar seien[43].

---

[36] Oben Kapitel 5 § 28 B. II.

[37] *Bassenge* in Palandt, § 1209 Rdnr. 1; *Küchenhoff/Michalski* in Erman, § 1209 Rdnr. 1; *Habersack* in Soergel, § 1209 Rdnr. 5; *Wiegand* in Staudinger, § 1209 Rdnr. 9.

[38] *Hees* (Fußn. 15), S. 269.

[39] *Hees,* a.a.O., S. 266, 274 f.

[40] *Hees,* a.a.O., S. 266, 275.

[41] *Hees,* a.a.O., S. 266, 271 ff.

[42] *Hees,* a.a.O., S. 266.

[43] *Hees,* ZRP 2004, 37 (38 f.); *Hees,* a.a.O., S. 255, 269.

Auch nach dieser Auffassung kann sich der Verletzte somit nur vorrangig vor dem Justizfiskus befriedigen, nicht aber vor „normalen" Gläubigern.

V. Zulassungsbeschluss gem. § 111g II StPO analog mit der Wirkung des § 111g I StPO

Schmid und *Winter* versuchen die vorrangige Befriedigung des Verletzten – entgegen den bisher aufgeführten Ansichten – durch eine Analogie zu § 111g StPO zu erreichen[44]. Unter Annahme einer Regelungslücke gehen sie davon aus, dass eine mit der Wirkung des § 111g I StPO ausgestattete gerichtliche Zulassungsentscheidung nach § 111g II StPO analog erforderlich sei, weil ansonsten das vorrangige Pfändungspfandrecht des Staates dem Zweck der Zurückgewinnungshilfe völlig widersprechend die Vollstreckung des Geschädigten in die durch dinglichen Arrest gesicherten Vermögenswerte verhindern würde. Da der Zulassungsbeschluss die Wirkung des § 111g I StPO habe, stehe dann das Pfändungspfandrecht des Justizfiskus der Vollstreckung des Verletzten nicht entgegen[45].

Schmid und *Winter* gehen damit davon aus, dass aufgrund der Wirkung des § 111g I StPO der Staat als vorrangiger Pfändungspfandgläubiger nach der Zulassung des Verletzten gem. § 111g II StPO analog im Umfang der titulierten Forderung hinter das Pfandrecht des Verletzten zurücktritt (Rangrücktritt)[46]. Da sie dem Zulassungsbeschluss gem. § 111g II StPO analog neben der Wirkung des § 111g I StPO nicht zusätzlich die Wirkung des § 111g III 1 StPO zusprechen, ist danach wieder nur eine vorrangige Befriedigung des Verletzten vor dem Justizfiskus, nicht aber vor „normalen" Gläubigern möglich.

VI. Zulassungsbeschluss gem. § 111g II StPO analog mit der Wirkung des § 111g I, III 1 StPO

Zu einer vorrangigen Befriedigung auch vor „normalen" Gläubigern kommt das *LG Kempten*[47], das den eingangs geschilderten Fall zu entscheiden hatte. Es

---

[44] *Schmid/Winter* (Fußn. 6), NStZ 2002, 8 (11).

[45] *Schmid/Winter,* a. a. O.

[46] So im Bereich des dinglichen Arrests auch *Malitz,* EWiR 2003, 543 (544), der aber dem Zulassungsbeschluss nach § 111g II StPO analog noch die weiterreichende Wirkung des § 111g III 1 StPO zuspricht, vgl. unten Kapitel 5 § 28 B. VI.; so im Bereich der Beschlagnahme: *BGH,* NJW 2000, 2027 (2027); *OLG Stuttgart,* ZIP 2000, 484 (484); *Malitz* (Fußn. 5), NStZ 2002, 340; vgl. auch *Schäfer* in Löwe/Rosenberg, § 111g Rdnr. 2, wonach § 111g I StPO den Vorrang der Zwangsvollstreckung des Verletzten regle; andere Ansicht *Hees,* der davon ausgeht, dass durch die Beschlagnahme kein Pfändungspfandrecht für den Justizfiskus entstehe und dieses daher auch nicht aufgrund der Wirkung des § 111g I StPO zurücktrete, *Hees* (Fußn. 15), S. 107 f.

[47] *LG Kempten,* ZIP 2003, 548.

vertritt die Ansicht, dass der Arrest nicht aufzuheben sei, weil dadurch keine vorrangige Befriedigung des Verletzten gewährleistet werde. Wird aufgrund des Arrestes in andere Vermögenswerte vollstreckt, für die § 111h StPO nicht gilt, so fehle es an einer gesetzlichen Regelung und eine entsprechende Anwendung des eigentlich für die Beschlagnahme geltenden § 111g StPO sei geboten. Dies komme der gesetzlichen Regelung am nächsten, weil die Verwirklichung des gesetzgeberischen Zwecks der Vorschriften – die vorrangige Befriedigung der Geschädigten – gewährleistet werde[48].

Das *LG Kempten* sieht somit eine Zulassung gem. § 111g II StPO analog nicht nur mit der Wirkung des § 111g I StPO, sondern auch mit der Vorrangwirkung des § 111g III 1 StPO vor. Das hat neben dem Rangrücktritt des Justizfiskus zugunsten des Verletzten (§ 111g I StPO) zusätzlich zur Folge, dass das mit dem dinglichen Arrest entstandene Veräußerungsverbot mit Zulassung gem. § 111g III 1 StPO auch für den Verletzten wirkt. Aufgrund dieser Rückwirkungsfiktion sind alle dem dinglichen Arrest folgenden Verfügungen Dritter im Wege der Zwangsvollstreckung oder Arrestvollziehung dem Verletzten gegenüber unwirksam und der Verletzte kann sich daher auch vor anderen Gläubigern befriedigen, die nicht aus der Straftat verletzt sind. Mithin kommt es sowohl durch § 111g I StPO als auch § 111g III 1 StPO zu einer Abänderung des Prioritätsprinzips zugunsten des Verletzten. Der Ansicht des *LG Kempten* ist *Malitz* gefolgt[49]. Auch er gelangt zu einer vorrangigen Befriedigung des Verletzten vor „normalen" Gläubigern. Anders als das *LG Kempten,* nimmt er jedoch keine planwidrige Regelungslücke an, was seiner Meinung nach der Einzelanalogie aber nicht entgegenstehe[50].

C. Eigener Lösungsansatz

I. Überblick

Im Folgenden wird nun zunächst untersucht, ob – wie *Müller-Wüsten* annimmt – durch die Arrestvollziehung das Pfändungspfandrecht am Gegenstand zugunsten des Verletzten entsteht. Wäre das nämlich der Fall, könnte bereits durch Anwendung des Prioritätsprinzips eine vorrangige Befriedigung des Verletzten vor dem Justizfiskus und sonstigen „normalen" Gläubigern erreicht wer-

---

[48] *LG Kempten,* a.a.O. (549).

[49] *Malitz* vertrat bereits vor der Entscheidung des *LG Kempten* unter Bezugnahme auf *BGH,* NJW 2000, 2027 die Meinung, dass mit § 111h I 1 StPO gesetzlich nur der Fall der Zwangsvollstreckung in ein arrestiertes Grundstück geregelt sei, beim dinglichen Arrest aber auch im Übrigen die Zulassung der Zwangsvollstreckung oder Arrestvollziehung des Geschädigten durch das Gericht zum Rücktritt des staatlichen Sicherheitsrechtes führe, *Malitz* (Fußn. 5), NStZ 2000, 337 (340), Fußn. 30.

[50] *Malitz* (Fußn. 46), EWiR 2003, 543 (544).

den. Ist dies nicht der Fall, so muss untersucht werden, ob und gegebenenfalls inwieweit durch eine analoge Anwendung des § 111h oder § 111g StPO eine vorrangige Befriedigung des Verletzten erfolgen kann oder ob eine vorrangige Befriedigung des Verletzten nur über die Aufhebung des Arrestes in Betracht kommt.

II. Das Pfandrecht infolge der Arrestvollziehung

Es stellt sich also zunächst die Frage, zu wessen Gunsten das Pfandrecht entsteht, wenn der dingliche Arrest zur Sicherung von Verletztenforderungen in bewegliche Sachen, Forderungen oder sonstiges bewegliches Vermögen vollzogen wird. Für die Ansicht von *Müller-Wüsten,* wonach das Pfändungspfandrecht zugunsten des Verletzten entsteht, scheint zunächst zu sprechen, dass der dingliche Arrest im Falle der Zurückgewinnungshilfe gerade zur Sicherung der Ansprüche der Opfer erfolgt; die Befriedigung individueller Opferansprüche soll – wie mit Blick auf § 73 I 2 StGB deutlich wird – Vorrang vor einem Zugriff zu Gunsten des Staates genießen. Die Erreichung dieses Ziels wäre somit gefördert, wenn das Pfändungspfandrecht durch den Arrestvollzug zugunsten des Verletzten entstünde. Zudem erwirbt nach § 804 I ZPO – wie *Müller-Wüsten* zutreffend anführt – der Gläubiger durch die Pfändung ein Pfandrecht an dem gepfändeten Gegenstand; Gläubiger der Arrestforderung ist im Falle der Zurückgewinnungshilfe zweifellos der Verletzte.

Dennoch muss die Ansicht von *Müller-Wüsten* abgelehnt werden: Da über die Verweisungsvorschrift des § 111d II StPO der Gläubiger gem. §§ 930 I 2 i.V.m. 804 I ZPO durch die Pfändung ein Pfandrecht erwirbt, kommt der Frage, wer Gläubiger i.S.d. § 804 I ZPO ist, entscheidende Bedeutung zu. Beim Vollstreckungsgläubiger handelt es sich um denjenigen, der die Vollstreckung betreibt[51]. Dementsprechend entsteht das Pfändungspfandrecht zugunsten dessen, der den dinglichen Arrest vollzieht. Das ist aber beim strafprozessualen Arrest nicht der Verletzte als Inhaber des Arrestanspruchs, sondern der Staat, der auf der Grundlage des Legalitätsprinzips für den aus der Straftat Verletzten tätig wird[52]. Nur in dem vom *Dispositionsgrundsatz* bestimmten Arrestverfahren gem. §§ 916 ff. ZPO stellt der Gläubiger der Arrestforderung i.a.R. auch den „Herrn des Vollziehungsverfahrens“ dar.

---

[51] *Schumann,* ZPO-Klausur, S. 233, Rdnr. 354; *Putzo* in Thomas/Putzo, Vorbem IV § 704 Rdnr. 10; *Schmidt-von Rhein* in Alternativkommentar ZPO, Vorbem § 704 Rdnr. 16.

[52] Anderer Auffassung scheint *Huber* zu sein, wenn er im Rahmen der Aufhebung der strafprozessualen Arrestvollziehung von dem den Arrest vollziehenden Gläubiger spricht, *Huber* (Fußn. 22), Rpfleger 2002, 285 (291).

Dass den strafprozessualen Arrest nicht der Verletzte vollzieht, wird auch dadurch deutlich, dass der dingliche Arrest auch dann vollzogen werden kann, wenn der Verletzte, zugunsten dessen die Sicherstellung erfolgt, noch gar nicht bekannt ist.

Zudem wäre die den Rangtausch regelnde Vorschrift des § 111h I 1 StPO überflüssig, wenn durch die Arrestvollziehung das Sicherungsrecht ohnehin zugunsten des Verletzten entstehen würde. Wenn auch die Vorschrift ausdrücklich nur die Arrestvollziehung in Grundstücke betrifft, zeigt sie dennoch, dass das Sicherungsrecht durch die Arrestvollziehung zunächst zugunsten des Staates entsteht. Denn nur dann macht es Sinn, dem durch die Tat Verletzten einen zivilrechtlichen Anspruch auf Rangrücktritt des ihm vorgehenden Sicherungsrechtes zu gewähren. Durch Arrestvollziehung entsteht somit ein Sicherungsrecht für den Staat, im Falle der Arrestvollziehung in bewegliche Sachen, Forderungen und sonstiges bewegliches Vermögen entsteht ein Pfändungspfandrecht zugunsten des Staates. Der Ansicht von *Müller-Wüsten* kann demnach nicht gefolgt werden.

III. Die Aufhebung des Arrestes

Des Weiteren stellt sich die Frage, ob – wie von *Huber, Savini* und *Hees* vertreten wird – eine vorrangige Befriedigung des Verletzten durch die Aufhebung der Arrestanordnung und -pfändung zu befürworten ist.

Die Aufhebung kann – wie bereits ausgeführt[53] – allenfalls zu einer vorrangigen Befriedigung des Verletzten vor dem Justizfiskus, nicht aber vor vorrangigen „normalen" Gläubigern führen. Übersteigen die Forderungen des vorrangigen „normalen" Gläubigers den Wert des arrestierten Gegenstandes, so führt die Aufhebung zu einem äußerst unbefriedigenden Ergebnis: Der Verletzte geht bei der Verwertung des gepfändeten Gegenstandes gänzlich leer aus. Das mit den §§ 111b ff. StPO verfolgte Ziel der Schadloshaltung des Verletzten kann in diesem Fall nicht erfüllt werden.

Durch die schlichte Aufhebung des Arrestes kommt es zudem zu der Gefahr von nachteiligen Vermögensverschiebungen des Beschuldigten, weil mit der Aufhebung die Vermögenswerte des Beschuldigten wieder frei werden und dann ungesichert sind. So ist es beispielsweise bei der Zurückgewinnungshilfe für eine Vielzahl von Geschädigten möglich, dass mit den geltend gemachten und weit unter dem Werte des bei dem Beschuldigten arrestierten Vermögensgegenstandes liegenden Ansprüchen von nur einem Verletzten zeitgleich die überschießenden Werte zugunsten des Beschuldigten freigegeben werden[54]. Das

53 Oben Kapitel 5 § 28 B. II.

54 So auch *Huber* (Fußn. 22), RPfleger 2002, 285 (295).

könnte dazu führen, dass der Beschuldigte den ungesicherten Wert den vollstreckungsrechtlichen Zugriffen weiterer Verletzter entzieht[55].

Der Gefahr nachteiliger Vermögensverschiebungen des Beschuldigten kann freilich begegnet werden, und zwar – wie *Hees* vorschlägt – mit der Aufhebung der Arrestpfändung unter gleichzeitiger erneuter Pfändung des betreffenden Gegenstandes (Neupfändung). Mit dieser Vorgehensweise können sich jedoch unerwünschte Folgen ergeben: Eine Neupfändung des Gegenstandes durch den Staat bzw. Justizfiskus führt nämlich entsprechend dem vollstreckungsrechtlichen Prioritätsprinzips zur letzten Rangstelle, die der Justizfiskus einnehmen muss[56], sodass dieser seine eigenen Forderungen häufig nicht mehr durchsetzen kann. Befindet sich der Verletzte – beispielsweise im Fall der Arrestanordnung zur Sicherung einer Geldstrafe und der Arrestvollziehung in eine Forderung des Beschuldigten – entsprechend dem vollstreckungsrechtlichen Prioritätsprinzip zunächst hinter dem Staat und einem „normalen" (Zwischen-)Gläubiger und ist der Wert der arrestierten Forderung geringer als die Forderung des vorrangigen Gläubigers, so führt eine Aufhebung der Arrestpfändung unter gleichzeitiger Neupfändung zu folgendem Ergebnis: Durch die Aufhebung der Arrestpfändung wird das vorrangige Arrestpfandrecht des Justizfiskus beseitigt, wobei gleichzeitig dessen Rang verloren geht; die nachfolgenden Pfändungspfandrechte rücken unter Beibehaltung des Prioritätsgrundsatzes auf, sodass sich der Verletzte nunmehr hinter dem an erster Rangstelle stehendem „normalen" Gläubiger befindet. Durch die Neupfändung kann der Justizfiskus nur noch an die letzte Rangstelle hinter dem Verletzten gelangen. Da die arrestierte Forderung des Beschuldigten geringer ist als die Forderung des erstrangigen „normalen" Gläubigers kann sich somit nur dieser aus dem arrestierten Vermögenswert befriedigen, während nicht nur der Verletzten mit seinen ihm aus der Straftat erwachsenen Ansprüchen sondern auch der Justizfiskus mit seiner Forderung (Geldstrafe) gänzlich leer ausgeht. Praktisch führt die Aufhebung der Arrestpfändung unter gleichzeitiger Neupfändung in diesem Fall dazu, dass der Staat allein zugunsten des „normalen" Gläubigers auf die Durchsetzung seiner eigenen Forderungen, z.B. wegen Geldstrafe, verzichtet. Dieses Ergebnis mutet auch deshalb seltsam an, weil nach den §§ 111b ff. StPO und § 73 I 2 StGB nur eine Vorrang der Verletztenansprüche vor den staatlichen Ansprüchen eingeräumt wird, was nicht bedeutet, dass sich auch ein „normaler" Gläubiger noch vor dem Staat befriedigen können soll.

Da der Weg über die Aufhebung des Arrestes nicht immer zu akzeptablen Ergebnissen führt, wird im Folgenden untersucht, ob nicht eine analoge Anwen-

---

[55] Solche Vermögensverschiebungen stellen i.d.R. ein Vereiteln der Zwangsvollstreckung gem. § 288 I StGB dar; vgl. auch *Huber/Savini* (Fußn. 25), ZIP 2003, 548 (552).

[56] Vgl. *Bassenge* in Palandt, § 1209 Rdnr. 1.

dung des § 111h bzw. § 111g StPO in Betracht kommt, durch die die vorrangige Befriedigung des Verletzten besser gewährleistet werden kann. Nur falls diese Möglichkeit nicht besteht, kann die Lösung über die Aufhebung des Arrestes in Kauf genommen werden.

IV. Vorrangige Befriedigung durch Analogie?

Die Lückenfüllung im Wege der Analogie setzt nach gängiger Definition neben einer planwidrigen Regelungslücke Ähnlichkeit zwischen der Interessenslage des ungeregelten Sachverhalts und der gesetzlich geregelten Interessenslage voraus. Nach mittlerweile ganz h. M. ist dabei auch eine Analogie zu Ausnahmevorschriften möglich[57].

Der Gesetzgeber hat in den §§ 111b ff. StPO keine vorrangige Befriedigung des Verletzten für den Fall geregelt, dass dieser die Zwangsvollstreckung oder Arrestvollziehung in arrestierte bewegliche Sachen, Forderungen und andere Vermögensrechte betreibt. Mithin fehlt es für diesen Fall an einer Ausnahmeregelung, nach der das grundsätzlich geltende vollstreckungsrechtliche Prioritätsprinzip zugunsten des Verletzten abgeändert wird. Eine Regelungslücke lässt sich daher bejahen.

1. Analoge Anwendung des § 111h StPO?

Eine analoge Anwendung des § 111h StPO, der bei arrestierten Grundstücken einen Rangtausch (§ 880 BGB) vorsieht, auf bewegliche Sachen, Forderungen und sonstige Vermögensrechte scheitert jedenfalls daran, dass das Bürgerliche Gesetzbuch nach ganz h. M. einen Rangtausch mit dinglicher Wirkung von Pfandrechten für solche Rechtsobjekte nicht kennt[58], insbesondere wenn Zwischenrechte anderer Gläubiger bestehen. Mithin fehlt es insofern an einer vergleichbaren Interessenslage.

Zudem fehlt es aber für eine analoge Anwendung des § 111h StPO an der Planwidrigkeit der Regelungslücke. Dem historischen Gesetzgeber war nämlich die unterschiedliche Regelung des bürgerlichen Rechts hinsichtlich eines Rangtausches nach § 880 BGB bekannt, weshalb nach seiner Vorstellung § 111h

---

[57] *Zippelius,* S. 64; *Canaris,* S. 181; *Engisch,* S. 182; *Schmalz,* S. 109, Rdnr. 352.

[58] *Stöber* in Zöller, § 804 Rdnr.5; *Münzberg* in Stein/Jonas, § 804 Rdnr. 38; *Wiegand* in Staudinger, § 1209 Rdnr. 9; *Bassenge* in Palandt, § 1209 Rdnr. 1; *Hees* (Fußn. 43), ZIP 2004, 37 (38). Die h. M. argumentiert überzeugend, dass die Regeln über das Rangverhältnis von Pfandrechten an beweglichen Sachen aus § 804 III ZPO bindend seien und nur durch besondere Regelungen wie § 880 BGB abbedungen werden könnten, *Hees* (Fußn. 43), ZIP 2004, a. a. O.

StPO *nur* für den Fall gelten sollte, dass der Arrest in ein Grundstück vollzogen ist:

> Die Vorschrift enthält die § 111g StPO entsprechende Regelung für Gegenstände, in die auf Grund eines Arrestes nach § 111d die Arrestvollstreckung betrieben worden ist. Sie erfaßt jedoch nur den Fall, daß der Arrest in ein Grundstück vollzogen ist. Der Grund für diese Beschränkung liegt in der insoweit unterschiedlichen Regelung des bürgerlichen Rechts: Nur bei Grundstücken kennt das bürgerliche Recht einen Rangtausch mit dinglicher Wirkung (§ 880 BGB). [...] Ist der Arrest in andere Gegenstände als Grundstücke vollzogen, so wird bei anschließenden Vollstreckungshandlungen Verletzter besonders sorgfältig zu prüfen sein, ob nicht der Arrest – wenn er im Hinblick auf den Verfall ausgebracht wurde – nach § 73 Abs. 1 Satz 2 StGB i.d.F. des 2. StrRG aufgehoben werden muß. Im übrigen bleiben dem Verletzten, wenn er sich nicht befriedigen kann, unter Umständen die in § 463 i.d.F. der Nummer 125 eröffneten Möglichkeiten. [...][59]

Die positive Regelung eines Rangtausches von Rechten bei Grundstücken in § 111h I 1 StPO ist deshalb zugleich als negative Regelung dahingehend zu verstehen, dass bei beweglichen Sachen, Forderungen oder Vermögensrechten eine vorrangige Befriedigung des Verletzen *in Form des Rangtausches* nicht stattzufinden habe. Das Fehlen einer vorrangigen Befriedigung des Verletzten in der Form des Rangtausches gem. § 111h I 1 StPO beruht mithin nicht auf Planwidrigkeit. Für eine Analogie zu § 111h I StPO fehlt es daher nicht nur an einer vergleichbaren Interessenslage, sondern außerdem an einer planwidrigen Regelungslücke.

Ansichten, die auf einer analogen Anwendung des § 111h I StPO beruhen (*Meyer-Goßner, Huber*) sind folglich abzulehnen. Konsequenterweise muss auch die Anwendung eines Zulassungsverfahrens gem. § 111h II StPO analog verneint werden[60]. Denn bei dem Zulassungsverfahren gem. § 111h II 1 StPO geht es nicht um die Zulassung der Vollstreckungsmaßnahme des Verletzten, sondern um die Zulassung *des Rangtausches*[61], der – wie gezeigt – bei beweglichen Sachen, Forderungen und Vermögensrechten gerade nicht möglich ist.

2. *Analoge Anwendung des § 111g StPO?*

Eine vorrangige Befriedigung des Verletzten könnte über die analoge Anwendung des für die Beschlagnahme geltenden § 111g StPO möglich sein.

Die bestehende Regelungslücke müsste hierzu planwidrig sein. Die Feststellung einer planwidrigen Lücke stellt nach allgemeiner Auffassung einen Bewertungsakt des Interpreten dar[62], weshalb man sich nicht nur an den Willen des

---

59 *BT-Drucks.* 7/550, S. 295.

60 So aber *Hees*, vgl. oben Kapitel 5 § 28 B. IV.

61 „Die Rangänderung bedarf der Zulassung ...", § 111h II 1 StPO.

Gesetzgebers halten darf[63]. Ob eine Regelungslücke planwidrig ist oder nicht, kann sich vielmehr neben historisch-genetischen Argumenten auch aus systematischen sowie aus Normzweckargumenten ergeben[64]; daneben sind auch allgemeine Rechtsprinzipien – wie etwa der Gleichbehandlungsgrundsatz – und objektive Rechtszwecke, die in das Gesetz Eingang gefunden haben, zu berücksichtigen[65]. Deshalb lässt sich – wie hier – die Frage nach der Planwidrigkeit von der eigentlichen Analogieprüfung häufig nicht deutlich trennen[66], weil sich die Planwidrigkeit aus demselben Gedanken ergeben kann, der auch den Ähnlichkeitsschluss rechtfertigt.

a) Wille des historischen Gesetzgebers

Der Blick auf die Ausführungen des historischen Gesetzgebers zu § 111h StPO hat ergeben: Der Gesetzgeber wollte bewusst keine vorrangige Befriedigung des Verletzten *in Form des Rangtausches* gem. § 111h I StPO schaffen. Damit sollte aber eine vorrangige Befriedigung *auf andere Weise* nicht ausgeschlossen werden, zumal der Gesetzgeber selbst auf alternative Befriedigungsmöglichkeiten für den Verletzten hinweist, nämlich auf die Aufhebung des Arrestes und die in § 463[67] eröffneten Möglichkeiten.

Man könnte den gesetzgeberischen Hinweis auf die alternativen Befriedigungsmöglichkeiten, die eine vorrangige Befriedigung nur vor dem Staat, nicht aber vor anderen Gläubigern zulassen, so verstehen, dass eine über die Aufhebung des Arrestes oder die in § 463 eröffneten Möglichkeiten hinausgehende Befriedigung des Verletzten nicht möglich sein soll[68]. Dafür mag die Formulierung des Gesetzgebers sprechen, wonach – wenn sich der Verletzte nicht befriedigen kann – für ihn neben der Aufhebung des Arrestes „im übrigen" die in § 463 eröffneten Möglichkeiten bleiben, zumal damit eine abschließende Aufzählung der Befriedigungsmöglichkeiten des Verletzten angedeutet sein könnte. Dennoch ist dieser Schluss nicht zwingend: Möglicherweise wollte der Gesetzgeber gar keine abschließende Aufzählung der Möglichkeiten zur Verletztenbefriedigung treffen. Mithin wollte er vielleicht die Ausgestaltung des vorrangigen

---

62 *Engisch* (Fußn. 57), S. 180 ff., *Canaris* (Fußn. 57), S. 17.

63 *Engisch* (Fußn. 57), S. 184 f.

64 *Schmalz* (Fußn. 57), a. a. O.

65 *Larenz,* S. 359; ähnlich *Kramer,* Juristische Methodenlehre, S. 143.

66 *Vogel,* S. 135.

67 Gemeint sind hier – wie im Folgenden, wenn von in § 463 eröffneten Möglichkeiten gesprochen wird – die *in § 463 i. d. F. der Nummer 125 eröffneten Möglichkeiten, auf die der historische Gesetzgeber in BT-Drucks.* 7/550, S. 295 Bezug nimmt. Vgl. auch oben Kapitel 5 § 28 C. IV. 1.

68 Vgl. *Hees* (Fußn. 15) S. 269 f.; ähnlich *Huber/Savini* (Fußn. 25) ZIP 2003, 548 (551).

Befriedigungsrechts des Verletzten für andere Gegenstände als Grundstücke, in die der Arrest vollzogen ist, bewusst nicht (abschließend) regeln[69], sondern diese Thematik nur insoweit klären, als dass ein Rangtausch entsprechend § 111h StPO ausscheidet und jedenfalls die Möglichkeit der Befriedigung des Verletzten über die Aufhebung und den über § 463 eröffneten Möglichkeiten zu bedenken sind. Hierfür ließe sich wenigstens anführen, dass der Gesetzgeber für den Arrestvollzug in andere Gegenstände als Grundstücke nur anführt, dass die Aufhebung des Arrestes sorgfältig zu prüfen „sein wird" und nicht etwa zu prüfen „ist", was eine gewisse Distanz von der abschließenden Lösung des Problemfeldes ausdrückt.

Zudem kommt in Betracht, dass der historische Gesetzgeber trotz abschließender Aufzählung der Möglichkeiten zur vorrangigen Befriedigung des Verletzten eine Möglichkeit unbewusst übersehen hat. Mithin könnte der Gesetzgeber nach Möglichkeiten gesucht haben, die vorrangige Befriedigung des Verletzten auch vor dem Staat und anderen Gläubigern zu gewährleisten, aber die Möglichkeit einer entsprechenden Regelung zu § 111g StPO für andere arrestierte Gegenstände als Grundstücke nicht gesehen haben.

Zusammenfassend lässt sich über die Untersuchung der Planwidrigkeit anhand des Willens des Gesetzgebers Folgendes sagen: Die Entstehungsgeschichte zu § 111h I StPO allein liefert keine eindeutige Antwort auf die Frage der Planwidrigkeit der Gesetzeslücke. Sie schließt eine vorrangige Befriedigung des Verletzten auf eine andere Weise als durch Rangtausch entsprechend § 111h I StPO nicht aus. Während allein nach der Entstehungsgeschichte des § 111h I StPO durchaus einiges dafür spricht, dass nach dem Plan des Gesetzgebers eine vorrangige Befriedigung des Verletzen nicht über eine etwaige Aufhebung des Arrestes und den durch § 463 eröffneten Möglichkeiten hinausgehen sollte, kann die Absicht einer darüber hinausgehenden Befriedigung des Verletzen auch nicht ausgeschlossen werden. Ob eine Planwidrigkeit vorliegt oder nicht, muss daher die weitere Prüfung entscheiden.

b) Normzweck

Die Vorschriften der §§ 111g, 111h StPO beruhen auf dem Grundgedanken des § 73 I 2 StGB: Dem Verletzten soll – aus Gründen des Opferschutzes (Schadloshaltung des Verletzten) – im Strafverfahren die *Befriedigung* der ihm aus der Straftat erwachsenen Ansprüche weitgehend ermöglicht werden[70]. Wie auch die Darstellung der gesetzlich geregelten Bevorrechtigungen zugunsten

---

[69] So *Huber* (Fußn. 22), Rpfleger 2002, a. a. O.

[70] *BT-Drucks.* 7/550, S. 294 f.; *Lemke* in Heidelberger Kommentar, § 111g Rdnr. 1; *Meyer-Goßner,* § 111g Rdnr. 1; vgl. auch schon oben Kapitel 1 § 2 C. II. 1. c) und Kapitel 5 § 26.

des Verletzten in §§ 111g, 111h StPO gezeigt hat[71], zielen diese Vorschriften darauf ab, dem Verletzten in Abänderung des vollstreckungsrechtlichen Prioritätsprinzips eine vorrangige Befriedigung vor dem Justizfiskus und sonstigen Gläubigern des Schädigers zu gewährleisten. Diesem gesetzgeberischen Zweck der §§ 111g, 111h StPO kann nur dann Rechnung getragen werden, wenn man dem Verletzten auch bei der Zwangsvollstreckung oder Arrestvollziehung in arrestierte bewegliche Sachen, Forderungen und Vermögensrechte die Privilegierungen des § 111g StPO zubilligt, zumal eine Aufhebung des Arrestes keine vorrangige Befriedigung vor „normalen" Gläubigern schafft und teilweise sogar den Verletzten gänzlich leer ausgehen lässt, während für den „normalen" Gläubiger eine (teilweise) Befriedigung aus den arrestierten Vermögenswerten möglich bleibt.

Außerdem erfolgt die Sicherstellung durch dinglichen Arrest oder Beschlagnahme ganz überwiegend gerade in bewegliche Sachen, Forderungen und sonstige Vermögensrechte des Beschuldigten, während Grundstücke und grundstücksgleiche Rechte nur in Ausnahmefällen sichergestellt werden. 1999 wurden etwa 83 % bewegliche Sachen und 12 % Forderungen und sonstige Vermögensrechte sichergestellt[72]. Der gesetzgeberische Zweck der vorrangigen Befriedigung des Verletzten liefe somit ganz überwiegend leer, wenn gerade für den weitaus bedeutsamsten Teil auf die Privilegierung verzichtet würde. Die Berücksichtigung des Normzwecks der §§ 111g, 111h StPO spricht daher dafür, dass die fehlende Privilegierung des Verletzten bei der Zwangsvollstreckung oder Arrestvollziehung in arrestierte bewegliche Sachen, Forderungen und sonstige Vermögensrechte planwidrig ist.

c) Systematik

Der Gedanke des § 73 I 2 StGB, dass aus Opferschutzgesichtspunkten dem Verletzten die Schadloshaltung aus der Straftat ermöglicht werden soll, zieht sich durch alle Stationen des dinglichen Arrests gem. §§ 111b ff. StPO. Bei der *Anordnung des dinglichen Arrestes* kann dieser gem. §§ 111b II, V, 111d StPO zugunsten des Verletzten zur Sicherung der ihm aus der Straftat erwachsenen Ansprüche angeordnet werden. Entsprechend erfolgt dann auch die *Vollziehung des Arrestes* in das Beschuldigtenvermögen zur Sicherung der späteren Zwangsvollstreckung des Verletzten. Schließlich ist die Schadloshaltung des Verletzten bei der eigentlichen *Zwangsvollstreckung in die arrestierten Vermögenswerte* durch die gesetzlich geregelten Abweichungen vom Prioritätsprinzip nach § 111h I StPO sichergestellt, soweit es sich bei den in Arrest genommenen Gegenständen um Grundstücke handelt. Würde man beim zwangsvollstreckungs-

[71] Oben Kapitel 5 § 27.

[72] *Hees* (Fußn. 15), S. 238.

rechtlichen Zugriff des Verletzten auf arrestierte bewegliche Sachen, Forderungen und Vermögensrechte auf die Gewährleistung der Schadloshaltung des Verletzten verzichten, stellte dies einen systematischen Bruch im Gefüge der §§ 111b ff. StPO dar. Es wäre im Hinblick auf die beabsichtigte Schadloshaltung des Verletzten widersprüchlich, diesem die vorrangige Befriedigung aus arrestierten beweglichen Sachen, Forderungen und Vermögensrechten mit dem Risiko zu versagen, dass dieser bei der Vollstreckung letztlich gänzlich leer ausgeht. Erst mit einer Regelung, die auch in diesen Fällen dem Verletzten durch Abänderung des Prioritätsprinzips die vorrangige Befriedigung vor dem Justizfiskus und „normalen" Gläubigern verschafft, wäre der erstrebte Opferschutz im Rahmen der §§ 111b ff. StPO vollendet. Gemessen an seiner Regelungsabsicht ist das Gesetz somit unvollständig, was für das Vorliegen einer planwidrigen Regelungslücke spricht.

Auch im Hinblick auf § 111e III, IV StPO wäre der bevorrechtigte Zugriff des Verletzten auf arrestierte bewegliche Sachen, Forderungen und Vermögensrechte systemgerecht. § 111e III, IV StPO verlangt nämlich nicht nur bei der dinglichen Arrestanordnung in Grundstücke, sondern ebenso bei allen dinglichen Arrestanordnungen in das Tätervermögen, den Verletzten zu informieren, damit dieser seine aus der Tat erwachsenen Ansprüche daraus befriedigen kann. Konsequent wäre es deshalb, wenn das Gesetz beim anschließenden vollstreckungsrechtlichen Zugriff des Verletzten die vorrangige Befriedigung des Verletzten auch bei jeglichen arrestierten Gegenständen zuließe.

Die Systematik der §§ 111b ff. StGB spricht somit für die Planwidrigkeit der Regelungslücke.

d) Gleichbehandlungsgrundsatz

Der Gesetzgeber privilegiert bei der Beschlagnahme den Verletzten gegenüber dem Staat und „normalen" Gläubigern durch § 111g StPO, indem er ihm eine vorrangige Befriedigung gewährt. Diese Grundsatzentscheidung des Gesetzgebers zugunsten des Opfers kann nicht davon abhängen, ob aus der Straftat herrührende Vermögensgegenstände im Wege der Beschlagnahme (§ 111c StPO) oder des dinglichen Arrestes (§ 111d StPO) gesichert werden. Das Schutzinteresse des Opfers ist nämlich in beiden Fällen gleich zu bewerten, was auch daraus ersichtlich wird, dass es nicht nur eine Beschlagnahme, sondern auch einen dinglichen Arrest zur Sicherung der dem Verletzten aus der Straftat erwachsenen Ansprüche gibt. Zwar wird im Wege der Beschlagnahme i.a.R. auf inkriminiertes Vermögen zugegriffen[73], während es sich beim Arrest um

---

[73] Im Wege der Beschlagnahme kann auch auf nicht inkriminiertes Vermögen zugegriffen werden, weil § 73 II StGB den Verfall auf bestimmte Fälle des mittelbar Erlangten erstreckt, insbesondere auf Surrogate, die an die Stelle des vom Tatbeteiligten

legal erworbenes Vermögen des Arrestbetroffenen handelt[74], doch zeigt die Entscheidung des Gesetzgebers für eine vorrangige Befriedigung des Verletzten beim dinglichen Arrest in Grundstücke gem. § 111h I StPO, dass die Schadloshaltung unabhängig davon gewährleistet werden soll, ob inkriminiertes oder legal erworbenes Vermögen sichergestellt wurde. Ferner hat sowohl die Beschlagnahme (§ 111c V StPO, §§ 135 I 2, 136 BGB) als auch die Arrestvollziehung in bewegliche Sachen, Forderungen und Vermögensrechte die gleiche Wirkung eines relativen Veräußerungsverbotes. Denn die Arrestpfändung gem. § 111d II StPO, §§ 930 I 2, 931 II ZPO führt nach allgemeiner Meinung neben der Entstehung von Pfandrechten an den jeweiligen Gegenständen zur so genannten Verstrickung des gepfändeten Gegenstandes, welche ein relatives Veräußerungsverbot i. S. d. §§ 136, 135 BGB begründet[75]. Da zudem nicht zu verstehen ist, warum bei Grundstücken und nicht bei sonstigen beweglichen Vermögen eine vorrangige Befriedigung des Verletzten vor Justizfiskus und „normalen" Gläubiger möglich sein soll, lässt sich auch das Prinzip der Gleichbehandlung als Argument für die Planwidrigkeit anführen.

e) Ergebnis

Während der Wille des Gesetzgebers noch keine eindeutige Antwort auf die Frage der Planwidrigkeit der Regelungslücke gibt, sprechen systematische und Normzweckargumente sowie der Gleichbehandlungsgrundsatz dafür, dass das Fehlen einer Ausnahmevorschrift zur vorrangigen Befriedigung des Verletzten im Falle des vollstreckungsrechtlichen Zugriffs auf arrestierte bewegliche Sachen, Forderungen und Vermögensrechte planwidrig ist. Mit dem *LG Kempten* und entgegen *Huber, Savini* und *Malitz* kann eine planwidrige Regelungslücke angenommen werden, nicht etwa bloß eine rechtspolitische Lücke. Die planwidrige Regelungslücke lässt sich durch eine analoge Anwendung des § 111g StPO schließen: Der Zulassung gem. § 111g II StPO analog, durch die der Kreis der zu bevorrechtigenden Gläubiger herausgefiltert wird, ist die Wirkung des § 111g I StPO und des § 111g III 1 StPO zuzubilligen. Das hat – in Abänderung des Prioritätsgrundsatzes – neben dem Rangrücktritt des Justizfiskus zugunsten des Verletzten (§ 111g I StPO) zusätzlich zur Folge, dass das mit dem dinglichen Arrest entstandene Veräußerungsverbot mit Zulassung gem. § 111g III 1 StPO auch für den Verletzten wirkt. Aufgrund dieser Rückwirkungsfiktion sind alle dem dinglichen Arrest folgenden Verfügungen Dritter im Wege der

---

aus der oder für die Anknüpfungstat ursprünglich erlangten Vermögensvorteils getreten sind.

[74] Auf diesen Unterschied abstellend: *Huber/Savini* (Fußn. 25), ZIP 2003, 548 (550 f.); nach Vorlage dieser Arbeit als Dissertation zudem *Köper* (Fußn. 4), NJW 2004, 2485 (2485 f.) sowie *Frommhold,* NJW 2004, 1083 (1084).

[75] Vgl. statt vieler: *Putzo* in Thomas/Putzo, § 803 Rdnr. 7, 8.

Zwangsvollstreckung oder Arrestvollziehung dem Verletzten gegenüber unwirksam und der Verletzte kann sich daher auch vor anderen Gläubigern, die nicht aus der Straftat verletzt sind, befriedigen. Dadurch kann der gesetzgeberische Zweck der vorrangigen Befriedigung des Verletzten vor Staat und anderen Gläubigern verwirklicht werden. Dem Opferschutzgedanken wird damit Rechnung getragen. Dagegen kann der gesetzgeberische Zweck über eine Aufhebung des Arrestes nicht erzielt werden. Eine analoge Anwendung des § 111h I StPO oder auch nur des Zulassungsverfahrens nach § 111h II StPO scheidet aus.

§ 29 Zugriff auf Vermögenswerte nach straf- und zivilprozessualem Arrest im Vergleich

Aus den Ausführungen zu den §§ 111g, 111h StPO hat sich ergeben, dass sich der Verletzte nach einem strafprozessualen Arrest – genauso wie ein Gläubiger nach einem zivilprozessualen Arrest – für den Zugriff auf das arrestierte Vermögen einen *Titel beschaffen* und die *Zwangsvollstreckung betreiben* muss. Bei seinem vollstreckungsrechtlichen Zugriff kommen dem Verletzten aus Opferschutzgesichtspunkten allerdings Privilegierungen zu, die ein Gläubiger beim Zugriff auf arrestiertes Schuldnervermögen nicht hat. Der Verletzte kann sich nämlich in Abänderung des Prioritätsprinzips vorranigig vor dem Justizfiskus und „normalen" Gläubigern des Beschuldigten befriedigen. Beim Zugriff auf arrestierte Grundstücke ergibt sich dies aus § 111h I StPO. Beim Zugriff auf bewegliche Sachen, Forderungen und Vermögensrechte folgt dies aus der analogen Anwendung des § 111g StPO. Da bei der zivilprozessualen Arrestvollziehung das Sicherungsrecht nicht zugunsten des Justizfiskus, sondern zugunsten des die Vollstreckung betreibenden Gläubigers entsteht, kommt es beim Zugriff auf die arrestierten Vermögenswerte zu keiner Konkurrenz zwischen Gläubiger und Justizfiskus. Es gilt hier uneingeschränkt das vollstreckungsrechtliche Prioritätsprinzip. Das bei der zivilprozessualen Arrestvollziehung zugunsten des Gläubigers entstehende Sicherungsrecht wandelt sich mit dem Obsiegen in der Hauptsache in ein Vollstreckungspfandrecht im Rang des Sicherungsrechtes um, weshalb für den Gläubiger bei seinem vollstreckungsrechtlichen Zugriff auf das arrestierte Vermögen des Schuldners bereits auf der Grundlage des Prioritätsprinzips gute Befriedigungsaussichten bestehen.

Kapitel 6

Zusammenfassung der wichtigsten Untersuchungsergebnisse

§ 30 Zusammenfassung

Abschließend sollen die wichtigsten Ergebnisse der Untersuchung zusammengefasst werden:

I.

Der strafprozessuale Arrest stellt eine Form der vollstreckungssichernden Sicherstellung (§ 111b ff. StPO) dar, die sich von der Beweismittelsicherstellung (§§ 94 ff. StPO) hinsichtlich Mittel, Zielrichtung, Anordnungsvoraussetzungen, Wirkung und Vollziehung unterscheidet. Aufgrund der Abweichungen bildet die Sicherstellung gem. §§ 111b ff. StPO gegenüber der Sicherstellung von Beweismitteln ein selbständiges Rechtsinstitut (Kapitel 1 § 2 D.).

Kommt – wie in der Verfahrenswirklichkeit häufig – ein Gegenstand gleichzeitig als Objekt der vollstreckungssichernden und der Beweismittelsicherstellung in Betracht, brauchen nicht stets die Voraussetzungen beider Sicherstellungsverfahren erfüllt zu sein. Vielmehr muss nach dem verfolgten Zweck gefragt werden. Wird die Beweismittelsicherung beabsichtigt, sind §§ 94 ff. StPO zu beachten. Geht es um Vollstreckungssicherung, ist auf §§ 111b ff. StPO abzustellen (Kapitel 1 § 2 E.).

II.

Die §§ 111b ff. StPO enthalten zwei Mittel der Sicherstellung: Beschlagnahme und Arrest. Die Wahl des Mittels richtet sich dabei nach dem Inhalt der dem Betroffenen im materiellen bzw. im Prozessrecht auferlegten Rechtsfolge. Ist dem Betroffenen ein bestimmter Gegenstand zu entziehen, erfolgt die Sicherstellung durch Beschlagnahme; ist der Betroffene dagegen zu einer Geldzahlung verpflichtet, so findet die Sicherstellung durch Arrest statt (Kapitel 1 § 2 C. I.). Darüber hinaus können durch dinglichen Arrest Ansprüche des Verletzten gesichert werden, die diesem aus der Straftat erwachsen sind (Zurückgewinnungshilfe, § 73 I 2 StGB, § 111b II, V StPO). Da die wesentlichen Rechtsfolgen zur Unterscheidung zwischen Beschlagnahme und Arrest in §§ 73 ff. StGB geregelt sind, kommt der genauen Differenzierung dieser Vorschriften wichtige Bedeutung zu (Kapitel 1 § 2 C. II.).

III.

Durch Arrest können verschiedene Arrestansprüche gesichert werden. Beim zivilprozessualen Arrest besteht die Möglichkeit, neben Geldansprüchen auch Individualansprüche durch Arrest sichern zu lassen, während es sich beim strafprozessualen Arrest zugunsten des Staates ausschließlich um Geldansprüche handelt. Im Falle des strafprozessualen Arrestes zugunsten des Verletzten (Zurückgewinnungshilfe) muss der Arrestanspruch ein dem Verletzten aus der Straftat erwachsener Anspruch i. S. d. § 73 I 2 StGB sein. Verletzter kann insbesondere auch der Rechtsnachfolger des Tatgeschädigten sein (Kapitel 2 § 3 A. II. 3.). Unter Ansprüche i. S. d. § 73 I 2 StGB fallen nicht nur Rückgewähransprüche des Verletzten, sondern auch Schmerzensgeldansprüche und andere Ansprüche, die nicht auf Rückgewähr des Erlangten oder dessen Werts gerichtet sind (Kapitel 2 § 3 A. III. 3.). Öffentlich-rechtliche Ansprüche sind ebenfalls von § 73 I 2 StGB umfasst (Kapitel 2 § 3 A. IV.). Anders als beim strafprozessualen Arrest zugunsten des Staates, können beim zivilprozessualen Arrest grundsätzlich[1] keine, bei der Zurückgewinnungshilfe überhaupt keine künftigen Arrestansprüche gesichert werden (Kapitel 2 § 3 A. V.).

IV.

Ist dem Verletzten ein Anspruch i. S. d. § 73 I 2 StGB aus der Straftat erwachsen, so scheidet eine Verfalls- bzw. Wertersatzverfallsanordnung aus; der dingliche Arrest kann dann gemäß § 111b V StPO nur zur Sicherung der Verletztenansprüche ergehen. Zurückgewinnungshilfe und Wertersatzverfall stehen also in einem Exklusivitätsverhältnis. § 73 I 2 StGB schließt im Ergebnis die Verfallsvorschriften der §§ 73 ff. StGB im gesamten Bereich der klassischen Eigentums- und Vermögensdelikte aus und wird daher seit jeher für die schlechte Anwendung der Verfallsvorschriften verantwortlich gemacht. Die Ausschlussregelung führt zudem zu unbilligen Ergebnissen, wenn Verletzte ihre Rechte nicht geltend machen. Deshalb ist eine Streichung des § 73 I 2 StGB mit der gleichzeitigen Möglichkeit eines Nachverfahrens für den Verletzten rechtspolitisch wünschenswert. Eine Streichung der Vorschrift hat die Konsequenz, dass der Verfall auch in Fällen angeordnet werden kann, in denen durch

---

[1] Eine Ausnahme besteht dann, wenn der künftige Anspruch schon Gegenstand einer Feststellungsklage sein kann, vgl. Kapitel 2 § 3 A. V. 1., Fußn. 55.

die Straftat individuell bestimmte oder bestimmbare Personen an ihrem Vermögen verletzt sind. Den Geschädigten könnte – in einem Nachverfahren nach Eintritt der Rechtskraft – wegen ihrer titulierten Ansprüche aus der Straftat die Befriedigung aus der Landeskasse bis zur Höhe der realisierten Verfallsanordnung ermöglicht werden (Kapitel 3 § 3 B.).

V.

Der Arrestgrund ergibt sich beim zivil- wie beim strafprozessualen Arrest aus § 917 ZPO[2], zumal § 111b II StPO auf diese Vorschrift verweist. Die für den Zivilprozess entwickelten Ansichten zum Arrestgrund gem. § 917 ZPO dürfen nicht immer ohne Modifikation auf den Strafprozess übertragen werden. So geht die h. M. im Bereich des zivilprozessualen Arrest zu Recht davon aus, dass die Begehung einer vermögensbezogenen Straftat gegen den Gläubiger die Gefahr der wesentlichen Vollstreckungserschwerung oder -vereitelung indiziert und deswegen allein diese einen zivilprozessualen Arrestgrund schaffen kann. Beim strafprozessualen Arrest folgt der Arrestgrund aber in aller Regel[3] noch nicht allein aus der Vermutung einer vermögensbezogenen Straftat (Kapitel 2 § 4 B.).

VI.

Während für den zivilprozessualen Arrest die Dispositionsmaxime gilt und ein Arrestantrag des Gläubigers für die Arrestanordnung zwingend erforderlich ist, kann beim strafprozessualen Arrest einerseits das Erfordernis eines Arrestantrags ganz entfallen, andererseits die Anordnung auch von Amts wegen angeordnet werden. Den Antrag stellt beim Arrest in der Strafprozessordnung zudem niemals der Gläubiger, sondern die Staatsanwaltschaft (Kapitel 2 § 10).

VII.

Der strafprozessuale Arrest wird abweichend von § 919 ZPO nicht vom Zivilrichter, sondern vom Strafrichter bzw. – bei Gefahr im Verzug – von der Staatsanwaltschaft angeordnet (§ 111e StPO). Es besteht anders als beim Arrest in der Zivilprozessordnung für den Gläubiger kein Wahlrecht bezüglich der Zuständigkeit für die Arrestanordnung. Nur beim zivilprozessualen Arrest handelt es sich bei der Arrestanordnung immer um eine richterliche Entscheidung (Kapitel 2 § 9).

---

[2] Für den zivilprozessualen persönlichen Arrest gilt § 918 ZPO, vgl. Kapitel 2 § 4, Fußn. 106.

[3] Eine Ausnahme hiervon wird man machen müssen, wenn dem Beschuldigten das Vereiteln der Zwangsvollstreckung nach § 288 StGB oder Pfandkehr gem. § 289 StGB vorgeworfen wird, vgl. Kapitel 2 § 4 B., Fußn. 127.

VIII.

Im Gegensatz zum zivilprozessualen Arrest steht der strafprozessuale Arrest im Ermessen des zuständigen Organs. Im Rahmen der Ermessensausübung ist eine zu großzügige Anwendung der Zurückgewinnungshilfe abzulehnen. Es darf nicht zu schnell und zu weitgehend vom dinglichen Arrest zugunsten des Verletzten Gebrauch gemacht werden. Er ist in der Regel nur angebracht, wenn der Verletzte selbst nicht oder nicht rechtzeitig seinen Anspruch durchsetzen oder zumindest sichern kann. An die Möglichkeit und Zumutbarkeit der Ergreifung zivilprozessualer Eilmaßnahmen sind strenge Anforderungen zu stellen. Insbesondere bei „erfahrenen" Gläubigern wie etwa Banken oder Versicherungen, denen über ihre Rechtsabteilungen die Inanspruchnahme zivilrechtlicher Maßnahmen ohne weiteres zuzumuten sind, sollte von der Zurückgewinnungshilfe zurückhaltend Gebrauch gemacht werden (Kapitel 2 § 11).

IX.

Im Hinblick auf das Recht auf Gehör steht der Arrestbetroffene im Strafverfahren schlechter als im Zivilverfahren. In beiden Verfahren kann die Anordnung des Arrestes ohne Anhörung des Arrestbetroffenen erfolgen. Jedoch gibt es nur im Arrestverfahren nach §§ 916 ff. ZPO eine fakultative mündliche Verhandlung, die Möglichkeit der Erzwingung einer mündlichen Verhandlung durch Einlegung eines Widerspruchs gem. § 924 ZPO sowie das vorbeugende Verteidigungsmittels der so genannten Schutzschrift. Es erscheint teilweise unverständlich, mit welchem Automatismus der strafprozessuale Arrest ohne vorherige Anhörung des Betroffenen angeordnet (und vollzogen) wird. Auf vorheriges Gehör darf gem. § 33 IV 1 StPO nur verzichtet werden, wenn der Zweck der Arrestanordnung im konkreten Fall tatsächlich gefährdet würde (Kapitel 2 § 12).

X.

Der Gläubiger beim zivilprozessualen Arrest erhält von der Arrestentscheidung durch ihre Verkündung und Zustellung (§§ 310, 317 I ZPO bzw. § 329 III ZPO) oder durch ihre formlose Mitteilung (§ 329 II 1 ZPO) Kenntnis. Abweichend von den zivilprozessualen Vorschriften regelt § 111e III, IV StPO die Bekanntgabe an den aus der Straftat Verletzten. Die Bekanntgabevorschriften gem. § 111e III, IV StPO sind mit Problemen verbunden. Bei der Zurückgewinnungshilfe führt die Mitteilung über die Sicherstellung von Vermögenswerten oft dazu, dass der Verletzte zur Realisierung seiner Ansprüche weitere finanzielle Mittel einsetzt, obwohl bereits absehbar ist, dass die sichergestellten Werte bereits durch wenige Zugriffe vorangiger Gläubiger verbraucht sein werden. Des Weiteren zieht die Benachrichtigungspflicht des § 111e III StPO bei

Verfahren mit einer Vielzahl von Geschädigten – es sind Verfahren mit bis zu 25000 Geschädigten bekannt! – einen beträchtlichen Aufwand nach sich. Es wird daher empfohlen, in § 111e III StPO für unverhältnismäßige Mitteilungen eine Ausnahme vorzusehen (Kapitel 2 § 16).

XI.

Bei der Arrestvollziehung werden die Gemeinsamkeiten zwischen zivil- und strafprozessualen Arrest am deutlichsten sichtbar, weil § 111d II StPO bis auf § 929 und § 934 II-IV ZPO auf die für die zivilprozessuale Arrestvollziehung geltenden Vorschriften verweist (§ 111d II StPO, §§ 928, 930-932, 934 I ZPO). Die Arrestvollziehung wurde dem Verfahren zur Vollstreckung einer Geldforderung in der Zivilprozessordnung nachgebildet, weshalb die Maßnahmen der normalen Zwangsvollstreckung Anwendung finden (Kapitel 2 § 20 B.). Allerdings kann im Rahmen der Vollziehung bei beiden Arresten nur vorläufig auf Vermögen des Arrestbetroffenen zugegriffen werden; eine Befriedigung des Arrestgläubigers findet daher noch nicht statt. Möglich ist der Zugriff auf das gesamte pfändbare bewegliche und unbewegliche Vermögen. Für strafrechtliche Verhältnisse bedeutet dies einen außergewöhnlich weitgehenden Zugriff auf das Beschuldigtenvermögen; die Arrestvollziehung stellt eine „außerordentlich einschneidende Maßnahme" dar (Kapitel 3 § 20 A.).

Unterschiede zwischen zivil- und strafprozessaler Arrestvollziehung ergeben sich in Bezug auf Vollziehungklausel, Zustellung und Antrag: Eine Vollziehungsklausel ist nur im Strafverfahren ausnahmslos nicht notwendig; nur die Vollziehung des strafprozessualen Arrestes bedarf keiner förmlichen Zustellung der Arrestanordnung an den Betroffenen; im Gegensatz zum Gläubiger beim zivilprozessualen Arrest muss der Verletzte keinen Antrag stellen, um den Beginn der Vollziehung herbeizuführen (Kapitel 3 § 19 B., C. und § 20 C.). Die wesentlichste Abweichung der strafprozessualen Arrestvollziehung gegenüber der zivilprozessualen liegt in der Zuständigkeit für die Durchführung des Arrestes, weil es in der Strafprozessordnung hierfür mit § 111f III StPO eine eigenständige Regelung gibt und (zunächst) nicht über § 111d II StPO auf die zivilprozessualen Vorschriften verwiesen wird (Kapitel 3 § 20 D.). Nach § 111f III 1 StPO sind für die strafprozessuale Arrestvollziehung in bewegliche Sachen die in § 2 der Justizbeitreibungsordnung bezeichnete Behörde, die Staatsanwaltschaft und deren Ermittlungspersonen zuständig. Der Verweis auf die in § 2 JBeitrO bezeichnete Behörde geht ins Leere, weshalb die allgemeine Verweisung des § 111d II StPO auf die zivilprozessualen Vorschriften wieder auflebt und gem. §§ 928, 930 I, 808 I ZPO die Zuständigkeit des Gerichtsvollziehers begründet wird (Kapitel 3 § 20 D. II.).

XII.

Der strafprozessuale Arrest kann bereits mit Beginn des Ermittlungsverfahrens angeordnet und vollzogen werden. Er wirkt grundsätzlich bis zum rechtskräftigen Abschluss des Strafverfahrens. Gem. § 111i StPO kann ausnahmsweise die Aufrechterhaltung des dinglichen Arrestes bis zu drei Monaten über den Urteilerlass hinaus erreicht werden. § 111i StPO, dem ein Redaktionsversehen des Gesetzgebers zugrunde liegt, muss so gelesen werden, als ob korrespondierend zum im Einleitungssatz erwähnten Verfall von Wertersatz später in der Vorschrift auf den dinglichen Arrest gem. § 111d StPO Bezug genommen würde (Gesetzesberichtigung). Zur Vermeidung von Auslegungsschwierigkeiten sollte eine Klarstellung des Gesetzgebers durch ausdrückliche Bezugnahme auf § 111d StPO erfolgen (Kapitel 4 § 22 B. III.).

XIII.

Gegen die zivilprozessuale Arrestanordnung können zivilprozessuale, gegen die strafprozessuale Arrestanordnung können strafprozessuale Rechtsbehelfe eingelegt werden (Kapitel 4 § 23). Anders verhält es sich bei der Arrestvollziehung. Hier finden bei Einwendungen gegen die strafprozessuale Arrestvollziehung – jedenfalls im Grundsatz – die zivilprozessualen Rechtsbehelfe Anwendung und nicht das strafprozessuale Rechtsschutzsystem. Das bedeutet unter anderem, dass Dritte ihre Rechte im Wege der Drittwiderspruchsklage geltend machen können. Damit ist der strafprozessuale Arrest dem zivilprozessualen auch im Hinblick auf die Rechtsbehelfe gegen die Arrestvollziehung nachgebildet. Insgesamt ist damit der strafprozessuale Arrest der Zivilprozessordnung noch viel weiter angenähert, als bisher angenommen wurde (Kapitel 4 § 24 B.).

XIV.

Bei ungerechtfertigtem bzw. rechtswidrigem Arrest hat der Arrestbetroffene unter Umständen einen Ersatzanspruch wegen des ihm aus der Arrestvollziehung entstehenden Schadens. Im Bereich des zivilprozessualen Arrestes ergibt sich der Schadensersatzanspruch aus § 945 ZPO; beim strafprozessualen Arrest richtet sich der Ersatzanspruch dagegen nach § 2 II Nr. 4 StrEG. Der Vergleich der beiden Ansprüche ergibt, dass der Beschuldigte im Gegensatz zum Arrestschuldner hinsichtlich der Entschädigung eine nicht unerheblich schlechtere Position innehat. Diese äußert sich nicht nur bei Umfang und Voraussetzungen des Anspruchs, sondern vor allem auch bei dessen Durchsetzung, zumal das schwierige mehrgliedrige StrEG-Verfahren mit einer Vielzahl von strengen Fristen beachtet werden muss (Kapitel 4 § 25).

XV.

Die Strafverfolgungsorgane kehren die zu Gunsten des Verletzten sichergestellten Vermögenswerte nicht ohne weiteres an ihn aus. Der Verletzte muss sich für den zwangsvollstreckungsrechlichen Zugriff auf die sichergestellten Vermögenswerte des Täters einen Titel beschaffen und Zwangsvollstreckungsmaßnahmen in die sichergestellten Vermögensgegenstände bewirken. Die strafprozessual ermöglichte Zurückgewinnung erfolgt damit letztlich qua zivilprozessualer Zwangsvollstreckung unter Übernahme zivilprozessualer Verteilungskriterien und nicht auf Grundlage eines eigenständigen strafrechtlichen Verfahrens zur Verteilung sichergestellter Vermögenswerte (Kapitel 5 § 26).

Die §§ 111g, 111h StPO enthalten Regelungen zur vorrangigen Befriedigung des Verletzten. Der zugelassene Verletzte kann sich über § 111h I StPO in Abänderung des Prioritätsprinzips vorrangig vor dem Justizfiskus und vor anderen „normalen" Gläubigern aus arrestierten Grundstücken befriedigen. Eine ausdrückliche gesetzliche Regelung über die vorrangige Befriedigung des Verletzten im Fall des vollstreckungsrechtlichen Zugriffs auf arrestierte bewegliche Sachen, Forderungen und Vermögensrechte enthalten die §§ 111g, 111h StPO dagegen nicht. Es findet der die Beschlagnahme regelnde § 111g StPO analog auf den dinglichen Arrest Anwendung. Der Zulassung gem. § 111g II StPO analog, durch die der Kreis der zu bevorrechtigenden Gläubiger herausgefiltert wird, ist die Wirkung des § 111g I StPO und des § 111g III 1 StPO zuzubilligen. Das hat – in Abänderung des Prioritätsgrundsatzes – neben dem Rangrücktritt des Justizfiskus zugunsten des Verletzten (§ 111g I StPO) zusätzlich zur Folge, dass das mit dem dinglichen Arrest entstandene Veräußerungsverbot mit Zulassung gem. § 111g III 1 StPO für den Verletzten wirkt. Aufgrund dieser Rückwirkungsfiktion sind alle dem dinglichen Arrest folgenden Verfügungen Dritter im Wege der Zwangsvollstreckung oder Arrestvollziehung dem Verletzten gegenüber unwirksam und der Verletzte kann sich daher nicht nur vor dem Justizfiskus sondern auch vor anderen Gläubigern befriedigen, die nicht aus der Straftat verletzt sind (Kapitel 5 § 28).

Literaturverzeichnis

Achenbach, Hans: Verfahrenssichernde und vollstreckungssichernde Beschlagnahme im Strafprozess, NJW 1976, S. 1068–1072.

– Vermögensrechtlicher Opferschutz im strafprozessualen Vorverfahren, Festschrift für Günter Blau zum 70. Geburtstag, 1985, S. 7–21 (zitiert: *Achenbach,* Blau-Festschrift).

Alternativkommentar: Kommentar zur Strafprozessordnung, herausgegeben von Rudolf Wassermann, Neuwied 1988 (zitiert: *Bearbeiter* in Alternativkommentar StPO).

– Kommentar zur Zivilprozessordnung, herausgegeben von Rudolf Wassermann, Neuwied 1987 (zitiert: *Bearbeiter* in Alternativkommentar ZPO).

Anmelung, Knut: Die zweite Tagebuchentscheidung des BVerfG, NJW 1990, S. 1753–1760.

Bangert, Volker: Theorie und Praxis der Vermögensabschöpfung, Praktische Erfahrungen aus einem aktuellen Ermittlungsverfahren, Kriminalistik 2001, S. 652–658.

Baumann, Jürgen/*Weber,* Ulrich/*Mitsch,* Wolfgang: Strafrecht, Allgemeiner Teil, Lehrbuch, 10. Auflage, Bielefeld 1995 (zitiert: *Bearbeiter* in Baumann/Weber/Mitsch).

Baumbach, Adolf/*Lauterbach,* Wolfgang/*Albers,* Jan/*Hartmann,* Peter: Zivilprozessordnung, Kommentar, 62. Auflage, München 2004 (zitiert: *Bearbeiter* in Baumbach/Lauterbach/Albers/Hartmann).

Baur, Fritz: Studien zum einstweiligen Rechtsschutz, Tübingen 1967 (zitiert: *Baur*).

Benfer, Jost: Rechtseingriffe von Polizei und Staatsanwaltschaft, 2. Auflage, München 2001 (zitiert: *Benfer*).

Berg, Johannes: Beweiserleichterungen bei der Gewinnabschöpfung, Köln/Berlin/Bonn/München 2001 (zitiert: *Berg*).

Berthel, Ralph: Vermögensabschöpfung im Lichte der Kriminalstrategie, Strategische Überlegungen zum Einsatz gewinnorientierter Instrumentarien bei der Kriminalitätskontrolle, Kriminalistik 2002, S. 28–33.

Beulke, Werner: Strafprozessrecht, 4. Auflage, Heidelberg 2000 (zitiert: *Beulke*).

Bittmann, Folker/*Glöckel,* Dominique: Die Zuständigkeit des Gerichtsvollziehers für die Vollziehung eines nach § 111d StPO angeordneten dingliche Arrests, DGVZ 2002, S. 1–5.

Bittmann, Folker/*Kühn,* Markus: Der Arrestgrund beim strafprozessualen dinglichen Arrest, wistra 2002, S. 248–252.

Blomeyer, Karl: Arrest und einstweilige Verfügung, ZZP 65 (1952), S. 52–66.

Bockemühl, Jan: Handbuch des Fachanwalts, Strafrecht, 2. Auflage, Neuwied/Kriftel 2002 (zitiert: *Bearbeiter* in Bockemühl).

Bohne, Steffen: Zielrichtung der Vermögensabschöpfung, Kriminalistik, 2002, S. 693–694.

Brenner, Karl: Gewinnverfall, eine vernachlässigte Strafvorschrift, DRiZ 1977, S. 203–206.

Brettschneider, Reinhard: Anmerkung zu LG Bonn, Beschluss vom 7.11.2000 – 4 T 637/00, wistra 2001, S. 119–120.

– Der Staatsanwalt als Gerichtsvollzieher?, NStZ 2000, S. 180–181.

Burhoff, Detlef: Handbuch für das strafrechtliche Ermittlungsverfahren, 2. Auflage, Herne/Berlin 1999 (zitiert: *Burhoff*).

Bydlinski, Franz: Juristische Methodenlehre und Rechtsbegriff, 2. Auflage, Wien 1991 (zitiert: *Bydlinski*).

Canaris, Claus-Wilhelm: Die Feststellung von Lücken im Gesetz – eine methodologische Studie über Voraussetzungen und Grenzen der richterlichen Rechtsfortbildung praeter legem, 2. Auflage, Berlin 1983 (zitiert: *Canaris*).

Ciolek-Krepold, Katja: Durchsuchung und Beschlagnahme in Wirtschaftssachen, München 2000 (zitiert: *Ciolek-Krepold*).

Coenen, Norbert: Die Vermögensabschöpfung im Strafverfahren und ihre ungeahnten Einflüsse auf die Belastung der „zivilen" Vollstreckungsorgane, DGVZ 1999, S. 161–163.

von Craushaar, Götz: Zivilprozess und Zwangsvollstreckung, Stuttgart/Berlin/Köln/Mainz 1979 (zitiert: *von Craushaar*).

Creifelds: Die Beschlagnahme von Handakten des Verteidigers, GA 107 (1960), S. 65–76.

Cremers, Franz-Josef: Nur Vernichtung oder auch Hinterlegung beschlagnahmter Beweisunterlagen bei fehlender Rückgabemöglichkeit?, wistra 2000, S. 130–133.

Dahs, Hans: Das rechtliche Gehör im Strafprozess, München/Berlin 1965 (zitiert: *Dahs,* Rechtliches Gehör).

– Handbuch des Strafverteidigers, 6. Auflage, Köln 1999 (zitiert: *Dahs,* Strafverteidiger-Handbuch).

Dessecker, Axel: Gewinnabschöpfung im Strafrecht und in der Strafrechtspraxis, Freiburg i. Br. 1992 (zitiert: *Dessecker*).

Dörn, Harald: Vernichtung beschlagnahmter Beweisunterlagen bei fehlender Rückgabemöglichkeit, wistra 1999, S. 175–178.

Dunkl, Hans/*Moeller,* Dieter/*Baur,* Hansjörg/*Feldmeier,* Georg: Handbuch des vorläufigen Rechtsschutzes, Einstweiliger Rechtsschutz in allen wichtigen Verfahrensarten, 3. Auflage, München 1999 (zitiert: *Bearbeiter* in Rechtsschutz-Handbuch).

Engisch, Karl: Einführung in das juristische Denken, 9. Auflage, Stuttgart/Berlin 1999 (zitiert: *Engisch*).

Erman-Kommentar: Kommentar zum Bürgerlichen Gesetzbuch, herausgegeben von Harm Peter Westermann, 10. Auflage, Münster/Köln 2000 (zitiert: *Bearbeiter* in Erman).

Eser, Albin: Die strafrechtlichen Sanktionen gegen das Eigentum, Tübingen 1969 (zitiert: *Eser,* Strafrechtliche Sanktionen).

– Neue Wege der Gewinnabschöpfung im Kampf gegen die organisierte Kriminalität? Kritische Bemerkungen zu aktuellen Reformbemühungen, in: Festschrift für Walter Stree und Johannes Wessels zum 70. Geburtstag, herausgegeben von Wilfried Küper, Heidelberg 1993, S. 841–853 (zitiert: *Eser,* Festschrift für Stree und Wessels).

Fezer, Gerhard: Die Funktion der mündlichen Verhandlung im Zivilprozess und im Strafprozess, Tübingen 1970 (zitiert: *Fezer,* Mündliche Verhandlung).

– Strafprozessrecht, 2. Auflage, München 1995 (zitiert: *Fezer,* Strafprozessrecht).

Fikentscher, Wolfgang: Methoden des Rechts in vergleichender Darstellung, Bd. III, Tübingen 1976 (zitiert: *Fikentscher*).

Fischer, Frank: Straftaten und Vertragsverletzungen als Arrestgrund nach § 917 I ZPO, MDR 1995, S. 988–990.

Fischer, Gero: Hat das im einstweiligen Rechtsschutz ergangene rechtskräftige Urteil Bedeutung für den Schadensersatzanspruch aus § 945 ZPO?, in: Festschrift für Franz Merz zum 65. Geburtstag, herausgegeben von Walter Gerhart, Wolfram Henkel, Joachim Kilger und Gerhart Kreft, Köln 1992, S. 81–91 (zitiert: *Fischer,* Merz-Festschrift).

Freund, Herbert: § 97 II n.F. StPO – eine ungewollte Gesetzesänderung?, NJW 1975, S. 2057–2058.

Frey, Marc: Geldwäsche – Die Achillesferse der Organisierten Kriminalität, Oder: Von der Notwendigkeit „passender" Bekämpfungsinstrumente, Kriminalistik 1994, S. 337–341.

Frohn, Peter: Die Beschlagnahme von Forderungen zugunsten des Verletzten im Strafverfahren und der Vollstreckungszugriff, Rpfleger 2001, S. 10–13.

Frommhold, Uwe: Strafprozessuale Rückgewinnungshilfe und privatrechtliche Anspruchsdurchsetzung, NJW 2004, S. 1083–1085.

Gebert, Ursula: Leitfaden Gewinnabschöpfung im Strafrecht, Stuttgart/München 1996 (zitiert: *Gebert*).

Gerhart, Peter/*von Heintschel-Heinegg,* Bern/*Klein,* Michael: Handbuch des Fachanwalts Familienrecht, 3. Auflage, Neuwied/Kriftel 2001 (zitiert: *Bearbeiter* in Familienrecht-Handbuch).

Göbel, Klaus: Strafprozess, 5. Auflage, München 1996 (zitiert: *Göbel*).

Goos, Axel: Anmerkung zu Schleswig-Holsteinisches OLG, Urteil vom 22.1.2001 – 2 Ss 342/00, wistra 2001, S. 313–316.

Gottwald, Uwe: Zwangsvollstreckung, Kommentar, 4. Auflage, Berlin 2002 (zitiert: *Gottwald*).

Güntert, Lothar: Die Gewinnabschöpfung als strafrechtliche Sanktion, Köln 1983 (zitiert: *Güntert*).

Haller, Klaus/*Conzen,* Klaus: Das Strafverfahren, Eine systematische Darstellung mit Originalakte und Fallbeispielen, 3. Auflage, Heidelberg 2003 (zitiert: *Haller/Conzen*).

Hassemer, Winfried: Vermögen im Strafrecht, Zu neuen Tendenzen der Kriminalpolitik, WM 1995, Sonderbeilage Nr. 3/1995 zu Nr. 14 vom 8. April 1995, S. 1–31.

Hees, Volker: Die Regelungslücke bei der Gewinnabschöpfung durch dinglichen Arrest, ZRP 2004, S. 37–39.

– Die Zurückgewinnungshilfe, Berlin 2003 (zitiert: *Hees,* Zurückgewinnungshilfe).

Heghmanns, Michael: Praktische Probleme der Zurückgewinnungshilfe im Strafverfahren – Ursachen und Auswege, ZRP 1998, S. 475–480.

Heidelberger Kommentar zur Strafprozessordnung, herausgegeben von Michael Lemke, Karl-Peter Julius, Christoph Krehl, Hans-Joachim Kurth, Erardo Cristoforo Rautenberg und Dieter Temming, 3. Auflage, Heidelberg 2001 (zitiert: *Bearbeiter* in Heidelberger Kommentar).

Hellmann, Uwe: Richterliche Überzeugungsbildung und Schätzung bei der Bemessung strafrechtlicher Sanktionen, GA 144 (1997), S. 503–524.

Hetzer, Wolfgang: Geldwäschebekämpfung zwischen Verdacht und Beweis, Kriminalistik 2001, S. 489–494.

– Kriminalpolitischer Aufbruch?, Im Visier: Kapital und Kommunikation der Organisierten Kriminalität, Kriminalistik 1997, S. 386–395.

– Steuer und Strafe, Neue kriminalpolitische Orientierungen, Kriminalistik 1998, S. 234–240.

Hilger, Hans: § 290 StPO – ein weiterer Weg der „Zurückgewinnungshilfe" neben § 111b III StPO?, NStZ 1982, S. 374–375.

Hirtz, Bernd: Darlegungs- und Glaubhaftmachungslast im einstweiligen Rechtsschutz, NJW 1986, S. 110–113.

Hoffmann, Gero: Reicht unser Beschlagnahmerecht noch aus? Probleme bei der Abschöpfung von Vermögenswerten, die aus illegalem Rauschgifthandel erlangt worden sind, MDR 1984, S. 616–621.

Hoffmann, Volker/*Knierim,* Thomas: Rückgabe von im Strafverfahren sichergestellten oder beschlagnahmten Gegenständen, NStZ 2000, S. 461–464.

Hofmann, Anouschka/*Riedel,* Claudia: Verteidigungsmöglichkeiten gegen den im Ermittlungsverfahren angeordneten dinglichen Arrest, wistra 2005, S. 405–410.

Hoyer, Andreas: Die Rechtsnatur des Verfallsangesichts des neuen Verfallsrechts, GA 140 (1993), S. 406–422.

Huber, Karl: Die Vermögensabschöpfung – Beschlagnahme, dinglicher Arrest und vorrangiges Befriedigungsrecht nach §§ 111g, 111h StPO –, Rpfleger 2002, S. 285–295.

Huber, Karl/*Savini,* Peter: Anmerkung zum Beschluss des LG Kempten vom 13.01. 2003 – 1 KLs 329 Js 1516/02, ZIP 2003, S. 548–549.

Janovsky, Thomas: Einziehung und Verfall, Kriminalistik 2000, S. 483–487.

Jauernig, Othmar: Der zulässige Inhalt einstweiliger Verfügungen, ZZP 79 (1966), S. 321–347.

Jescheck, Hans-Heinrich/*Weigend,* Thomas: Lehrbuch des Strafrechts, Allgemeiner Teil, 5. Auflage, Berlin 1996 (zitiert: *Jescheck/Weigend*).

Kaiser, Günther: Möglichkeiten zur Verbesserung des Instrumentariums zur Bekämpfung von Geldwäsche und zur Gewinnabschöpfung, wistra 2000, S. 121–130.

Karlsruher Kommentar zur Strafprozessordnung und zum Gerichtsverfassungsgesetz mit Einführungsgesetz, herausgegeben von Gerd Pfeiffer, 5. Auflage, München 2003 (zitiert: *Bearbeiter* in Karlsruher Kommentar).

Katholnigg, Oskar: Die Neuregelungen beim Verfall, JR 1994, S. 353–356.

Kessel, Karl Ludwig: Anmerkung zu LG Bonn, Beschluss vom 7.11.2000, DGVZ 2001, S. 9–10.

– Kostenfragen bei Einsatz von Gerichtsvollziehern im Rahmen der Vermögensabschöpfung im Strafverfahren, DGVZ 2000, S. 184–187.

Kiethe, Kurt/*Groeschke,* Peer/*Hohmann,* Olaf: Die Vermögenszurückgewinnung beim Anlagebetrug im Spannungsverhältnis zur Insolvenzordnung, ZIP 2003, S. 185–192.

– Die Rechte des Geschädigten und deren effiziente Durchsetzung im Rahmen der Vermögenszurückgewinnung am Beispiel des Anlagebetrugs – zugleich Besprechung des Beschlusses des Landgerichts Düsseldorf vom 5.2.2002 (X Qs 10/02), wistra 2003, S. 92–96.

Kiethe, Kurt/*Hohmann,* Olaf: Das Spannungsverhältnis von Verfall und Rechten Verletzter (§ 73 I 2 StGB), Zur Notwendigkeit der effektiven Abschöpfung von Vermögensvorteilen aus Wirtschaftsstraftaten, NStZ 2003, S. 505–511.

Kilchling, Michael: Die vermögensbezogene Bekämpfung der Organisierten Kriminalität, Recht und Praxis der Geldwäschebekämpfung und Gewinnabschöpfung zwischen Anspruch und Wirklichkeit, wistra 2000, S. 241–249.

Kleinknecht, Theodor: Strafprozessordnung, Gerichtsverfassungsgesetz, Nebengesetze und ergänzende Bestimmungen, 34. Auflage, München 1979 (zitiert: *Kleinknecht,* 34. Auflage).

KMR, Kommentar zur Strafprozessordnung, herausgegeben von Bernd von Heintschel-Heinegg und Heinz Stöckel, Stand 36. Lieferung, Dezember 2003 (zitiert: *Bearbeiter* in KMR).

Köhler, Michael/*Beck,* Wolfgang: Gerechte Geldstrafe statt konfiskatorischer Vermögenssanktionen, JZ 1991, S. 797–804.

Köper, Roman: Auswirkungen der strafprozessualen Rückgewinnungshilfe auf den zivilprozessualen Arrestgrund, NJW 2004, S. 2485–2487.

Kracht, Michael: Gewinnabschöpfung und Wiedergutmachung bei Umweltdelikten, Ein Beitrag zum Potenzial des Verfallsrechts, wistra 2000, S. 326–334.

Kramer, Bernhard: Grundbegriffe des Strafverfahrensrechts, 5. Auflage, Stuttgart 2002 (zitiert: *Kramer,* Strafverfahrensrecht).

Kramer, Ernst: Juristische Methodenlehre, München/Bern 1998 (zitiert: *Kramer,* Juristische Methodenlehre).

Krekeler, Wilhelm: Probleme der Verteidigung in Wirtschaftssachen, wistra 1983, S. 43–49.

Kubink, Michael: Strafen und ihre Alternativen im zeitlichen Wandel, Kölner Kriminalwissenschaftliche Schriften, Bd. 37, Berlin 2002 (zitiert: *Kubink*).

Kühne, Hans-Heiner: Strafprozessrecht, Eine systematische Darstellung des deutschen und europäischen Strafverfahrensrechts, 6. Auflage, Heidelberg 2003 (zitiert: *Kühne*).

Lackner, Karl/*Kühl,* Kristian: Strafgesetzbuch mit Erläuterungen, Kommentar, 24. Auflage, München 2001(zitiert: *Bearbeiter* in Lackner/Kühl).

Larenz, Karl: Methodenlehre der Rechtswissenschaft, 3. Auflage, Berlin/Heidelberg 1975 (zitiert: *Larenz*).

Leipold, Klaus: Der dingliche Arrest im Strafverfahren, NJW-Spezial 2006, S. 39–40.

– Prüfungsmaßstab bei der Anordnung des Arrests im Strafverfahren, NJW-Spezial 2004, S. 186–187.

Leipziger Kommentar, Strafgesetzbuch, Großkommentar, herausgegeben von Jähnke Burkhard, Heinrich Laufhütte und Walter Odersky, 11. Auflage, Berlin 2003 (zitiert: *Bearbeiter* in Leipziger Kommentar).

– Strafgesetzbuch, Großkommentar, herausgegeben von Hans-Heinrich Jescheck, Wolfgang Ruß und Günther Willms, 10. Auflage, Berlin/New York 1985 (zitiert: *Bearbeiter* in Leipziger Kommentar, 10. Auflage).

Lenhard, Karl-Heinz: Gebot der Stunde: Gewinnabschöpfung, Replik auf Merz: Organisierte Kriminalität und Gewinnabschöpfung, Kriminalistik 1989, S. 612–614.

Lesch, Heiko: Strafprozessrecht, 2. Auflage, Neuwied/Kriftel 2001 (zitiert: *Lesch*).

Leuger, Norbert: Zum Rechtsweg bei Rechtsbehelfen gegenüber Vollziehung, wistra 2002, S. 478–480.

Löffler, Joachim: Die Herausgabe von beschlagnahmten oder sichergestellten Sachen im Strafverfahren, NJW 1991, S. 1705–1711.

Löwe, Ewald/*Rosenberg,* Werner: Die Strafprozessordnung und das Gerichtsverfassungsgesetz, Großkommentar Löwe-Rosenberg, 24. Auflage, Berlin 1988 (zitiert: *Bearbeiter* in Löwe/Rosenberg).

– Die Strafprozessordnung und das Gerichtsverfassungsgesetz, Großkommentar Löwe-Rosenberg, 25. Auflage, Berlin 2004 (zitiert: *Bearbeiter* in Löwe/Rosenberg, 25. Auflage).

– Die Strafprozessordnung und das Gerichtsverfassungsgesetz, Großkommentar, 23. Auflage, Berlin 1976 (zitiert: *Bearbeiter* in Löwe/Rosenberg, 23. Auflage).

Lüke, Wolfgang: Zivilprozessrecht, Erkenntnisverfahren, Zwangsvollstreckung, 8. Auflage, München 2003 (zitiert: *Lüke*).

Malek, Klaus/*Rüping,* Uta: Zwangsmaßnahmen im Ermittlungsverfahren – Verteidigerstrategien, Heidelberg 1991 (zitiert: *Malek/Rüping*).

Malek, Klaus/*Wohlers,* Wolfgang: Zwangsmaßnahmen und Grundrechtseingriffe im Ermittlungsverfahren, 2. Auflage, Heidelberg 2001 (zitiert: *Malek/Wohlers*).

Malitz, Kirsten: Die Berücksichtigung privater Interessen bei vorläufigen strafprozessualen Maßnahmen gemäß §§ 111b ff. StPO, NStZ 2002, S. 337–344.

– Zwangsvollstreckung des Geschädigten, Zulässigkeit bei dinglichem Arrest im Rahmen der Rückgewinnungshilfe, EWiR 2003, S. 543–544.

Marel, Knut: Anmerkung zu OLG Köln, Beschluss vom 10. 02. 2004 – 2 Ws 704/03, StV 2004, S. 414–415.

Mathäser, Johanna: Der Arrestgrund – Eine Einführung, JuS 1995, S. 442–446.

Matt, Thomas: Die Entschädigung für Strafverfolgungsmaßnahmen, Rpfleger 1997, S. 466–469.

Maunz, Theodor/*Dürig,* Günter: Grundgesetz, Kommentar, Bd. V, herausgegeben von Theodor Maunz, Günter Dürig, Peter Badura, Udo Di Fabio, Matthias Herdegen, Roman Herzog, Hans H. Klein, Stefan Korioth, Peter Lerche, Hans-Jürgen Papier, Albrecht Randelzhofer, E. Schmidt-Assmann und Rupert Scholz München 2003 (abgekürzt: *Bearbeiter* in Maunz/Dürig).

Maurach, Reinhart/*Gössel,* Karl Heinz/*Zipf,* Heinz: Strafrecht Allgemeiner Teil, Teilband 2, Erscheinungsformen des Verbrechens und Rechtsfolgen der Tat, 7. Auflage, Heidelberg 1989 (zitiert: *Maurach/Gössel/Zipf*).

Meier, Bernd-Dieter: Strafrechtliche Sanktionen, Berlin/Heidelberg/New York/Barcelona/Honkong 2001 (zitiert: *Meier*).

Meuerer, Dieter: Anmerkung zu LG Berlin, Beschluss vom 26.2.1990 – 505 Qs 27/89, NStZ 1991, S. 438–439.

Meyer, Dieter: Anmerkung zum Urteil des ThürOLG Jena vom 27.6.2000 – 3 U 849/99, JR 2001, S. 244–246.

– Strafrechtsentschädigung, Kommentar zum Gesetz über die Entschädigung für Strafverfolgungsmaßnahmen (StrEG), 5. Auflage, Neuwied/Kriftel 2002 (zitiert: *Meyer,* StrEG).

– Strafrechtsentschädigung und Auslagenerstattung, Kommentar zum Gesetz über die Entschädigung für Strafverfolgungsmaßnahmen (StrEG), 3. Auflage, Neuwied/Kriftel 1994 (zitiert: *Meyer,* StrEG, 3. Auflage).

Meyer, Jürgen/*Hetzer,* Wolfgang: Die Abschöpfung von Verbrechensgewinnen, Rechtliche und praktische Probleme bei der Bekämpfung der Organisierten Kriminalität, Kriminalistik 1997, S. 31–36.

– Neue Gesetze gegen die Organisierte Kriminalität, Geldwäschebekämpfung, Gewinnabschöpfung und Einsatz technischer Mittel zur akustischen Überwachung von Wohnungen für Beweiszwecke im Bereich der Strafverfolgung, NJW 1998, S. 1017–1029.

Meyer-Goßner, Lutz: Strafprozessordnung, 46. Auflage, München 2003 (zitiert: *Meyer-Goßner*).

Möhrenschlager, Manfred: Das OrgKG – eine Übersicht nach amtlichen Materialien, wistra 1992, S. 281–289.

Müller, Christian: Zuständigkeit für den Arrestvollzug nach § 111d StPO, DGVZ 2000, S. 81–82.

Müller, Jörg: Welche Rechte des Verletzten hindern den Verfall? Oder: Gnadenfrist für einen Totengräber, MschrKrim 2001, S. 244–248.

Müller-Gugenberger, Christian/*Bieneck,* Klaus: Wirtschaftsstrafrecht, Handbuch des Wirtschaftsstraf- und -ordnungswidrigkeitenrechts, 3. Auflage, Köln 2000 (zitiert: *Bearbeiter* in Müller-Gugenberger/Bieneck).

Münchener Kommentar zur Zivilprozessordnung, herausgegeben von Gehard Lüke und Peter Wax, 2. Auflage, München 2001 (zitiert: *Bearbeiter* in Münchener Kommentar).

Musielak, Hans-Joachim: Kommentar zur Zivilprozessordnung mit Gerichtsverfassungsgesetz, herausgegeben von Hans-Joachim Musielak, 3. Auflage, München 2002 (zitiert: *Bearbeiter* in Musielak).

Neuefeind, Wolfgang: Strafrechtliche Gewinnabschöpfung – ein einführender Gesamtüberblick, JA 2004, S. 155–167.

Nomos Kommentar zum Strafgesetzbuch, herausgegeben von Ulfrid Neumann, Ingeborg Puppe, Wolfgang Schild, Stand: März 2003 (zitiert: *Bearbeiter* in Nomos Kommentar).

Odenthal, Hans-Jörg: Zur Anrechung von Steuern beim Verfall, wistra 2002, S. 246–248.

Palandt, Otto: Bürgerliches Gesetzbuch, 63. Auflage, München 2004 (zitiert: *Bearbeiter* in Palandt).

Park, Tido: Handbuch Durchsuchung und Beschlagnahme, München 2002 (zitiert: *Park*).

Paulus, Christoph G.: Zivilprozessrecht: Erkenntnisverfahren und Zwangsvollstreckung, 2. Auflage, Berlin/Heidelberg/New York/Barcelona/Hongkong 2000 (zitiert: *Paul*).

Peglau, Jens: §§ 111b ff. StPO: Lücken im Opferschutz?, wistra 2002, S. 376–378.

Perron, Walter: Vermögensstrafe und Erweiterter Verfall, Im Spannungsfeld zwischen öffentlichen Strafverfolgungsinteressen und privaten Eigentumsrechten, JZ 1993, S. 918–925.

Peters, Karl: Strafprozess, 4. Auflage, Heidelberg 1985 (zitiert: *Peters*).

Pfeiffer, Gerd: Strafprozessordnung und Gerichtsverfassungsgesetz, 3. Auflage, München 2001 (zitiert: *Pfeiffer*).

Podolsky, Johann/*Brenner,* Tobias: Vermögensabschöpfung im Strafverfahren, Stuttgart/München/Hannover/Berlin/Weimar 2003 (zitiert: *Podolsky/Brenner*).

Ranft, Otfried: Strafprozessrecht, Stuttgart/München/Hannover/Berlin 1991 (zitiert: *Ranft*).

Rengier, R.: Anmerkung zu BGH, Urteil vom 12.9.1984 – 3 StR 333/84 (BGHSt 33, 37), JR 1985, S. 249–251.

Rönnau, Thomas: Zeitliche Grenzen der Aufrechterhaltung von Maßnahmen zur Sicherung von Ansprüchen Tatgeschädigter – zugleich Besprechung der Beschlüsse des OLG Düsseldorf vom 20.2.2002 (2 Ws 375–377/01) und des OLG Hamm vom 25.1.2002 (2 Ws 312/01) –, StV 2003, S. 581–587.

Rönnau, Thomas/*Hohn,* Kristian: Wertverlust sichergestellter Gegenstände – ein delikates Problem der Vermögensabschöpfung, wistra 2002, S. 445–453.

– Anmerkung zu BGH, Beschluss vom 28.11.2000 – 5 StR 371/00, JR 2002, S. 298–301.

Roth, Günter: Materiellrechtliche und prozessuale Aspekte eines privatrechtlichen Umweltschutzes, NJW 1972, S. 921–926.

Roxin, Claus: Strafprozessrecht, 14. Auflage, München 1994 (zitiert: *Roxin,* Strafprozessrecht).

– Strafverfahrensrecht, 25. Auflage, München 1998 (zitiert: *Roxin,* Strafverfahrensrecht).

Schäfer, Gerhard: Einige Fragen zur Verjährung in Wirtschaftsstrafsachen, in: Festschrift für Hanns Dünnebier zum 75. Geburtstag, herausgegeben von Ernst-Walter Hanack, Peter Rieß und Günter Wendisch, Berlin/New York 1982, S. 541–559 (zitiert: *Schäfer,* Dünnebier-Festschrift).

– Praxis der Strafzumessung, 3. Auflage, München 2001 (zitiert: *Schäfer,* Strafzumessung).

Schäfer, Helmut: Die Rückgabe beschlagnahmter Beweismittel nach Rechtskraft des Urteils, wistra 1984, S. 136–138.

Schellhammer, Kurt: Zivilprozess, Gesetz-Praxis-Fälle, 10. Auflage, Heidelberg 2003 (zitiert: *Schellhammer*).

Schilken, Eberhard: Grundfragen zum Schadensersatzanspruch nach § 945 ZPO in der Rechtsprechung des Bundesgerichtshofs, in: 50 Jahre Bundesgerichtshof, Festgabe aus der Wissenschaft, Bd. III, herausgegeben Karsten Schmidt, München 2000 (zitiert: *Schilken*).

Schlüchter, Ellen: Strafprozessrecht, 3. Auflage, Frankfurt a.M. 1999 (zitiert: *Schlüchter,* Strafprozessrecht, *Seite*).

– Das Strafverfahren, 2. Auflage, Köln/Berlin 1983 (zitiert: *Schlüchter,* Strafverfahren).

Schmalz, Dieter: Methodenlehre für das juristische Studium, 2. Auflage, Baden-Baden 1990 (zitiert: *Schmalz*).

Schmehl, Martin/*Vollmer,* Walter: Die Assessorklausur im Strafprozess, 7. Auflage, München 2003 (zitiert: *Schmehl/Vollmer*).

Schmid, Wolfgang/*Winter,* Michael: Vermögensabschöpfung in Wirtschaftsstrafsachen – Rechtsfragen und praktische Erfahrungen –, NStZ 2002, S. 8–16.

Schmidt, Hans: Aus der Rechtsprechung des Bundesgerichtshofs in Staatsschutzsachen, MDR 1990, S. 102–108.

Schmidt, Rolf: Die Ausnahme vom Beschlagnahmeverbot gemäß § 97 Absatz 2 Satz 3 1. HS StPO, Frankfurt am Main/Bern/New York/Paris 1989 (zitiert: *Schmidt*).

Schmitt, Rudolf: Aktivierung des „Verfalls"!, in: Gedächtnisschrift für Peter Noll, herausgegeben von Robert Hauser, Jörg Rehberg und Günter Strathenwert, Zürich 1984, S. 295–302 (zitiert: *Schmitt,* Gedächtnisschrift für Noll).

Schreiber, Klaus: Arrest und einstweilige Verfügung, Jura 2000, S. 492–496.

Schroeder, Friedrich-Christian: Eine funktionelle Analyse der strafprozessualen Zwangsmittel, JZ 1985, S. 1028–1033.

– Strafprozessrecht, 3. Auflage, München 2001 (zitiert: *Schroeder*).

Schumann, Ekkehard: Die Wahrung des Grundsatzes des rechtlichen Gehörs – Dauerauftrag für das BVerfG?, NJW 1985, S. 1134–1140.

– Die ZPO-Klausur, 2. Auflage, München 2002 (zitiert: *Schumann,* ZPO-Klausur).

– Verfassungs- und Menschenrechtsbeschwerde gegen richterliche Entscheidungen, Berlin 1963 (zitiert: *Schumann,* Verfassungs- und Menschenrechtsbeschwerde).

Schuschke, Winfried/*Walker,* Wolf-Dietrich: Vollstreckung und Vorläufiger Rechtsschutz, Kommentar zum Achten Buch der Zivilprozessordnung, 2. Auflage, Köln/Berlin/Bonn/München 1999 (zitiert: *Bearbeiter* in Schuschke/Walker).

Schwerdtner, Peter: Zur Dogmatik des Arrestprozesses, NJW 1970, S. 222–226.

Soergel, Hans Theodor/*Siebert,* W.: Kommentar zum Bürgerliches Gesetzbuch, Stuttgart 1990 (zitiert: *Bearbeiter* in Soergel).

von Staudinger, Julius: Kommentar zum Bürgerlichen Gesetzbuch, 13. Bearbeitung, Berlin 1997 (zitiert: *Bearbeiter* in Staudinger).

Stein, Friedrich/*Jonas,* Martin: Kommentar zur Zivilprozessordnung, Bd. 9, 22. Auflage, Tübingen 2002 (zitiert: *Bearbeiter* in Stein/Jonas).

Stolz, Thomas: Einstweiliger Rechtsschutz und Schadensersatzpflicht: der Schadensersatzanspruch nach § 945 der Zivilprozessordnung, Köln 1989 (zitiert: *Stolz*).

Streng, Franz: Strafrechtliche Sanktionen, Die Strafzumessung und ihre Grundlagen, 2. Auflage, Berlin/Stuttgart/Köln 2002 (zitiert: *Streng*).

Systematischer Kommentar StGB, Systematischer Kommentar zum Strafgesetzbuch, herausgegeben von Hans-Joachim Rudolphi, Stand 58. Lieferung, September 2003 (zitiert: *Bearbeiter* in Systematischer Kommentar StGB).

Systematischer Kommentar StPO, Systematischer Kommentar zur Strafprozessordnung und zum Gerichtsverfassungsgesetz, herausgegeben von Hans-Joachim Rudolphi, Stand 33. Lieferung, September 2003 (zitiert: *Bearbeiter* in Systematischer Kommentar StPO).

Teplitzky, Otto: Arrest und einstweilige Verfügung, JuS 1980, S. 882–886.

– Die „Schutzschrift“ als vorbeugendes Verteidigungsmittel gegen einstweilige Verfügungen, NJW 1980, S. 1667–1668.

– Streitfragen beim Arrest und bei der einstweiligen Verfügung, DRiZ 1982, S. 41–47.

Thiele, Markus: Präventiver Kapitalentzug, Ein aussichtsreicher Weg zur Bekämpfung Organisierter Kriminalität, Kriminalistik 1999, S. 506–511.

Thomas, Heinz/*Putzo,* Hans: Zivilprozessordnung, 25. Auflage, München 2003 (zitiert: *Bearbeiter* in Thomas/Putzo).

Tiedemann, Klaus: Aufopferungsansprüche im Strafverfahren?, MDR 1964, S. 971–975.

Tröndle, Herbert/*Fischer,* Thomas: Strafgesetzbuch und Nebengesetze, Kommentar, 51. Auflage, München 2003 (zitiert: *Bearbeiter* in Tröndle/Fischer).

Vogel, Joachim: Juristische Methodik, Berlin/New York 1988 (zitiert: *Vogel*).

Vogg, Stefan: Einstweiliger Rechtsschutz und vorläufige Vollstreckbarkeit: Gemeinsamkeiten und Wertungswidersprüche, Berlin 1991 (zitiert: *Vogg*).

Volk, Klaus: Strafprozessrecht, 3. Auflage, München 2002 (zitiert: *Volk*).

Vordermayer, Helmut/*von Heintschel-Heinegg,* Bernd: Handbuch für den Staatsanwalt, Neuwied/Kriftel 2000 (zitiert: *Bearbeiter* in Vordermayer/Heintschel-Heinegg).

Wabnitz, Heinz-Bernd/*Janovsky,* Thomas: Handbuch des Wirtschafts- und Steuerstrafrechts, 2. Auflage, München 2004 (zitiert: *Bearbeiter* in Wabnitz/Janovsky).

Waldner, Wolfram: Der Anspruch auf rechtliches Gehör, München/Bonn 1989 (zitiert: *Waldner*).

Walker, Wolf-Dietrich: Der einstweilige Rechtsschutz im Zivilprozess und im arbeitsgerichtlichen Verfahren, Tübingen 1993 (zitiert: *Walker*).

Weßlau, Edda: Neue Methoden der Gewinnabschöpfung? – Vermögensstrafe, Beweislastumkehr –, StV 1991, S. 226–235.

Wolters, Gereon: Die Neufassung der strafrechtlichen Verfallsvorschrift, Überlegungen zu den Voraussetzungen der Verfallsvorschrift und zum Verfallsgegenstand unter besonderer Berücksichtigung des Umweltstrafrechts, Baden-Baden 1995 (zitiert: *Wolters*).

Zippelius, Reinhold: Juristische Methodenlehre, 7. Auflage, München 1999 (zitiert: *Zippelius*).

Zöller, Richard: Kommentar zur Zivilprozessordnung, 23. Auflage, Köln 2002 (zitiert: *Bearbeiter* in Zöller).

Sachwortverzeichnis